SOCIEDADE INCIVIL

OBJETIVA

STEPHEN KOTKIN

com a colaboração de Jan T. Gross

SOCIEDADE INCIVIL

1989 E A DERROCADA DO COMUNISMO

Tradução
Cristina Paixão Lopes

Copyright © 2009 by Jan T. Gross e Stephen Kotkin
Todos os direitos reservados

Todos os direitos desta edição reservados à
EDITORA OBJETIVA LTDA.
Rua Cosme Velho, 103
Rio de Janeiro – RJ – CEP: 22241-090
Tel.: (21) 2199-7824 – Fax: (21) 2199-7825
www.objetiva.com.br

Título original
Uncivil Society

Capa
Mariana Newlands

Imagem de capa
© Owen Franken/Latinstock/Corbis (DC)

Revisão
Ana Kronemberger
Silvia Rebello
Raquel Correa

Revisão técnica
Renata Schittino

Editoração eletrônica
Abreu's System Ltda.

CIP-BRASIL. CATALOGAÇÃO-NA-FONTE
SINDICATO NACIONAL DOS EDITORES DE LIVROS, RJ

C345t

Kotkin, Stephen
    Sociedade incivil: 1989 e a derrocada do comunismo / Stephen Kotkin; com a colaboração de Jan T. Gross; tradução Cristina Paixão Lopes. – Rio de Janeiro: Objetiva, 2013.

    Tradução de: *Uncivil society*
    Inclui índice
    279p.   ISBN 978-85-390-0438-6

    1. Mudança social – União Soviética – História. 2. Mudança social – Europa, Leste – História. 3. Sociedade civil – União Soviética – História. 4. Sociedade civil – Europa, Leste – História. 5. União Soviética – Política e governo – 1985–1991. 6. Europa, Leste – Política e governo – 1945-1989. 7. Comunismo – História. I. Gross, Jan Tomasz. II. Título.

12-8853.   CDD: 947
                                                                CDU: 94(47)

A Paul Lendvai (1929-),
jornalista e farol da
Europa Oriental do século XX

O partido foi abalado não por seus oponentes, mas — paradoxalmente — por sua liderança.

– KÁROLY GRÓSZ,
*o último secretário-geral do
Partido Comunista húngaro, 1991*

Sumário

Prefácio — 11
Cronologia — 19
Mapas — 25

I. Corrida bancária — 29
II. Sem saída — 73
III. Avanço — 117
IV. Como se — 157
Epílogo — 205

Notas — 225
Guia de leituras adicionais — 265
Índice remissivo — 269

Prefácio

A derrota, na Guerra Fria, da alternativa comunista ao mercado e a uma ordem liberal foi de longo alcance e as repercussões para a Europa, a Rússia e para o resto do planeta ainda estão acontecendo. Livros sobre o fim do comunismo na Europa Oriental, em 1989, provavelmente formariam pilhas mais extensas e altas que o velho Muro de Berlim. Parte desta literatura é de primeira linha. Por exemplo, a coletânea de ensaios escritos originalmente entre 1990 e 1991 e reunidos por Vladimir Tismăneanu para o aniversário de dez anos da queda, em 1999, na qual Daniel Chirot enfatizou as crises gêmeas de fraco desempenho econômico e ilegitimidade política, que se reforçaram uma à outra. Leszek Kołakowski acentuou os papéis especiais de Mikhail Gorbachev e da Polônia, que esmagaram o sistema de ambas as extremidades. E Katherine Verdery destacou a abertura de fronteiras entre Hungria e Áustria, que ajudou a transformar o anseio da Alemanha Oriental em passar para a Alemanha Ocidental numa forte onda. Juntos, esses ensaios ajudam muito a explicar o que aconteceu.[1] Em outro livro, Mark Kramer mostrou que o Kremlin de Gorbachev, longe de ter mantido suas mãos afastadas da Europa Oriental, discretamente interveio para impedir sanções severas dos linhas-duras nos países-satélites.[2] A consequente implosão do comunismo na Europa Oriental tornou concebível uma saída semelhante para as repúblicas soviéticas, especialmente as minúsculas repúblicas bálticas e, em menor extensão, a Ucrânia. Ainda assim foi a improvável luta da República Russa para se emancipar de Moscou que abalou o Estado soviético em 1991. Como um monge assistente lembraria ao Santo Padre durante as grandiosas coroações papais, "*Pater sancte, sic transit gloria mundi*".*

O que mais poderia haver para se dizer no vigésimo aniversário de 1989? Muita coisa. A maioria dos analistas continua a enfocar, de modo desproporcional e até exclusivo, a "oposição", que fantasiam ser a "sociedade civil". Esta fixação relembra a longa e infrutífera busca pela "burguesia" que supostamente causou a Revolução Francesa de 1789. Mas, assim como a "burguesia" em grande parte resultou de 1789, a "sociedade civil" foi mais uma consequência do que uma causa primária de 1989. Graças ao repúdio ao monopólio do partido único e seu corolário — a economia e a administração estatais —, as revoluções de 1989 possibilitariam o surgimento de uma sociedade civil. Dito isso, ressaltar a oposição é compreensível no caso da Polônia, já que, como veremos, ela *teve* uma oposição, que *se imaginava* como uma sociedade civil. Esse enfoque quase funciona também para a Hungria, porque, como a Polônia, ela teve uma saída negociada do comunismo, embora os comunistas pró-reforma da Hungria, em 1989, tenham precisado encorajar a oposição anticomunista para terem um parceiro de negociação. Seja como for, em todos os outros países da Europa

---

* Expressão latina que significa "Assim passa a glória do mundo", ou, menos literalmente, "As coisas mundanas são passageiras". [N. da T.]

Oriental, o foco na oposição recai no reino da fantasia. E, mesmo no caso polonês, os analistas deixam de fora quem está do outro lado da mesa da oposição — isto é, o establishment comunista. O frequentemente negligenciado establishment, que chamamos "sociedade incivil", é o principal foco do nosso livro, porque foi aí que o colapso aconteceu.

Os establishments comunistas incompetentes, obtusos e finalmente falidos — patrões e propagandistas do partido, agentes da polícia secreta e oficiais militares — merecem o que lhes cabe, mas não vamos analisar cada país da Europa Oriental em profundidade. A Alemanha Oriental, a Romênia e a Polônia são os casos (nesta ordem incomum) que destacamos numa abordagem ampla porque, em nossa visão, são os que melhor revelam como e por que a implosão de cada establishment ocorreu. Tentando usar a oposição para ajudar a impor duras medidas econômicas para salvar o sistema, a sociedade incivil na Polônia (como na Hungria) descobriu que, ao contrário, ela tinha capitulado; na Alemanha Oriental e na Romênia (assim como em outros países), o establishment simplesmente entrou em colapso. As causas por trás desses dois resultados tiveram muito a ver com a dinâmica da elite interna e com a geopolítica, como mostraremos. Mas nos casos em que a sociedade incivil estava determinada a resistir, foi necessário, e houve, o empurrão da mobilização social das massas. Paradoxalmente, portanto, as imensas manifestações de rua de 1989 aconteceram não no país com a oposição muito bem organizada (Polônia) mas nas terras dos assustadores Securitate e Stasi — as temidas polícias de segurança da Romênia e da Alemanha Oriental, respectivamente. Não menos paradoxalmente, os protestos de massa irromperam sem as equivalentes organizações sociais de massa. Por isso, um segundo objetivo do nosso livro, além de analisar de perto a sociedade incivil, implica uma explicação para a mobilização social sem a correspondente organização social.³

A Europa Oriental acabou por moldar o destino da União Soviética, mas os soviéticos por muito tempo haviam mantido o destino da Europa Oriental em suas mãos. A "Doutrina Brejnev" — o emprego da força militar, como último recurso, para sustentar o socialismo no bloco — foi, sob muitos aspectos, a Doutrina Andropov. Yuri Andropov, que por um longo tempo foi chefe do KGB (1967-1982) e por um breve período foi sucessor de Leonid Brejnev como secretário-geral (1982-1984), há muito havia reforçado a decisão soviética. Como embaixador soviético na Hungria durante a repressão de 1956, Andropov adotou um comportamento linha-dura: manipulou o mais cauteloso Brejnev quanto ao uso da força na Tchecoslováquia em 1968 e assumiu uma postura firme contra a Polônia em 1980-1981 durante a existência do Solidariedade. O subalterno do KGB que serviu como chefe de posto na Polônia de abril de 1973 até outubro de 1984 lembrou que Andropov não consentia que a Polônia tomasse o caminho "capitalista", um cenário considerado de soma zero do ponto de vista geopolítico. Outra evidência, no entanto, indica que por trás de portas fechadas, em 1981, Andropov lamentou que a sobretaxada União Soviética tivesse chegado aos limites de sua capacidade de intervir militarmente na Europa Oriental e instigou o regime polonês a conduzir sua própria repressão (e foi o que aconteceu).⁴ Seja como for, em 1989 o Kremlin de Mikhail Gorbachev não apenas repeliu *formalmente* a Doutrina Brejnev, mas também se empenhou em impedir que as sociedades incivis da Europa Oriental usassem elas próprias de violência para sustentar seus regimes. Quase imediatamente em seguida, os sistemas comunistas na Europa Oriental foram desmantelados.

As cinzas de Andropov — que mais que ninguém ajudara a colocar Gorbachev no poder — devem ter se revirado em sua urna no Muro do Kremlin.

A princípio, quase ninguém acreditou em Gorbachev — nem as sociedades incivis do bloco, nem os dissidentes, nem o Ocidente. Ele surpreendeu a todos, inclusive a si mesmo. Controlando a cadeia de comando do Pacto de Varsóvia, seu Kremlin detinha o domínio sobre todos os principais comandantes militares nacionais da Europa Oriental (com exceção dos da Romênia) e fazia uso de sua impressionante tribuna. Em setembro de 1988, um dos assistentes de Gorbachev foi autorizado a dizer ao *Le Monde* que "nós [em Moscou] não nos assustaríamos se o movimento Solidariedade ressurgisse", com isso minando os linhas-duras poloneses e fomentando o processo de discussão que levaria à nova legalização do Solidariedade. Após a repressão da China a mais de um milhão de manifestantes reunidos na Praça Tiananmen em Pequim, em junho de 1989 — durante a qual centenas de pessoas morreram —, Gorbachev intensificou a intimidação sobre os europeus para que evitassem a repressão de massa. Quando o Solidariedade estava a ponto de tomar o poder na Polônia, após as eleições de junho de 1989, Nicolae Ceauşescu encorajou outros países socialistas a intervirem — invertendo a famosa postura anti-intervencionista de Bucareste, existente desde a Primavera de Praga de 1968 —, mas os soviéticos o repreenderam publicamente. Mais que isso, o Kremlin congratulou o primeiro-ministro Tadeusz Mazowiecki, do Solidariedade, e enviou Vladimir Kryuchkov — chefe do KGB — em pessoa para elogiá-lo em público e obter o apoio do novo premier polonês em particular. Mas a involuntária "perda" da Europa Oriental por Moscou, em 1989 — reforçada (também involuntariamente) pela conclusão neste mesmo ano da retirada soviética do Afeganistão ante o olhar público —, colocou em dúvida a integridade da própria URSS. A desintegração soviética justifica um livro próprio, analisando, entre outros fatores, a mudança no contexto internacional e a rivalidade das superpotências, bem como o programa idealista de renovação socialista de Gorbachev.[5] No epílogo, enfatizamos a importância da grande mudança na Europa Oriental para a queda soviética de 1991.

Na imaginação popular, o legado do comunismo na Europa Oriental deu origem a duas grandes narrativas opostas. A primeira fala de um avanço para a liberdade; a segunda, de uma revolução roubada pelo velho establishment. Ambas são parcialmente verdadeiras. A liberdade — significando a desordem da democracia, bem como as recompensas e os riscos do mercado numa era de globalização — chegou em graus variados aos países da Europa Oriental, embora amplamente favorecida pelo processo de adesão à União Europeia dos anos 1990. Ao mesmo tempo, muito do velho establishment comunista no bloco do Leste sobrevivia e prosperava, inclusive na Polônia (embora não na Alemanha Oriental). Ainda assim, resultados não são o mesmo que causa. As revoluções de 1989 não aconteceram *por causa* de um amplo ímpeto por liberdade nem por um esforço de autoenriquecimento do establishment. O desmoronamento não foi intencional, precipitado pela remoção unilateral da barreira soviética por Gorbachev — um movimento que pretendia impulsionar os países do bloco socialista a se reformarem. Em outras palavras, Gorbachev pretendia estimular os Gorbachevs reformistas da Europa Oriental. Nessa abordagem houve um único erro: não havia Gorbachevs no Leste Europeu. Claro, dentro dos establishments havia alguma agitação antes mesmo de 1985 (com exceção da Romênia), mas no bloco não havia muitos homens do partido inspirados pelo reavivamento socialista no estilo Primavera de Praga de Gorbachev. O Partido Comunista da Romênia não tinha qualquer ala reformista. Na Polônia, que era administrada por um militar, a ala reformista do partido concentrava-se num periódico (*Krytyka*). Na Alemanha Oriental, os proponentes de uma renovação socialista eram encontrados principalmente entre intelectuais sonhadores, não no funcionalismo. Em vez de estimular reformadores socialistas na Europa Oriental, a assombrosa anulação da Doutrina Brejnev detectou as sociedades incivis do bloco, expondo como elas há muito haviam se envolvido numa má administração impressionante. Acima de tudo, elas tinham se agarrado ao anticapitalismo diante de uma Europa Ocidental capitalista cada vez mais próspera — da qual as sociedades incivis tinham feito empréstimos para evitar que fossem forçadas a tomar decisões difíceis, acumulando dívidas autodestrutivas em moeda forte, como veremos. Depois fizeram novos empréstimos. O que Gorbachev fez foi expor o modo como o socialismo no bloco tinha sido esmagado pela concorrência com o capitalismo e pelos empréstimos que só podiam ser pagos com novos empréstimos, ao estilo do esquema Ponzi.

Oferecemos, portanto, uma terceira narrativa sobre a economia política global e sobre uma classe política falida num sistema em grande parte privado de mecanismos corretivos. Pode parecer uma história deprimente, mas talvez não seja tão desanimadora quanto a das nocivas elites em uma democracia de mercado. Nas décadas de 1990 e 2000, as elites americanas conspiraram para o mergulho dos Estados Unidos num ralo de dívidas com financiadores estrangeiros, permitindo que consumidores inebriados se entregassem a um pródigo consumo de bens importados. A imitação americana de uma política involuntária de sociedades incivis irresponsáveis foi facilitada pela implosão do comunismo na Europa Oriental, que abriu as economias do bloco à integração global, e pelo surgimento da Ásia com sua elevada taxa de poupança. Foi num tal ambiente que a incrível incompreensão, imprudência lucrativa e não raras fraudes das elites — banqueiros, administradores de fundos, políticos — pegaram numa cilada todo o sistema financeiro mundial. Após o desastre que começou no outono de 2008, só podemos esperar que o mercado e a democracia superem os obstáculos e que a boa governança e prestação de contas retornem. Enquanto isso, se a experiência da Europa Oriental puder servir de parâmetro, os responsáveis em grande parte escaparão a qualquer ajuste de contas.

Por suas críticas e sugestões a várias partes do original, os autores gostariam de agradecer a Scott Moyers, da Andrew Wylie Agency, a Amir Weiner, Leonard Benardo, Eric Weitz e Tim Borstelmann. Os autores também são gratos a John Flicker, editor da Modern Library, na Random House. Nosso livro teve origem em um seminário para alunos de doutorado da Universidade de Princeton, também ministrado pelos autores no outono de 2007. Junto com um grupo de alunos de primeira linha, Adam Michnik — um importante participante nos acontecimentos da Polônia antes, durante e depois de 1989 — participou das reuniões de classe semanais e das discussões de acompanhamento. Absorver seu tenaz espírito de resistência tantos anos depois do fato foi compreender o que o establishment na Polônia havia enfrentado. Sua presença e suas observações também nos desafiaram a compreender como o edifício do bloco do Leste pôde ter sido derrubado quando tão poucas pessoas ali, como em qualquer lugar, eram heroínas.

CRONOLOGIA

1944   Em luta contra os alemães, o exército soviético invade a Polônia e a Romênia.

1945   Exército soviético conquista a Berlim de Hitler.

1947-1949   Regimes comunistas se instalam por toda a Europa Oriental.

1949   Fundação da Otan.

1953   Morte de Joseph Stalin (março); rebelião na Alemanha Oriental (junho); exército soviético salva o regime da Alemanha Oriental.

1955   Alemanha Ocidental entra para a Otan; instituição do Pacto de Varsóvia.

1956 (fev.)   Vigésimo Congresso do Partido: Khrushchev lança a desestalinização.

1956 (out.)   Władysław Gomułka retorna ao poder como líder da Polônia; o cardeal Stefan Wyszyński (primado da Igreja Católica na Polônia) é libertado da prisão.

1956 (out.-nov.)   Revolta Húngara — esmagada por forças militares do Pacto de Varsóvia lideradas pelos soviéticos; János Kádár torna-se líder da Hungria.

1957-1966 O cardeal Wyszyński lidera uma década de celebrações da "Grande Novena" para marcar os mil anos de cristianismo na Polônia.

1958 Tropas soviéticas concordam em deixar a Romênia.

1961 Construção do Muro de Berlim.

1961-1962 A Romênia rejeita o papel a ela atribuído de fornecedora agrícola para o resto do bloco do Leste no Conselho para Assistência Econômica Mútua (Comecon).

1964 Conselheiros do KGB soviético são afastados do Securitate romeno.

1965 Nicolae Ceauşescu sucede a Gheorghe Gheorghiu-Dej como líder da Romênia.

1968 O movimento reformista Primavera de Praga, uma tentativa de criar um "socialismo com face humana", é esmagado por forças militares do Pacto de Varsóvia lideradas pelos soviéticos (agosto); anúncio da "Doutrina Brejnev" (o uso da força, se necessário, para sustentar os regimes comunistas no Leste Europeu).

1970 A Polônia (sob liderança de Edward Gierek) e a Alemanha Oriental (sob liderança de Walter Ulbricht) dão início à política de tomada de empréstimos do Ocidente em moeda forte.

1970 (dez.) Greves em massa na Polônia por conta do aumento de preços.

1971 Erich Honecker toma o lugar de Ulbricht como líder da Alemanha Oriental.

1971 Leszek Kołakowski publica o ensaio "Esperança e desesperança", discorrendo sobre a impossibilidade de reformar o socialismo.

1973 Na primeira crise do petróleo, o preço mundial do petróleo bruto sobe 400% em poucos meses.

1976 (junho) Greves em massa na Polônia em protesto ao aumento de preços; formação do KOR (Comitê de Defesa dos Trabalhadores).

1976 Adam Michnik publica *Um novo evolucionismo*, instando a autolibertação da sociedade.

1978 (out.) Eleição de Karol Wojtyła como papa João Paulo II, o primeiro papa polonês.

1978 (dez.) Deng Xiaoping lança as reformas de mercado da China.

1980 (ago.) Greves na Polônia levam à formação do sindicato independente Solidariedade.

1981 (out.) General Wojciech Jaruzelski torna-se chefe de governo da Polônia.

1981 (dez.) Lei Marcial na Polônia; 5 mil presos em uma noite; o Solidariedade passa para a ilegalidade.

1982 Ceauşescu começa a impor duras medidas de austeridade na Romênia para poder pagar a dívida em moeda forte do Estado.

1982 Marchas pela paz em Leipzig começam após os cultos religiosos na igreja de São Nicolau.

1985 (março) Mikhail Gorbachev é elevado ao Kremlin; logo lança a perestroika e a glasnost, e começa a afirmar publicamente que a Europa Oriental pode agir por conta própria.

1987 (nov.) Greves e protestos em Braşov, Romênia, são violentamente reprimidos.

1988 (nov.) Debate entre Lech Wałęsa e Alfred Miodowicz na TV polonesa diante de 25 milhões de telespectadores.

1989 A dívida em moeda forte do bloco do Leste atinge a soma combinada de 90 bilhões de dólares, sem qualquer perspectiva de fim de novos empréstimos: a Hungria precisa de um bilhão por ano apenas para pagar os juros; a Polônia precisa de 2 bilhões. Gorbachev repudia a Doutrina Brejnev ao mesmo tempo que trabalha para evitar que os regimes da Europa Oriental reprimissem-se a si mesmos.

1989

fev.-abr. Negociações na Polônia entre o regime e a oposição.

maio-jun. Gorbachev apresenta eleições reais para a legislatura da URSS.

4 de junho Eleições na Polônia, nas quais o Solidariedade ganha quase todas as cadeiras a que tem direito a concorrer; a China comunista reprime manifestações na Praça Tiananmen.

27 de junho	A Hungria corta, de forma demonstrativa, o arame farpado em sua fronteira com a Áustria, fazendo da necessidade uma virtude; o êxodo em massa de alemães orientais para o ocidente se intensifica.
18 de agosto	Primeiro-ministro do Solidariedade assume o poder na Polônia.
11 de setembro	As marchas pela paz nas noites de segunda-feira em Leipzig chegam a milhares, com novas palavras de ordem: "Vamos ficar aqui" e "Somos o povo".
9 de outubro	Setenta mil pessoas participam da marcha pela paz em Leipzig; a temida repressão não se concretiza.
9 de novembro	Günter Schabowski, membro do politburo da Alemanha Oriental, anuncia erroneamente, numa coletiva à imprensa, a nova política de viagens para o estrangeiro; o Muro de Berlim é violado.
nov.-dez.	Palavras de ordem pela unificação alemã ("Helmut, Helmut") dominam as marchas pela paz e em toda Alemanha Oriental.
15 de dezembro	Em Timişoara, Romênia, László Tőkés, pastor de uma igreja reformada (calvinista), pede aos paroquianos, durante os cultos de domingo, que impeçam o regime de expulsá-lo; cerca de quarenta idosos desafiam o Securitate para proteger o pastor de etnia húngara.
17 de dezembro	Tropas romenas massacram manifestantes em Timişoara.

18 de dezembro Operários das fábricas de Timişoara entram em greve.
19-20 de dezembro General romeno em Timişoara retira tropas, entregando a cidade aos manifestantes.
22 de dezembro General chefe do exército romeno, Vasile Milea, comete suicídio; Ceauşescu foge de Bucareste de helicóptero, do telhado do prédio do Comitê Central cercado.
25 de dezembro Ceauşescu é julgado e executado.

1990
fev.-mar. Eleições livres para os Sovietes Supremos nas 15 repúblicas da União Soviética.
março O Soviete Supremo lituano, democraticamente eleito, vota, por 291 a 8 (3 abstenções), a independência da União Soviética.
maio O Soviete Supremo letão vota pela independência da república.
junho O presidente eleito da República Russa, Boris Yeltsin, faz campanha pela soberania da Rússia e, finalmente, pela sua independência.

1991
julho Dissolução do Pacto de Varsóvia.
agosto Golpe fracassado dos linhas-duras soviéticos que esperavam salvar a URSS.
dezembro A União Soviética é formalmente dissolvida; o presidente soviético Mikhail Gorbachev entrega o Kremlin ao presidente russo Boris Yeltsin.

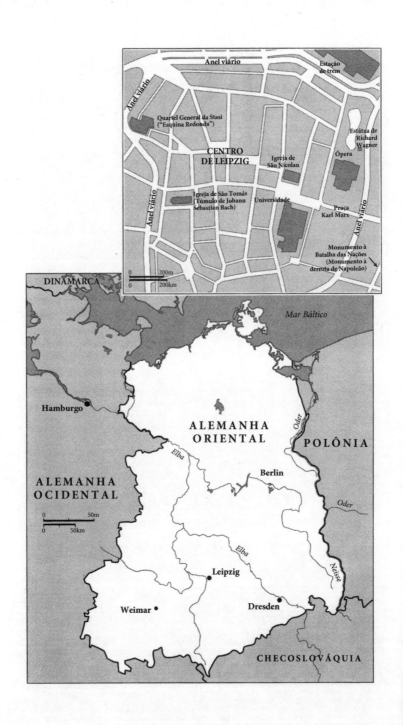

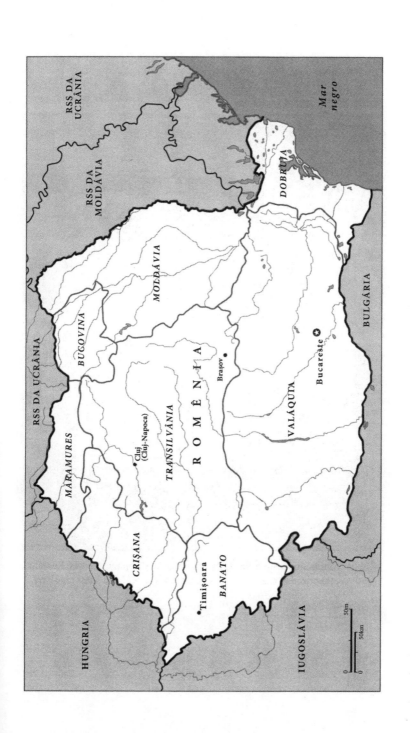

I
CORRIDA BANCÁRIA

– Como você faliu?
– De duas maneiras. Gradualmente, e depois de repente.
— Ernest Hemingway, *O sol também se levanta*

O irônico filme romeno *A fost sau n-a fost?*, conhecido em português por *A leste de Bucareste*, coloca uma pergunta aparentemente obsoleta: houve ou não houve — "A fost sau n-a fost?" — uma revolução em 1989? A maior parte do filme acontece numa mesa, com uma discussão ao vivo dentro de um estúdio de televisão. (Diz-se com frequência que os acontecimentos de 1989 na Romênia ocorreram essencialmente na televisão.) O pomposo anfitrião (dado a citar Heródoto) chama-se Virgil Jderescu, proprietário de uma estação de TV provinciana cujo talk show chama-se *Issue of the Day* [Debate do dia]. O dia em questão é 22 de dezembro de 2005 e o tema de debate é o que aconteceu nessa mesma data, 16 anos antes. Depois que alguns participantes se retiram, Jderescu entra ao vivo com um professor de história endividado e alcoólatra chamado Tiberiu Mănescu e um amuado e solitário aposentado chamado Emanoil Piscoci, que se veste de Papai Noel para as crianças. O cenário do programa mostra uma imagem ao vivo de uma grande praça em estilo stalinista, de uma cidade não identificada (que se pensa ser Vaslui, a cidade natal do diretor do filme, Corneliu Porumboiu, no leste da Romênia). A falta de ação do filme é instigante: três homens sentados em cadeiras. Jderescu pergunta o tempo todo: "Houve ou não houve uma revolução em nossa cidade?" Mănescu volta a contar como, em 22 de dezembro de 1989, ele tinha ido à praça com três outros professores — convenientemente, dois já morreram e um partiu para o Canadá — antes das 12h08, como parte de uma vanguarda de protesto. O horário é um ponto crucial porque Nicolae Ceaușescu, o ditador romeno, fugiu de Bucareste de helicóptero exatamente a essa hora. O aposentado que se veste de Papai Noel afirma que também ele foi à praça, só que depois das 12h08. Jderescu atende um telefonema feito ao programa: é o guarda que estava de plantão na praça, 16 anos antes, denunciando como mentirosa a declaração de Mănescu de que tinha estado na praça antes das 12h08. Outra pessoa ao telefone diz que Mănescu tinha estado no bar, bebendo, durante todo o dia e toda a noite. Enquanto pessoas ao telefone e o anfitrião contestam a história de Mănescu, este exclama: "Para que se perder em minúcias por tamanha bobagem?" A transmissão vai se tornando mais lenta, mostrando — ao vivo no cenário de fundo do estúdio — edifícios cinzentos e miseráveis, o céu escurecendo, as luzes das ruas se acendendo e uma linda neve caindo. A última pessoa a telefonar diz: "Estou ligando para informar que está nevando lá fora. Estão caindo grandes flocos brancos. Aproveitem a neve agora, porque amanhã ela será lama... Feliz Natal a todos!" A mulher revela que perdeu seu único filho no dia 23 de dezembro de 1989, o dia seguinte à revolução.

O filme parece investigar se é possível haver uma revolução quando ninguém se arrisca a nada, pelo menos nessa cidade, e parece reforçar uma impressão geral de que a Romênia, em 1989, era a grande exceção. Com frequência se diz que a Romênia foi o único país do Leste Europeu cuja experiência de 1989 foi supostamente um golpe repentino, não uma revolução. Ou se diz que a Romênia teve, sim, uma revolução, mas que ela foi roubada.[1] Somando a essa percepção de excepcionalidade, a Romênia acabou por se tornar o único país além da Iugoslávia em que o fim do socialismo foi sangrento. Carnificina à parte — oficialmente a Romênia teve 1.104 mortos, a maioria deles depois do dia 22 de dezembro —, nosso argumento será de que esse país, em 1989, não foi uma exceção, mas parte de um continuum que inclui a Alemanha Oriental, bem como a maioria dos outros casos. A Romênia comunista tinha uma oposição minúscula. Era um país de Mănescus e Piscocis, além de Jderescus, mas, como veremos, o país fornece um excelente exemplo do que se poderia chamar de mobilização não organizada, que em 1989 era efetivamente a regra na Europa Oriental. Foi a Polônia da era comunista, normalmente considerada paradigmática, que se provou a grande exceção. Na Polônia, a oposição não era um pequeno círculo de dissidentes nem um grupo de pessoas sentadas ao redor das mesas de cozinhas, aproveitando-se dos apartamentos reservados (não comunitários) das construções pré-fabricadas para se lamentar em meio à companhia confiável. A oposição na Polônia era social, com organizações e espaços físicos, sermões aos domingos e universidades volantes, e uma alternativa completamente articulada ao regime.[2] No entanto, foi a Romênia, e não a Polônia, que vivenciou grandes protestos de rua em 1989. Naquele ano, a Alemanha Oriental também teve grandes manifestações de rua, muito embora, como na Romênia, tivesse bem pouca oposição organizada.

Lá atrás, na década de 1970, a maioria dos comentaristas achava que o Ocidente capitalista, e não o comunismo, estava à beira do colapso, e mesmo na segunda metade da década de 1980, os sistemas comunistas não pareciam condenados, mas incertos. Inesperadamente, no entanto, o ano de 1989 veio a se tornar um *annus mirabilis*, produzindo revoluções na Europa Oriental com repercussões em todo o mundo, desde a África do Sul do apartheid até o México de partido único. O caso romeno, como o da Alemanha Oriental, indica que boa parte do desafio interpretativo consiste em analisar como os regimes comunistas do Leste Europeu caíram na ausência de oposições organizadas. Isso requer um entendimento do processo social diferente da habitual invocação de algo chamado "sociedade civil". Este slogan revelou-se irresistível para os estudiosos, eruditos e organismos de ajuda internacional.[3] Depois que a "teoria da modernização" (a ideologia do desenvolvimento, amplamente influente entre as décadas de 1950 e 1970) transformou-se, na década de 1980, em "promoção da democracia", a noção de "sociedade civil" tornou-se o equivalente conceitual da "burguesia" ou "classe média" — isto é, o indefinido ator social coletivo, aparentemente polivalente.[4] Um despropósito. Seriam as centenas (às vezes apenas algumas dezenas) de membros de uma oposição — com um punhado de associações ilegais perseguidas e publicações de resistência próprias (*samizdat*) —, de algum modo, uma "sociedade civil"? E, entretanto, não seriam as *centenas de milhares* de oficiais do partido e do Estado, funcionários da polícia política, oficiais do Exército — que com frequência iam à escola, trabalhavam e até viviam juntos, controlavam todas as propriedades (estatais), espaços públicos, redes de comunicação e instituições e tinham seus próprios clubes, locais de diversão e lojas —, de algum modo, uma sociedade?

Esse difundido equívoco acontece quando o pensamento normativo — que imagina como as coisas deveriam ser — supera a análise. É desnecessário dizer que, em 1989, a "sociedade civil" não poderia ter abalado o socialismo de estilo soviético pela simples razão de que na época ela não existia na Europa Oriental. Os grupos de dissidentes, majoritariamente pequenos, por mais importantes que fossem moralmente, não poderiam ter constituído nenhum tipo de sociedade. Ao contrário, foi o establishment — a "sociedade incivil" — que derrubou seu próprio sistema. Cada establishment o fez governando mal e depois, quando o Kremlin de Mikhail Gorbachev mudou radicalmente suas regras geopolíticas, capitulando — ou se recusando a capitular e, assim, tornando-se suscetível a corridas bancárias políticas.[5] De repente, décadas de bravura de dissidentes díspares — os torpedos morais, as "antipolíticas", o "viver com dignidade" — foram inundadas por uma cascata de ativismo por parte de massas anteriormente inertes e pelo oportunismo da elite. Estados pretensamente totalitários, que aspiravam ao controle e à mobilização totais, provaram-se, do mesmo modo, totalmente vulneráveis.

Utopias da sociedade civil

De onde vem o sonho de uma "sociedade civil"? Antes do século XVIII, os termos "sociedade civil" e "Estado" eram quase sinônimos e significavam essencialmente sociedade política. Mas Adam Ferguson (1723-1816), juntamente com outros pensadores do Iluminismo escocês, ajudou a separar os dois termos em uma oposição (um processo que teve continuidade com G. W. F. Hegel e Alexis de Tocqueville). Em *Essay on the History of Civil Society* [Ensaio sobre a história da sociedade civil] (Edimburgo, 1767), Ferguson contrastou uma sociedade civilizada do estado de direito com uma sociedade bárbara. Seu texto saiu em oito edições até 1819, mas a edição seguinte, em língua inglesa, teve de esperar até 1966. Não muito tempo depois disso, o termo "sociedade civil" voltaria a entrar em voga, especialmente entre analistas intimidados pelo avanço do Solidariedade na Polônia de governo comunista.[6] De repente, começou-se a dizer que indivíduos e grupos na Europa Oriental que se opunham aos sistemas comunistas constituíam uma sociedade civil emergente — isto é, forças "autônomas" exteriores ao Estado e, nesses casos, contra ele. Tal recurso ao conceito de "sociedade civil" na verdade exagerava o papel dos intelectuais (em detrimento dos trabalhadores, das igrejas e da economia mundial).[7] Mais importante, a suposta exclusividade mútua da sociedade civil e do Estado produziu uma caracterização distorcida da sociedade em termos de como uma sociedade era (auto-)organizada. Claro, uma organização social não deve ser considerada algo banal, simples de existir; é algo a ser alcançado e mantido. Mas uma sociedade também é profundamente moldada pelo modo como o Estado é organizado.[8] "Sociedade civil" era, em muitos aspectos, a contraparte conceitual do totalitarismo, mas se era o abrangente despotismo totalitário o que tornava o termo "sociedade civil" — como algo exterior ao Estado — tão atraente, este mesmo sistema também não permitia a existência de nada que se assemelhasse a uma sociedade civil.

Se "sociedade civil" tiver algum significado, é o de as pessoas assumirem a responsabilidade por si mesmas. Isso, no entanto, requer a capacidade não apenas de se auto-organizar, mas também de recorrer às instituições de Estado para defender o associacionismo, as liberdades civis e a propriedade privada. Obviamente, os dissidentes que viviam sob sistemas de tipo soviético não podiam obter isso, por mais corajosos que fossem, por causa da natureza do Estado comunista. Alicerçado na supressão da propriedade privada e do estado de direito "burguês", o Estado comunista não tinha judiciários independentes, serviço público e mídia independente para ajudar na defesa *contra* o poder do Estado. Claro, certos indivíduos podiam apelar às normas e leis internacionais, especialmente os "três cestos" de obrigações de direitos humanos de Helsinque, 1975, assinado pelos regimes comunistas. E muitos deles citavam as constituições dos próprios regimes comunistas. Em 5 de dezembro de 1965, o "Dia da Constituição" soviético, o matemático Aleksander Esenin-Volpin organizou um comício na Praça Pushkin de Moscou com cerca de duzentas pessoas e levantou um cartaz que dizia "Respeito à Constituição". (Ele foi preso imediatamente.) Menos quixotescamente, na Polônia da década de 1970, tal estratégia — projetada como uma rejeição a qualquer tentativa de reformar o socialismo — tornou-se, de fato, uma poderosa forma de organização social, numa espécie de profecia autorrealizadora. "'Nós devíamos ser cidadãos', achávamos", lembra-se o falecido historiador e ativista do Solidariedade, Bronisław Geremek, numa entrevista em 2007. "Até mesmo a constituição socialista da República do Povo Polonês refere-se ao lugar dos cidadãos na sociedade, e nós queríamos que a sociedade pertencesse aos cidadãos. E esta era nossa utopia de organização. Se havia algum tipo de utopia no 'Solidariedade', era a utopia da sociedade civil."[9] Em outras partes do bloco, no entanto, esta prática de se viver *como se* fosse uma sociedade civil teve limitados efeitos de organização, mesmo como utopia.

A "sociedade civil", explicou o romancista e ensaísta húngaro György Konrád (1933-) em 1984, "ainda é apenas uma ideia".[10] Esta caracterização prevaleceu em 1989. O "Novo Fórum" da Alemanha Oriental, uma cobertura bastante vaga para vários grupos, foi anunciado pela primeira vez apenas em 21 de setembro de 1989. Sólido ou não, ele não era nenhum Solidariedade (um sindicato independente com 10 milhões de membros). Claro, cerca de 3 mil pessoas assinaram imediatamente a petição de fundação, e mais de 200 mil acabaram por assinar, mas o Novo Fórum teve uma participação pequena nos acontecimentos de 1989; pouco tempo depois ele desapareceu.[11] O Fórum Cívico da Tchecoslováquia tomou forma em novembro de 1989, parte em reação aos acontecimentos na Alemanha Oriental, como a ocupação da embaixada da Alemanha Ocidental em Praga pelos alemães orientais que queriam ir para o ocidente, mas também em reação aos espancamentos de estudantes manifestantes pacíficos tchecos. (O equivalente eslovaco do Fórum Cívico foi o Public Against Violence [Público Contra a Violência].) O Fórum Cívico parecia uma atualização do movimento pelos direitos Carta 77 (que não tinha pretendido se tornar um movimento de massa), porém ele nem mesmo tinha um programa. No início de 1989, o serviço de segurança da Tchecoslováquia estimava que os dissidentes ativos no país não passavam de quinhentas pessoas, com um núcleo de cerca de sessenta (uma conta semelhante à da Alemanha Oriental).[12] Enquanto isso, aproximadamente 10 mil pessoas se reuniram no dia 28 de outubro de 1989 na Praça Venceslau de Praga, e 200 mil em 19 de novembro; oito dias depois, uma greve geral de cerca de um milhão de pessoas parou o país. Mas nada disso foi inspirado ou conduzido por dissidentes ou pelo Fórum Cívico, que foi abolido não muito tempo depois de 1989. Em outras palavras, as analogias de um movimento social com o fascinante Solidariedade, da Polônia, têm sido profundamente enganosas, generalizando falsamente aos outros uma bem-sucedida estratégia de um único caso.[13]

Em 1989, a Romênia não tinha nem um Novo Fórum nem um Fórum Cívico com os quais pudesse fazer analogias falsas com a Polônia, mas considere a Hungria, que frequentemente é colocada ao lado da Polônia porque em 1989 também ela tinha uma "mesa-redonda"* de oposição ao regime. Como András Sájo escreveu, no entanto, a Hungria, em 1989, viu poucos protestos de rua e pouca mobilização popular, e "a oposição húngara foi um tanto isolada e modesta em números". A mesa-redonda húngara — trezentas sessões, quinhentos participantes, três meses — começou como uma espécie de autonegociação do regime (que vinha acontecendo internamente havia anos).[14] Desde 1985, os sindicatos estatais e grupos de jovens do partido da Hungria tinham começado a minguar e um terço do horário de trabalho dos húngaros era passado no setor privado de serviços, mas o principal fator a conduzir aos acontecimentos de 1989 na Hungria foi que muitos comunistas perderam o interesse em preservar seu próprio sistema. Não foram todos, mas alguns oficiais do partido preferiram se tornar uma burguesia com ativos próprios.[15] Um número ainda mais substancial tinha começado a preferir um sistema político multipartidário. Quaisquer que fossem as motivações, a facção comunista que buscava uma saída do sistema de monopólio pressionou os linhas-duras, ao mesmo tempo apoiando círculos reformistas na sociedade. Resumindo, elementos no partido trabalharam para fortalecer a frouxa oposição anticomunista. Alguém teria que estar do outro lado da mesa quando a mesa-redonda húngara abrisse seis dias após as eleições do dia 4 de junho de 1989 na Polônia. Além disso, mesmo na Polônia, como veremos, a mesa-redonda teve de ser lançada pelo regime.

---

* Em inglês, *roundtable*, termo muito utilizado nas discussões acadêmicas sobre a temática de desagregação da URSS. (N. da R.)

Paradoxos da sociedade incivil

Ao contrário do povo em nome de quem governavam, os regimes desfrutavam de uma armadura de instituições, associações, patronatos e outras redes. Carregavam documentos de identificação especiais que abriam portas e, quando exibidos, informavam seu status. Dentro de uma hierarquia, eles partilhavam experiências de vida, começando pelos grupos de jovens, lugares de treinamento e trabalho, e uma ideologia, que "atraía igualmente simplórios e sofisticados", explicou Zbigniew Brzezinski. "Ela fazia seus afiliados sentirem-se virtuosos, corretos e confiantes, tudo ao mesmo tempo. Não deixava nada indefinido."[16] Eles estabeleciam contatos vitalícios na Escola do Partido Ştefan Gheorghiu, da Romênia, em escolas do partido na Alemanha Oriental, ou na Escola Superior de Ciências Sociais da Polônia, bem como na Escola Superior do Partido em Moscou. Muitos frequentavam academias militares ou de espionagem especiais, como a Escola Securitate, em Băneasa, ou o Colégio Stasi, em Potsdam. Com seus ex-colegas eles administravam indústrias e províncias inteiras, tinham conhecidos e parentes a cargo de agências e localidades paralelas, e discutiam os diferentes níveis de conforto dos vários hospitais e spas "fechados". Sentavam-se para serem fotografados, usavam alfinetes do partido na lapela e relógios "militares" inquebráveis como mais um sinal de sua fraternidade, e assinavam suas cartas com a expressão "com cumprimentos socialistas". Recebiam apartamentos antes dos outros e acima da regra de espaço determinada pelo Estado, tinham empregadas e motoristas (para que pudessem ser vigiados e espionados) e patrocinavam clubes esportivos, como o Dynamo e o Gwardia, segundo sua posição e sua esfera de atividade. Cultivavam patronos nas festas conhecidas como congressos do partido. E quando surgiam problemas — como apagar o registro de prisão de um filho — podiam se dirigir à seção de "assuntos do partido".[17]

A faixa de pessoas da elite formava uma sociedade; não apenas uma "sociedade civil", o que significava não aquela constituída, protegida e controlada pelo estado de direito. Colocando de outra forma, os Estados totalitários ou pretensamente totalitários não eliminavam a sociedade; eles criavam suas próprias sociedades. Nosso termo "sociedade incivil" refere-se a esses formidáveis laços e formas de organização social que acompanhavam um Estado não liberal, particularmente aquele sem propriedade privada. Quão amplas eram elas? No bloco oriental, o rol de membros do partido comunista representava uma média de cerca de 8% a 10% da população de cada país, embora a identificação com o poder e os valores dos regimes fosse maior. Ainda assim, somente uma minoria de membros do partido era efetivamente *apparatchiks*, isto é, os que não tinham outros empregos senão o trabalho no partido. Mas, além do aparelho do partido propriamente dito, também devemos incluir os funcionários do Estado e a casta militar, bem como os setores mais privilegiados da intelligentsia. Assim, a regra é que as sociedades incivis, incluindo membros da família, formavam cerca de 5% a 7% da população. Os establishments claramente não eram tudo, e nos referimos aos grandes espaços de trabalho em torno dos quais as grandes comunidades proletárias estavam organizadas, bem como a Igreja Evangélica (luterana) na Alemanha Oriental, a Igreja Reformada (calvinista) na Romênia e a Igreja Católica na Polônia.[18] Alguns desses vários setores incipientes desvinculados do establishment foram considerados por um analista uma "segunda sociedade", com isso dando continuidade à ideia de "segunda economia" (atividades de mercado ilegais sob planejamento central).[19] Juntas, a desagregada "segunda sociedade" e a "sociedade incivil" podem ser consideradas a "sociedade efetivamente existente" no socialismo.[20] Seja como for, a parte verdadeiramente organizada, com múltiplos instrumentos, era o establishment.

Para se analisar o establishment comunista, a principal abordagem tem sido *A nova classe* (1957), uma obra célebre do político comunista iugoslavo preso, Milovan Djilas, que argumentava que os sistemas comunistas produziam uma burocracia que, por consciência de classe, perpetuava seus privilégios e causaria o declínio econômico ao colocar seus corruptos interesses pessoais e sua sobrevivência acima de tudo.[21] Antes de Djilas, esta tese da "revolução traída" era normalmente associada a Leon Trotski ou George Orwell; embora privada de retórica de classe, ela também se sobrepôs à obra de Friedrich von Hayek, *O caminho da servidão* (1944), enquanto lá atrás, em 1873, o anarquista Mikhail Bakunin tinha previsto que, se os marxistas chegassem ao poder, uma "nova classe, uma nova hierarquia" iria se formar.[22] Depois de Djilas, Jacek Kuroń (1934-2004) e Karol Modzelewski (1937-), então dois jovens conferencistas na Universidade de Varsóvia, desenvolveram essa linha de análise, acusando a classe governista comunista da Polônia de precipitar uma crise do sistema pela exploração de trabalhadores e clamando por uma nova revolução proletária em uma "Carta Aberta ao Partido" (1964). Kuroń e Modzelewski foram condenados a três anos de detenção por "prepararem e distribuírem obras prejudiciais aos interesses do Estado polonês" — isto é, os interesses do mesmo Estado que os oficiais tinham como alvo.[23] De modo semelhante, uma versão visceral desse ponto de vista ganhou forma entre os não intelectuais sob o comunismo: por exemplo, em 1977, 35 mil mineiros no Vale Jiu da Transilvânia, Romênia, entraram em greve e ridicularizaram as autoridades com gritos de "Abaixo a burguesia vermelha!". A noção de uma "burguesia vermelha" ou "nova classe" precede o conceito de "sociedade civil", mas a "nova classe" saiu de moda há muito tempo. Seu poder consistia em empunhar o marxismo contra os regimes marxistas, mas, como o próprio Djilas admitiu mais tarde, esta também foi sua limitação.[24]

Longe de agir com coerência, muito menos por consciência de classe, os establishments comunistas eram de fato frequentemente incoerentes, rasgados por lutas por território e segredos de Estado. A tomada de decisões era uma caixa-preta mesmo nos escalões superiores, enquanto as escutas telefônicas e denúncias eram tão difundidas, que as elites com frequência hesitavam em socializar. De fato, o paradoxo da sociedade incivil é que seus membros tinham autoridade e comando ilimitados sobre quase todos os recursos nacionais, porém estavam paralisados. Os establishments que podiam coletivizar os camponeses e nacionalizar um país inteiro viam-se posteriormente incapazes de adotar as menores ações corretivas quando algo não funcionava conforme o plano. Não obstante sua onipresente vigilância, eles se provaram incapazes de reunir ou processar informações elementares sobre seus países, o primeiro passo na definição de políticas. Certamente, os governos despóticos não devem ser incomodados pelas aspirações daqueles a quem governam, mas ainda assim precisam de informações sobre as preferências públicas e os recursos disponíveis — nem que seja apenas para manipulá-los. Ao contrário, a sociedade incivil oferecia todo tipo de incentivos para que até mesmo os leais mentissem e relatassem contos de fadas. Os oficiais raramente debatiam com os oponentes, como Lenin tinha sido obrigado a fazer, para aguçar suas habilidades e pontos de vista.

A incompetência nos sistemas comunistas era, portanto, estrutural. Para afastar qualquer possível ameaça de serem depostos e para aumentar os laços de dependência, os dirigentes frequentemente preferiam nomear os menos capazes como seus subordinados diretos, algo que se repetia ao longo de toda a hierarquia. Mesmo os de dentro lamentavam a tacanhez e submissão dos que ascendiam no sistema. As pessoas com iniciativa, raciocínio independente e integridade, que tinham se ligado ao partido para levarem vidas politicamente ativas ou para melhorar seus países, eram geralmente eliminadas ou esmagadas. Claro, a maioria das burocracias estatais promove, até certo ponto, funcionários mais qualificados a obedecer do que a liderar. Mas nas cruelmente chamadas "democracias do povo" da Europa Oriental, o aparelho substituía os setores políticos, econômicos, legais e acadêmicos independentes que, em sistemas pluralistas, fornecem um fluxo constante de talentos à elite política. A consequente estupidez fornecia aos humoristas um farto material sobre a grosseria e inépcia dos funcionários — sobre os hamsters em círculos. Havia exceções, funcionários de distinção, até mesmo de visão e coragem, que ocasionalmente alcançavam cargos mais elevados e neles permaneciam. Mas eles invariavelmente tinham de perder uma imensa quantidade de tempo e energia para superar os obstáculos idiotas que o aparelho e a economia planejada continuavam a jogar em seus caminhos. De qualquer modo, do ponto de vista profissional, era sempre mais seguro manter a rotina. Assumir riscos geralmente se limitava à busca de confortos materiais extras.

A apropriação indébita tornou-se um modo de vida num sistema em que a propriedade era teoricamente pública, embora, na verdade, estivesse à disposição privada de administradores e dirigentes. A sociedade incivil também se encheria de sabotadores, embora não deliberados. Seus membros eram mais bem-educados do que a maioria de seus compatriotas, mas esta educação com frequência lhes dava um vocabulário cheio de clichês e uma visão distorcida do mundo. Uma experiência mínima em viagens ou línguas estrangeiras associava-se a uma experiência máxima em administração de estruturas e circunstâncias, sempre criadas pelo poder de outra pessoa. E embora suas intrigas e prevaricações exigissem certos dons, o Estado-partido fomentava uma espécie de "seleção negativa" — recompensando a lealdade e punindo tudo o mais. Isso afetava as profissões mais altamente técnicas e também a polícia política profissional. Pior que isso, o que Vilfredo Pareto havia observado mordazmente na virada do século, acerca das elites em geral — que as *classes dirigeantes* (classes dirigentes) transformam-se em *classes digerantes* (classes digestivas), fixadas no consumo e autopreservação —, nos sistemas comunistas provou-se hostil à correção. Essa falta de flexibilidade estrutural acrescia-se de uma deficiência nas ferramentas de administração de conflitos. Na noite de 13 de dezembro de 1981, cerca de 5 mil ativistas do Solidariedade, na Polônia, chocaram-se com o fato de poderem ser detidos por ordem administrativa, de o Exército e a polícia poderem botar tanques e veículos de combate nas ruas, numa enorme demonstração de força, desligar telefones em todo o país, impor o toque de recolher para toda a sociedade e impedir as pessoas de se deslocarem entre as cidades — tudo isso apesar de o sindicato Solidariedade ter um rol de membros de 10 milhões de pessoas. Ainda assim, a repressão não é uma solução duradoura para os problemas sociais.

    A obstinada negação do regime de que houvesse *qualquer* conflito social tornava um conflito básico uma ameaça existencial. O problema não era apenas que o socialismo de estilo soviético atiçasse a consciência da classe trabalhadora por meio de retórica e ritual proletários e depois funcionasse ostensivamente como um sistema de prerrogativas da elite, produzindo reclamações por toda parte. O problema era a ausência quase total de meios de vazão ou válvulas de segurança para as queixas populares básicas, além das petições e cartas escritas às autoridades ou à mídia (cada vez mais à televisão estatal). Tendo imposto um governo de partido único e uma economia de administração central, tendo abolido os sindicatos trabalhistas independentes e as associações voluntárias, tendo forçado a conformidade exterior por meio de redes de informantes, a sociedade incivil viu-se incapaz de lidar com a vida social espontânea.[25] Até mesmo a mera indicação do desejo de privacidade, uma mera inação, poderia constituir — tendo em conta seu total direito sobre a vida das pessoas — um desafio a tal regime. Nos sistemas comunistas havia pouca diferença entre um grupo de pessoas assinando um protesto contra uma emenda à Constituição proposta pelo governo, uma greve de operários numa fábrica, uma reunião de estudantes opondo-se à suspensão de uma peça no teatro nacional ou uma multidão raivosa protestando contra o aumento no preço da carne. O resultado foi uma tremenda sobrecarga. Cada ação de protesto, cada conflito continha em si o equivalente a uma quase crise do sistema. Se as pessoas não podiam fazer greve sem o risco de serem mortas ou torturadas, se a produção de uma peça não podia ser suspensa sem que centenas de estudantes corressem o risco de serem expulsos da universidade e de serem presos, e se o aumento dos preços não podia ser implantado sem colocar em perigo os empregos de altos funcionários, o sistema corria o risco latente de motim, mesmo na ausência de uma oposição *organizada* de toda a sociedade.

Dissolução no rádio (Hungria, 1956)

Os regimes comunistas trabalhavam obstinadamente para forçar uma mobilização de pessoas centrada no regime, em feriados oficiais ou em outras ocasiões, e para desencorajar quaisquer impulsos de concentrações não ligadas ao regime. Ao mesmo tempo, atos espontâneos de automobilização estavam sempre à espreita. Considere o que aconteceu na Hungria em 1956. Lá, os reformistas do partido comunista, num esforço interno, lançaram um movimento por um socialismo de partido único mais democrático, que se transformou numa retomada da ordem ao estilo soviético (mas de *nenhuma* forma de socialismo).[26] Mátyás Rosenfeld, mais conhecido como Rákosi (1892-1971), que havia nascido no Império Austro-Húngaro e era o quarto filho de um merceeiro judeu, gostava de imitar o sotaque camponês e governava a Hungria comunista por meio do terror.[27] Mas nos confusos meses que se seguiram ao discurso secreto de Nikita Khrushchev denunciando Joseph Stalin, em fevereiro de 1956, o stalinista Rákosi foi forçado a se afastar, e seu rival Imre Nagy (1896-1958) — apenas recentemente condenado como um "dissidente de direita" — foi reabilitado. Acontecimentos do passado de repente estavam sujeitos à reconsideração à luz da desestalinização, e os aniversários desses eventos representavam uma motivação para manifestações. Aparentemente do nada, as concentrações de rua chegaram a 250 mil pessoas. O embaixador soviético na Hungria, Yuri Andropov, advertiu Moscou de que "nossos amigos detêm o poder tão debilmente que com o menor empurrão eles o perderão, e o destino do socialismo na Hungria será decidido nas ruas".[28] Marchas lideradas por estudantes em Budapeste, em 23 de outubro — com os participantes cantando

"Juramos, juramos, não permaneceremos escravos" —, provocaram uma intervenção soviética de 6 mil tropas no dia seguinte, que, por sua vez, provocou a formação de milícias húngaras com cerca de 15 mil homens. Era a guerra.

Nagy, um comunista comprometido, ex-cúmplice secreto do NKVD [Comissariado do Povo para Assuntos Internos] soviético, e, em 27 de outubro, primeiro-ministro húngaro, aderiu à rebelião. Em 30 de outubro ele declarou, durante um discurso pelo rádio, que o "Gabinete abole o sistema de partido único".[29] Estava acabado o monopólio! No dia seguinte, vários partidos políticos húngaros se restabeleceram ou se estabeleceram (e vários proprietários de terras desapropriadas começaram a reaparecer, provocando clamores de pânico de muitos protestantes antissoviéticos para que se impedisse o retorno ao "mundo de condes e banqueiros"). O extraordinário não foi apenas quão frágil o sistema comunista provou ser — abolido pelo rádio —, mas quão rapidamente podia ser restaurado. Em 4 de novembro, três dias depois de Nagy ter declarado "neutralidade", o que significou o afastamento do Pacto de Varsóvia (firmado apenas um ano antes), uma força militar soviética muito maior, com 60 mil homens, chegou e começou a esmagar violentamente a rebelião. Mais de 2.500 húngaros e setecentas tropas soviéticas morreram. Em 7 de novembro, sob o comando do chefe do partido húngaro János Kádár, o monopólio do partido foi firmemente restaurado. Fortalecidos pela repressão soviética, os comunistas húngaros aplicaram agora toda a força. De 1956 até 1961, 100 mil pessoas foram presas, 35 mil foram julgadas, 26 mil foram condenadas e várias centenas, executadas, incluindo Nagy. Outras 182 mil emigraram. Foram muitas as lições tiradas. O carro do embaixador Andropov tinha sido baleado em Budapeste, obrigando-o a retornar a pé para a embaixada; no caminho ele viu comunistas enforcados em árvores e postes de luz — o que causou uma impressão indelével no futuro chefe do KGB soviético.³⁰ O Kremlin tinha começado a aprender que mesmo uma reforma conduzida pelo partido comunista podia se transformar numa "contrarrevolução".

Em meio às repressões que aconteceram após a falência do sistema, o desertor iugoslavo Djilas bradou que "a ferida que a Revolução Húngara infligiu ao comunismo jamais será completamente curada", acrescentando que a "Hungria representa o começo do fim do comunismo".³¹ Mas ele demonstraria estar certo apenas no longo prazo. Na sequência imediata, Kádár — nascido Giovanni Czermanik (1912-1989) na cidade austro-húngara de Fiume — estabilizou a situação. Então com 44 anos, o líder da nova geração executou as prisões mencionadas anteriormente e as severas repressões. Também pôs fim à comemoração do Dia da Revolução Bolchevique (7 de novembro) como feriado húngaro, tornou opcional o ensino de russo nas escolas e aumentou os salários. Certamente, entre 1959 e 1961, Kádár completou a coletivização forçada dos camponeses (afinal, isto era socialismo), mas também promulgou um slogan mais delicado: "Quem não está contra nós está conosco." Aboliu os conselhos operários nas fábricas, mas autorizou a emissão de passaportes a muitos membros da intelectualidade, de modo que, se eles deixassem o país, pudessem retornar (ao contrário da Polônia), tornando muitos deles menos implacáveis e ajudando a produzir, apesar do pequeno tamanho da Hungria, talvez a mais notável constelação de intelectuais do bloco. Essa relativa flexibilidade não alterou a constituição fundamental do Estado-partido e sua economia de propriedade estatal, que eram as marcas registradas do stalinismo. Em 1956, quando uma multidão húngara derrubou (com a ajuda de máquinas pesadas) e decapitou a estátua de 9 metros de Stalin em Budapeste, as botas de Stalin permaneceram implantadas no pedestal. Como um jornalista húngaro havia previsto, quando a estátua de bronze foi erguida em 1951, "Stalin estava conosco antes, agora estará ainda mais".[32] Ainda assim, o sistema tinha se mostrado estável e precário, monolítico e frágil. Na Hungria, ele tinha sido abolido — e restabelecido — no curso de apenas duas semanas.

Para o Kremlin, o principal dilema era que a ideologia (socialismo) e a geopolítica (segurança soviética) tinham se tornado inseparáveis.[33] Nikita Khrushchev, o líder soviético durante a crise húngara, disse a seus colegas do politburo soviético, em 31 de outubro de 1956: "Se partirmos da Hungria, isso dará um grande impulso aos americanos, ingleses e franceses — os imperialistas. Eles o perceberão como uma fraqueza de nossa parte e partirão para a ofensiva. Nós então estaríamos expondo a fragilidade de nossas posições." Segundo o embaixador iugoslavo para Moscou, Khrushchev disse ao presidente iugoslavo, Josip Broz Tito: "Há pessoas na União Soviética que diriam que enquanto Stalin estivesse no comando todos obedeceriam e não haveria grandes choques, mas agora [que estes novos bastardos] chegaram ao poder, a Rússia sofreu a derrota e a perda da Hungria."[34] Contudo, embora Moscou interpretasse o irresponsável incitamento norte-americano aos rebeldes húngaros, em 1956, como prova de intenções imperialistas, os próprios húngaros tinham se dado conta de que as promessas americanas de libertação eram vazias.[35] A vida teria de ser vivida dentro do contexto da Guerra Fria. Com o tempo, essa circunstância estimulou o apoio a Kádár e à sua política de abertura de espaço de manobra. Sobrevivendo a seu epíteto de 1956 de "açougueiro de Budapeste", Kádár permaneceu no poder até 1988 (ele morreu no ano seguinte). Sob seu comando, o rol de membros do partido, que tinha despencado para cerca de 100 mil em dezembro de 1956 (de um total de aproximadamente 800 mil antes da crise), em 1988 havia subido para cerca de 700 mil (de 10 milhões de pessoas). Kádár foi substituído como secretário-geral naquele ano por Károly Grósz (1930-1996), seu mais jovem primeiro-ministro (desde 1987) e experiente propagandista oficial. Grósz tinha se tornado comunista em 1945, antes de completar 15 anos, e tinha vivido toda a sua vida adulta na sociedade incivil. O sistema parecia seguro nas mãos dos guardiães da próxima geração. Mas, na verdade, essa era a grande incógnita.[36]

A FACE HUMANA ESMAGADA DO SOCIALISMO (TCHECOSLOVÁQUIA, 1968)

A parábola de Václav Havel sobre o quitandeiro que coloca o slogan "Trabalhadores do mundo, unam-se!" em sua vitrine, ao lado de suas frutas e verduras, é justificadamente celebrada. Com o título de "The Power of the Powerless" ["O poder dos impotentes"], e circulando pela primeira vez no início de 1978, o ensaio mostra que o desejo das pessoas comuns de serem deixadas em paz sustentou os sistemas comunistas.[37] Mas quando finalmente chegou a hora de os fracos exercerem o poder, no fim dos anos 1980, Havel, que temia que os protestos de massa servissem de pretexto para uma repressão mortal, continuou a defender uma política moral apolítica. Por contraste, como explicou Adam Michnik em sua obra clandestina *Letters from Prison* [Cartas da prisão], a oposição na Polônia há muito objetivava cultivar toda uma sociedade paralela com valores cívicos e história não comunistas e se dirigia não aos governantes, mas à sociedade, lutando por uma autolibertação não revolucionária.[38] Michnik conta que depois de obter um passaporte diplomático como membro recém-eleito do parlamento, em junho de 1989, ele seguiu para Praga, onde disse a Havel que a coisa toda estava desmoronando. Segundo Michnik, "Havel insistiu que a Tchecoslováquia era diferente — 'um regime Svejk', 'Kafka'". Alguns meses depois, Havel era presidente.[39] Mas aparentemente, a instrução do próprio Michnik também tinha sido rápida. Na noite das eleições de junho de 1989, uma testemunha escreveu: "Os membros do Solidariedade deveriam saber que iriam ganhar! Mas não sabiam. Naquele domingo [das eleições], eu tomei um lanche com Adam Michnik, que estava exausto e abatido — e ele não fazia a menor ideia."[40]

Independentemente da lentidão dos dissidentes para captar a assombrosa desintegração do sistema em 1989, o verdadeiro enigma é o que cada establishment comunista vinha pensando e fazendo *esse tempo todo*. Em outras palavras, devemos considerar não apenas os Václav Havels, mas também os Vasil Bilaks. Ninguém se deu ao trabalho de traduzir para o inglês os dois volumes de memórias de Bilak, *Memórias de Vasil Bilak* (1991).[41] Nascido em 1917 na região subcarpatiana do Império Austro-Húngaro, Bilak é um *rusin* (às vezes chamados "rutenos" ou mesmo "ucranianos") que assimilou a cultura eslovaca. Participou da rebelião, em agosto de 1944, das Forças Tchecoslovacas do Interior contra o Estado fantoche nazista, em tempo de guerra, na Eslováquia. Muitos dos que participaram foram mortos depois que as forças alemãs ocuparam a Eslováquia e oprimiram a revolta. Só que a chegada do exército soviético em Bratislava, em abril de 1945, afugentou os alemães. Zdeněk Mlynář (1930-1997), um futuro ideólogo da Primavera de Praga, escreveu sobre a Segunda Guerra Mundial, dizendo que ela produziu "uma visão bicolor do mundo, com o inimigo de um lado e seu adversário do outro. Era um lado ou outro — não havia meio-termo". E assim o adolescente Mlynář escolheu "o lado dos mais consistente e radicalmente contrários ao passado, [...] dos que não faziam concessões ao passado, mas se esforçavam por varrê-lo para o lado, para vencê-lo de forma revolucionária" — isto é, ele escolheu Stalin.[42] Bilak não era nenhum adolescente em maio de 1945 — tinha 28 anos — e também se juntou ao partido comunista antifascista. Na Europa Oriental, os sistemas comunistas eram impostos, mas também por comunistas conterrâneos.

Em 1946, em eleições democráticas, os comunistas tiveram 30% dos votos em territórios eslovacos e 40% em terras tchecas — os mais altos índices em circunstâncias livres em qualquer país. Juntos, os partidos de esquerda (como dizia um slogan, "Vote comunista ou, pelo menos, social-democrata) garantiram uma clara maioria tcheca e uma forte minoria eslovaca.[43] Após o golpe tchecoslovaco em fevereiro de 1948, que estabeleceu um monopólio comunista — que aconteceu na ausência de tropas soviéticas —, Mlynář foi convidado a estudar na Universidade Estadual Stalinista de Moscou e retornou para se tornar um analista jurídico na Academia Tchecoslovaca de Ciências no Instituto do Estado e do Direito, bem como um consultor do Comitê Central. Bilak aprendeu o ofício de alfaiate e chegou à presidência do sindicato de alfaiates e costureiras em Bratislava. Sua educação formal limitou-se a alguma formação na "faculdade" do partido, em 1952. Nessa altura, cerca de 300 mil tchecoslovacos tinham sido obrigados a deixar a vida pública por serem originários da classe errada, mas até 400 mil novas pessoas tinham progredido, tendo seu peso em muito aumentado pela eliminação das classes médias tchecoslovacas (o número de lojas de propriedade privada e estúdios de artesãos diminuiu de aproximadamente 250 mil em 1948 para menos de 7 mil em 1958).[44] Heda Margolius Kovály, esposa de um antigo alto oficial inocentado em julgamentos stalinistas de fachada, escreveu: "Para muitas pessoas na Tchecoslováquia, após a guerra, a revolução comunista era apenas uma nova tentativa de encontrar o caminho de volta para casa, de retomar seu caminho pela força." Mas para outras, acrescentou, o socialismo "era uma vitória sobre a própria pequenez", uma forma de imaginar "uma altruísta submissão dos interesses individuais pelo bem de toda a sociedade". Kovály observou que "abrir mão desse ideal seria renunciar ao sentido da própria vida".[45] Em outras palavras, a ascensão do sistema comunista e a ascensão de inúmeros comunistas coincidiram intimamente.

A sociedade incivil ficaria isolada do restante do povo, mas seus membros foram a primeiríssima elite da Europa Oriental com raízes populares. Numa região então predominantemente campesina, a Tchecoslováquia sobressaía-se por ser industrializada, e muitos de seus recém-promovidos vinham da classe trabalhadora, como Bilak, bem como outro eslovaco, Alexander Dubček (1921-1992). Em 1962, um ano antes de o pragmático Dubček tornar-se chefe do partido eslovaco, um jornalista observou que "este Dubček é admirável por sua inocente honestidade. Ele pode chegar ao topo do partido, mas é muito mais provável que se encontre na prisão. Sua ingenuidade é ridícula, mas surpreendente e revigorante".[46] Bilak era um protegido de Dubček na máquina eslovaca. Em janeiro de 1968, quando Dubček tornou-se secretário-geral da Tchecoslováquia, Bilak o sucedeu como primeiro-secretário eslovaco.⁴⁷ Toda essa geração de promovidos ascendeu rapidamente. Muitos deles ocuparam cargos de decisão bem acima de seus níveis educacionais, particularmente na administração industrial.⁴⁸ Metade dos funcionários da segurança do regime tinha apenas educação primária, enquanto 68% dos comandantes da segurança eram considerados abaixo das (modestas) qualificações necessárias nos anos 1960. (Na época, segundo uma pesquisa de opinião confidencial, a polícia política tchecoslovaca — originalmente criada para perseguir ex-colaboradores nazistas — estava em penúltimo lugar em termos de profissão, acima apenas dos limpadores de esgoto.⁴⁹) Certamente, abaixo do imenso bolsão inicial dos que progrediram, os escalões mais jovens em geral tinham melhor formação. Tendo amadurecido sob o socialismo e as suas promessas, muitos desses engenheiros e profissionais formados lutavam para alcançar cargos compatíveis com sua formação, uma frustração exacerbada pelas crescentes suspeitas em suas mentes acerca da prosperidade capitalista da Europa Ocidental. "Ficamos sabendo por meio de relatórios dos comitês distritais do partido", relembrou Dubček sobre o início de 1967, "que o estado de ânimo tanto em terras eslovacas como tchecas estava cada vez mais impaciente e favorável a mudanças".⁵⁰

Lançada pelo establishment comunista, a Primavera de Praga de 1968 uniu ambição e idealismo com o objetivo de renovar o socialismo. O assim chamado Programa de Ação do partido, de abril de 1968, com a coautoria de Mlynář, propunha substituir muitos dos dirigentes da era Stalin ao mesmo tempo em que aliviava a hierarquia de ferro do partido (mas mantendo seu papel de liderança); relaxar os controles centrais sobre os empreendimentos (ao mesmo tempo mantendo a propriedade socialista); suspender a censura; abrandar a mão dos tchecos sobre a Eslováquia.[51] A única instituição genuinamente eslovaca na Tchecoslováquia era o partido comunista eslovaco, e a fermentação tinha efetivamente se iniciado lá atrás, em 1962-63, por conta de questões eslovacas. (A autonomia eslovaca foi a única coisa a sobreviver à Primavera de Praga.) Ainda assim, a principal preocupação dos protagonistas da Primavera de Praga tcheca no partido e entre os intelectuais próximos ao Comitê Central era o que eles chamavam de "socialismo com face humana". Também falavam sobre sua "soberania". O restante do bloco, no entanto, não podia evitar ser afetado pelos esforços da Tchecoslováquia por uma nova encarnação do socialismo. O presidente Ludvík Svoboda (1895-1979) — um oficial da Legião Tcheca durante a Primeira Guerra Mundial, à frente do comando contra os nazistas na Segunda Guerra Mundial, preso por um breve período durante os expurgos stalinistas, mas elevado à presidência em março de 1968 — defendia a reforma tchecoslovaca. "Não por nossa culpa", disse o general-presidente, "nossa luta interna contra os intérpretes dogmáticos e sectários do socialismo e seu modelo stalinista uniforme ultrapassou a fronteira da Tchecoslováquia".[52] Na verdade, alguns defensores da Primavera de Praga pretendiam atrair um público ocidental para seu tipo de socialismo, com isso simulando um papel de vanguarda do socialismo mundial.[53]

Em nome do socialismo, a maioria dos líderes do resto do bloco — como Walter Ulbricht, da Alemanha Oriental, Władysław Gomułka, da Polônia, e finalmente Kádár, da Hungria — tinha objeções à Primavera de Praga. A soberania de seus países era violada não apenas pelo chefe supremo soviético, mas pelo destino entrelaçado de todos os países do bloco. A Primavera de Praga também encontrava oposições internamente, por motivos socialistas, por pessoas como Bilak. Mlynář, um ex-stalinista transformado em comunista reformado, mais tarde repudiou Bilak, chamando-o de "não mais que um alfaiate fracassado, cheio de ambição, com ânsia de poder e malícia", mas Bilak era um conservador convicto e não menos partidário do socialismo do que Mlynář.[54] Em fevereiro de 1968, durante o vigésimo aniversário do golpe de 1948, Bilak informou Leonid Brejnev sobre a "contrarrevolução aberta" tcheca e sua ameaça à aliança soviética, que ele considerava essencial para o sucesso do socialismo na Tchecoslováquia. Em julho, Bilak prometeu a Petro Shelest, o chefe do partido na república soviética da Ucrânia, uma carta coletiva tcheca solicitando a intervenção soviética. Após várias semanas de demora, num encontro clandestino durante uma reunião do bloco em Bratislava, no início de agosto, Bilak a entregou. "A própria existência do socialismo em nosso país está sob ameaça", dizia o pedido de intervenção assinado, escrito em russo. "Apelamos a vocês, comunistas soviéticos, principais representantes do Partido Comunista da União Soviética. [...] Somente com seu auxílio pode a República Socialista Tcheca livrar-se do perigo iminente da contrarrevolução."[55] Para evitar que detectassem o encontro, Bilak passou o convite por meio de um intermediário do KGB, em um banheiro.

A Operação Danúbio, a repressão do Pacto de Varsóvia sob comando soviético em 21 de agosto de 1968, contra a Primavera de Praga foi a maior ação armada na Europa após a Segunda Guerra Mundial — 200 mil tropas e 2 mil tanques. Setenta e dois tchecos e eslovacos foram mortos e 70 mil fugiram (mais de 250 mil acabaram por emigrar). A liderança tchecoslovaca foi sequestrada para Moscou e intimidada a legitimar a invasão *post facto*. Moscou estava furiosa por Dubček não ter cumprido num acordo político suas repetidas promessas de reintroduzir a censura e remover os reformadores mais radicais. Durante um discurso no Kremlin, Mlynář observou que Brejnev insistia que a União Soviética tinha sacrificado muita coisa durante a Segunda Guerra Mundial para permitir que os resultados fossem ameaçados.[56] O *Pravda* logo explicou que "os povos de países socialistas e os partidos comunistas têm, e devem ter, liberdade para determinar o caminho de desenvolvimento de seu país. Quaisquer decisões que tomarem, no entanto, não devem ser prejudiciais nem ao socialismo em seu próprio país nem aos interesses fundamentais dos outros países socialistas". No Ocidente, isso ficou conhecido como Doutrina Brejnev.[57] Em Praga, após alguma desordem, um novo líder do partido assumiu o poder — não o eslovaco convertido Bilak, a quem Moscou via como "ucraniano", mas seu rival, o eslovaco nato Gustáv Husák (1913-1991). Bilak permaneceu em altos postos.[58] Em outubro de 1980, durante o Solidariedade polonês, ele proferiu advertências e um desejo de que "nenhum dos esforços da burguesia, dos centros anticomunistas e das forças antissocialistas [...] enganem o operário polonês a ponto de ele se permitir ser afastado do caminho socialista".[59] Mas tipos ortodoxos como Bilak e Husák, em maior número que os comunistas reformados, foram a causa de sua própria angústia.

Procurando corda para se enforcar

No fim dos anos 1940, os establishments comunistas pela Europa Oriental formavam pequenas minorias, porém seus membros pareciam profundamente confiantes. Eles tinham resistido e derrotado o fascismo; faziam parte do movimento da história; portanto, suas teorias e ações estavam certas, mesmo que a maioria de seus compatriotas não as apreciasse, e em nome da causa eles podiam mentir à vontade (e mentiram). Nos anos 1980, os establishments comunistas eram imensos e possuíam uma força impressionante, mecanismos de censura bem-desenvolvidos e rigoroso controle de fronteiras. Mas esses tão grandes establishments comunistas dos anos 1980 tinham uma percepção oposta à dos minúsculos establishments comunistas de 1948: isto é, de que a história estava se movendo na direção errada, que as deserções não podiam ser ignoradas, que as difundidas mentiras estavam minando os funcionários do próprio sistema. "Para a casa inteira cair", observou um ansioso general soviético da maior força armada do mundo, "basta uma única fagulha".[60] Em outras palavras, em algum momento entre o fim dos anos 1940 e os anos 1980, a sociedade incivil sofreu um abalo psicológico, uma perda de arrogância. Essa mudança ocorreu principalmente não por causa dos eventos húngaros de 1956 ou mesmo pelos eventos tchecoslovacos de 1968, mas por causa das deficiências econômicas, em comparação com os êxitos capitalistas ocidentais. As elites da Europa Oriental que tinham ascendido ao poder com os sistemas comunistas viam estes últimos como instrumentos para forçar um salto de modernização (de um tipo particular não mercantil) em seus países "atrasados". E tinha acontecido exatamente isso, com grande violência, mas não se tinha conseguido alcançar o nível do Ocidente.

A Europa Oriental tinha ficado para trás da Europa Ocidental muito antes da imposição do comunismo.[61] Entre 1913 e 1950, o PIB per capita na Europa Oriental era um anêmico 1% anual, mais baixo que as médias mundiais. Mas de 1950 a

1973, ele saltou para 3,9% anuais, acima das médias mundiais. Durante esses 23 anos, o crescimento da Europa Oriental per capita foi ligeiramente superior até ao da Ásia (3,7%). Após a Segunda Guerra Mundial — tendo acontecido inteiramente dentro da órbita do Eixo, o que havia culminado em grande destruição —, a Europa Oriental passou por uma impressionante recuperação conduzida pela indústria pesada. Mas então a árvore comunista deixou de produzir folhas. Por exemplo, a taxa de crescimento médio anual em torno de 6% caiu para 1,6% em 1979 e para 0% em 1980. A causa imediata foi a crise do petróleo de 1973, que em poucos meses elevou o preço mundial de óleo bruto em torno de 400%. Entre os países capitalistas ricos, a crise do petróleo desencadeou a formação, em 1974, da Agência Internacional de Energia (AIE) e, no ano seguinte, do Grupo dos Seis, ou G6, um fórum de coordenação composto por: Estados Unidos, Japão, Alemanha Ocidental, Grã-Bretanha, Itália e França (o Canadá seria incorporado no ano seguinte). A União Soviética, uma grande exportadora de petróleo, foi salva pelas crescentes receitas, mas temia o impacto político do repasse da conta inteira aos países-satélite, por isso Moscou tentou ajustar moderadamente os preços, absorvendo parte dos custos, mas, ainda assim, sofrendo o impacto. Apesar desse primeiro amortecimento soviético da energia, a crise do petróleo piorou os termos de comércio dos países socialistas com a URSS. Em 1974, os soviéticos aceitaram oitocentas unidades de ônibus Ikarus da Hungria em troca de um milhão de toneladas de petróleo, mas em 1981 esta mesma quantidade de petróleo exigiu 2.300 ônibus e em meados dos anos 1980, 4 mil ônibus.[62]

Ter de pagar mais pelo petróleo era duro, mas a causa mais profunda do desânimo era que as economias socialistas tinham estagnado na baixa produtividade, mesmo prometendo padrões de vida cada vez mais altos. As economias de estilo soviético, em vez de crescerem por meio de ganhos na produtividade, cresciam em sua maior parte por influxos cada vez maiores de capital e mão de obra (o assim chamado crescimento extensivo). Eles também tinham dificuldade para inovar, incapazes de assimilar até mesmo as criações que suas agências de espionagem conseguiam roubar do exterior. Fundamentalmente, eles investiam em seu capital humano, mas faziam mau uso e abusavam dele. Escassez e filas tornaram-se endêmicas a uma operação de rotina de uma economia planejada, mas a obsessão com a indústria pesada, a coletivização da agricultura (com exceção da Polônia) e a supressão do setor de serviços, considerado capitalista, somaram-se para assegurar que, mesmo nas altas repentinas de crescimento, o aumento no consumo não acompanhasse. É verdade que, após a morte de Stalin, os regimes tinham feito concessões ao consumidor. Mas isso só aumentou o desafio; subsídios para moradia, alimentação, vestuário e outros itens de consumo tornaram-se cada vez mais caros de serem mantidos, enquanto os menores aumentos de preço (quando tentados) desencadeavam revoltas que às vezes abalavam os alicerces dos regimes. O problema era simples: além das despesas descomunais com a segurança militar e com outros privilégios da elite, os subsídios da vida diária eram cada vez mais caros, porém indispensáveis, porque, ao contrário da União Soviética nos anos 1930 (período da Grande Depressão capitalista), os países-satélite da Europa Oriental viam que o mundo capitalista — em muitos casos, do outro lado da fronteira — experimentava, nos anos 1950 e 1960, a maior onda de consumo de todos os tempos. A despeito da censura e da propaganda, essa situação era conhecida.

Os europeus orientais recebiam informações por meio da mídia (estrangeira, mas também da oficial) e, graças à détente, cada vez mais por meio de contatos com turistas estrangeiros ou mesmo de suas próprias viagens para o Ocidente.

O comunismo tinha um problema insuperável: ele estava atrelado à concorrência com o Ocidente, cujo desempenho era melhor. Ao contrário da União Soviética, as sociedades incivis do bloco do Leste não podiam se valer de uma vitória na Segunda Guerra Mundial para compensar seus comparativos fracassos. Por isso, previsivelmente, eles recuaram, afirmando a suposta superioridade social e moral do socialismo e cultivando o nacionalismo. Com alguma ironia, os regimes comunistas promoveram um sentimento nacional com base, parcialmente, no sentimento antirrusso. Na Romênia, como veremos, tal nacionalismo forjou um forte laço entre o regime e os intelectuais, permitindo ao partido incorporar, com algum sucesso, as aspirações nacionais romenas. A Polônia era ainda mais virulentamente antirrussa do que a Romênia, mas o partido polonês nunca conseguiu ter apelo junto à nação diante da concorrência com a Igreja Católica ou da oposição organizada. Diz-se, frequentemente, que a Alemanha não tinha sentimento nacionalista, mas ali também o regime se associou às tradições nacionais, fossem grandes líderes (Frederico, o Grande) ou grandes movimentos (guerras de libertação do século XIX por uma Alemanha unificada; trabalho organizado). Ainda assim, para a República Democrática Alemã (RDA), o concorrente ocidental era outro Estado alemão, a República Federal (frequentemente governada por social-democratas, rivais políticos dos comunistas de esquerda). Entretanto, fosse qual fosse o esforço por credibilidade com base na nacionalidade, o "comunismo nacional" de cada país do bloco estava associado a promessas de modernização econômica e técnica, talvez o núcleo das pretensões de legitimidade do regime. E foi esse o assassino: após todos os esforços, violências e sacrifícios, longe de vencer o Ocidente, o bloco tinha passado a depender dele.

Os anos 1970 foram um tempo em que a segunda grande globalização deslanchou. (A primeira tinha começado na segunda metade do século XIX e tinha terminado mal.) Os fluxos comerciais mundiais foram liberalizados; e os impostos sobre o comércio, reduzidos. Passos no sentido de uma liberalização financeira mundial independente também foram dados, enquanto corporações multinacionais assumiram não apenas investimentos de carteira internacionais, mas também investimentos diretos estrangeiros. Ainda assim, foi a mesma crise do petróleo que havia derrubado o bloco do Leste que colocou um excedente de dinheiro nas mãos dos bancos ocidentais. Os banqueiros ocidentais reciclaram lucrativamente os abundantes petrodólares do Oriente Médio, transformando-os em empréstimos ao bloco comunista (e também à América Latina). Embora tenha sido a Iugoslávia de Tito a primeira a se abrir ao financiamento ocidental, recebendo, só dos Estados Unidos, cerca de 2,7 bilhões de dólares entre 1951 e 1960, nominalmente em troca de um bom comportamento com a Grécia e a Itália, os empréstimos do bloco do Leste ficaram conhecidos como "mal polonês". Também poderia ter sido chamado de mal alemão oriental. Aparentemente, o objetivo era usar os empréstimos para comprar equipamentos avançados de modo a fabricar bens com qualidade de exportação... para pagar os empréstimos. Mas isso dependia de uma demanda constante do mercado estrangeiro por produtos do bloco do Leste. Os europeus orientais usaram a União Soviética como uma lixeira para seus produtos inferiores (roupas, calçados, tecidos, objetos de couro, móveis de baixa qualidade e antiquados), que eles nem ao menos tentaram vender em mercados de exportação de moeda forte. Mas mesmo os supostos produtos de exportação ocidentais deixavam muito a desejar. Então veio uma surpresa de mercado. Edward Gierek, o líder do partido polonês durante os fatídicos anos 1970 que lançou a estratégia dos "empréstimos junto ao Ocidente", exortou: "Construam uma segunda Polônia!" Com isso ele queria dizer duplicar o PIB em uma década. Esse grande salto à frente provou-se uma completa fantasia — a não ser no mundo capitalista. Nenhuma propaganda comunista poderia escamotear o fenomenal desempenho econômico pós-Segunda Guerra Mundial dos Estados Unidos, da Europa Ocidental (especialmente Alemanha Ocidental) e do Japão, cujo súbito crescimento induzido pelas exportações inspirou e financiou os "tigres" da Coreia do Sul, de Taiwan, Hong Kong e Cingapura. Nos anos 1980, os fabricantes do Leste asiático surpreenderam as sociedades incivis da Europa Oriental. Exportações de baixo custo provaram-se um jogo que outros na economia podiam jogar com mão de obra mais barata e maior qualidade.

A estratégia de empréstimo da Europa Oriental também dependia de taxas de juros acessíveis e da disposição dos banqueiros internacionais em refinanciar seus empréstimos — algo que os banqueiros começaram a questionar tardiamente, por volta de 1979, na época do segundo choque do petróleo e de um grande aumento nas taxas de juros. Nessa altura, a dívida em moeda conversível tinha alcançado 20 bilhões de dólares; a administração dessa dívida engolia até 80% de seus ganhos com exportação. (Enquanto isso, a negligência da agricultura significava que os alimentos eram responsáveis por cerca de um quarto das importações polonesas em 1978, custando uma valiosa moeda forte.) A dívida em moeda conversível da Hungria inflou de aproximadamente um bilhão de dólares em 1972 para 9 bilhões em 1979, uma carga que só podia ser administrada assumindo-se novas dívidas. Em 1989, a dívida da Hungria atingiu 18 bilhões de dólares, ou seja, o país precisava de um excedente em moeda forte pelas exportações de mais de um bilhão de dólares anuais *apenas para pagar os juros* (na Polônia, o número correspondente era de 2 bilhões). Por todo o bloco, a dívida em moeda forte disparou de 6 bilhões de dólares em 1970 para 21 bilhões em 1975, 56 bilhões em 1980 e 90 bilhões em 1989, sem qualquer perspectiva de fim da escalada.[63] Os países da América Latina, começando com o México em 1982, começaram a deixar de pagar individualmente suas dívidas internacionais. Os países do Leste Europeu poderiam, talvez, ter-se unido para inadimplir simultaneamente, buscando atacar o sistema financeiro global que os estrangulava ou pelo menos alavancar uma redução de valores. Mas eles eram comunistas e não jogadores de cassinos. "A maior parte das economias do Leste Europeu tinha mergulhado de cabeça numa piscina" de financiamento capitalista ocidental, escreveram dois acadêmicos, "e em vez de emergirem renovadas e revitalizadas, voltaram à superfície sem ar e sobrecarregadas por uma dívida insustentável".[64]

A Romênia de Nicolae Ceauşescu demonstraria o custo brutal da liquidação da dívida — blecautes, casas geladas, severo racionamento de alimentos. Este era um preço que os establishments da Alemanha Oriental e da Polônia não podiam pagar. As sociedades incivis do bloco não tinham o capital político para cortar os dispendiosos subsídios de preços, que dirá impor o duro remédio do desemprego, numa dolorosa reestruturação da realidade. Ao contrário, elas continuaram a empregar a todos e a conceder os subsídios e ainda se esforçaram para polir sua legitimidade. Além disso, possuir, como fez a ditadura da Romênia, a força para impor novas e significativas privações no consumo (sem demissões em massa) não era o mesmo que ter a sabedoria e os recursos para atacar o problema fundamental; isto é, a baixa produtividade e o desperdício estruturais da economia planejada. Vendo, de um lado, o desespero da Romênia para reduzir suas dívidas e, de outro, a implacável abundância da Alemanha Ocidental, as sociedades incivis tomavam cada vez mais empréstimos em moeda estrangeira para pagar seus antigos empréstimos em moeda estrangeira. O bloco tornou-se um esquema Ponzi.

Geopolítica e ideologia

Após a Segunda Guerra Mundial, e especialmente a partir dos anos 1970, mudanças estruturais profundas alteraram radicalmente o contexto geopolítico da Europa Oriental, exigindo uma reação de suas sociedades incivis. Tendo construído o socialismo, elas reagiram essencialmente com duas tentativas opostas para melhorar. Uma envolvia o sonho dos reformadores — o socialismo com face humana —, que, no entanto, tinha se mostrado repetidamente não uma renovação do socialismo, mas sua involuntária liquidação. Os conservadores do partido estavam, com razão, cautelosos quanto ao renascimento do socialismo com face humana, promovido por Gorbachev nos anos 1980. Mas sua alternativa, a modernização conservadora — o que significava um aperto da "disciplina" bem como um pródigo investimento em panaceias tecnológicas —, também não conseguiu reenergizar os sistemas. Permitiu apenas que se arranjassem — o que tinha grande apelo. Afinal de contas, o sistema tinha levantado os membros da sociedade incivil, e eles esperavam que o sistema de algum modo os salvasse, especialmente se o capitalismo finalmente caísse na segunda grande depressão que os comunistas há muito previam. Mas alguém se esqueceu de dizer ao mundo capitalista pós--Segunda Guerra Mundial para cair numa espiral de morte. Em vez disso, a concorrência nos padrões de vida fez tudo, menos falir economicamente os sistemas comunistas, porque eles estavam política e moralmente falidos. Conscientemente ou não, o empréstimo do Ocidente serviu de substituto para o reconhecimento do monopólio do poder da sociedade incivil, mas a conta venceu. "Não há socialismo com face humana", gostava de dizer Adam Michnick, "apenas o totalitarismo com seus dentes arreganhados".

Previsivelmente, as sociedades incivis do bloco elevavam seus apelos a Moscou, mas os soviéticos não podiam suportar cargas extras. A partir dos anos 1970, depois de pagar, por muito tempo, preços inferiores aos do mercado mundial pelas importações da Europa Oriental ao mesmo tempo que obtinha preços mais elevados para as exportações soviéticas, Moscou se viu fornecendo matérias-primas a seus países-satélite a preços inferiores aos mundiais, e, em troca, importando produtos de segunda.[65] Pior, depois que o preço mundial do petróleo desabou em 1985-86, a União Soviética — que não podia implorar mais dinheiro *a si mesma* — acabou por também ser contaminada pelo "mal polonês", tomando empréstimos ao capitalismo para satisfazer os desejos de consumo em um país socialista. Enquanto isso, Moscou irritava-se com o fato de os satélites estarem vivendo em melhores condições do que os soviéticos, embora esses beneficiários não estivessem nem mesmo satisfeitos. Mas a insatisfação das bases populares da Europa Oriental não podia ser dirigida a abstrações como "o mercado" ou "a globalização"; os responsáveis eram os regimes. Muitos membros da sociedade incivil manifestavam sua indignação com os desejos "pequeno-burgueses" por datchas — as casas de veraneio russas — e carros, máquinas de lavar e geladeiras (como fizeram muitos dissidentes, incluindo Havel). Claro, os membros das elites, juntamente com suas esposas e seus filhos, apreciavam o melhor acesso aos produtos e serviços ocidentais, sem mencionar as datchas nacionais (Bilak estava preocupado em reformar um antigo castelo para si mesmo). Seja como for, aqueles que censuravam o "socialismo de geladeira" estavam cuspindo contra o vento. E, no entanto, mesmo os estúpidos compreendiam a profundidade da armadilha: se o socialismo queria simplesmente aplacar os consumidores, exatamente como o capitalismo, só que não tão bem, será que a existência do socialismo ao menos se justificava? Em termos mais rigorosos, por quanto tempo eles conseguiriam segurar as pontas se os banqueiros ocidentais se recusassem a refinanciar os empréstimos?

O que fazer?[66] Os dirigentes comunistas na China — que permanecem até o momento em que escrevi este livro — descobriram uma solução: uma economia de mercado estatal-policial. Em 4 de junho de 1989, enquanto na Polônia ocorriam eleições pluripartidárias, que culminaram na formação de um governo liderado pelo Solidariedade, na China os tanques foram para a Praça Tiananmen. Era uma coincidência, mas uma coincidência extraordinária: uma sociedade incivil comunista capitulava; outra permanecia firme. Mas depois de sangrar seu povo, que se manifestava a favor da abertura política, a liderança na China também acabou aprofundando a virada do país no sentido da abertura econômica. Quem poderia imaginar que seriam os comunistas chineses, em vez de os europeus orientais, a abraçar a integração de mercado e a globalização? Ao contrário de Mao Zedong e sua Revolução Cultural homicida (1966-1976) — que involuntariamente destruiu a capacidade de planejamento econômico da China —, os establishments europeus orientais tinham deixado de ser militantes. Com exceção da Albânia, os europeus orientais não tinham protestado contra o fato de a URSS estar na cama com o imperialismo (détente) e abandonar a revolução mundial.[67] Antes, mostraram-se conservadores, o que era proveniente de seus longos períodos no poder, mas também pareciam justificados pelos acontecimentos em Praga, em 1968. De fato, 1968 ajudou a formalizar as identidades dos conservadores por todo o bloco como as resolutas "forças saudáveis". Eles rotularam seu Nêmesis — os reformadores — de contrarrevolucionários. Mas os reformadores também lutavam *para defender o socialismo*. Nenhum lado poderia imaginar abandonar o socialismo. Resumindo, as sociedades incivis da Europa Oriental, quer conservadoras ou reformistas, permaneceram amplamente ligadas pela ideologia, ao contrário do modelar partido único de tipo leninista em Taiwan não comunista ou do convalescente partido comunista pós-Mao na China continental.[68]

O dado corriqueiro acerca dos establishments comunistas na Europa Oriental era que eles estavam cheios de... comunistas. Isso fica muitíssimo claro no mais importante fato acerca dos arquivos anteriormente secretos: por trás de portas fechadas, os comunistas exibiam o mesmo vocabulário e as mesmas visões de mundo que tinham em público. Para os sistemas do Leste Europeu, reformadores como Mlynář eram os mais imediatamente perigosos, já que a reforma equivalia à autodestruição, mas foram conservadores como Bilak e Husák que tiveram grande responsabilidade na feliz circunstância da implosão. Em julho de 1989, observou-se que Bilak — a esta altura afastado do apavorado Presidium do Partido Comunista — estava "verdadeiramente assustado ao ver que a situação na Polônia e na Hungria já tinha chegado à beira dos eventos dramáticos". Husák — demovido como líder do partido em dezembro de 1987 por um companheiro mais jovem — permaneceu presidente até o colapso, em dezembro de 1989. Tais partidários, com certeza, não tinham inventado a ambivalência da Europa Oriental em relação ao mercado ou ao Ocidente, tanto quanto a Europa Oriental não tinha começado a se diferenciar da Europa Ocidental apenas em 1948. A partir do século XV, toda a Europa Oriental foi incorporada aos impérios otomano, habsburgo, russo e (o tardio) alemão, surgindo como estados nacionais independentes nos séculos XIX e, especialmente, no XX. No processo, muitas figuras públicas da Europa Oriental instaram seus povos a seguirem um caminho próprio em vez de uma imitação inevitavelmente mais fraca do Ocidente. Os comunistas aceitaram o desafio. Eles admitiam que os empréstimos do Ocidente talvez fossem necessários, mas tinham de ser limitados. A ideia de permitir alguns mecanismos de mercado tinha sido discutida no início dos regimes revolucionários, mas sempre como uma forma de os cálculos de ganhos e perdas auxiliarem os métodos administrativos, e não como uma substituição do planejamento. Mesmo János Kádár, da Hungria, considerado talvez o mais flexível líder em termos de experimentação econômica, destacou durante uma visita a uma grande fábrica, em 1986: "É preciso que se compreenda que o alicerce da economia do povo húngaro é socialista, que os meios de produção são 96%-97% de propriedade social e que nosso futuro será decidido nas fábricas socialistas. Tudo o mais pode ser um útil suplemento a isso, mas nada mais."[69]

A repressão chinesa em Tiananmen ecoou por todo o bloco do Leste no verão e no outono de 1989, mas o incipiente êxito de mercado dos comunistas chineses basicamente escapou aos europeus orientais. Károly Grósz — o homem de 57 anos que emergiu como primeiro-ministro de Kádár em 1987 e depois o afastou como chefe do partido em 1988 — apoiava uma série de reformas econômicas há muito consideradas: instituições bancárias de matriz capitalista, propriedade privada de maioria estrangeira. Grósz também mostrava intransigência com relação à renúncia ao monopólio do partido e explorava a possibilidade da lei marcial. Esse tatear desesperado, movido pela crise, parece ter sido inspirado não pelo exemplo da China comunista, mas pelo crescente autoritarismo da Coreia do Sul dos anos 1980. Seja como for, em outubro de 1989 Grósz foi ofuscado de vez pelos reformadores *políticos* do Partido Comunista da Hungria, que buscavam a sobrevivência em um sistema multipartidário de matriz ocidental.[70] Com a possível exceção de Grósz — as evidências são ambíguas e o período de tempo, curto —, os círculos dirigentes da Europa Oriental que insistiam em manter a regra do partido único descartavam abraçar o mercado. Para eles, isso equivalia à traição. De fato, na Alemanha Oriental, que enfrentava, do outro lado do arame farpado, uma Alemanha com uma economia de mercado altamente bem-sucedida, a "capitulação" ao mercado parecia implicar o fim do país. A sociedade incivil da Alemanha Oriental arriscaria o suicídio? Os soviéticos aceitariam a "perda" da Alemanha Oriental, paga com as vidas de 27 milhões de soviéticos? Aqui, muito notoriamente, a ideologia vinculava-se à geopolítica.

Uma volta ao capitalismo sob regime comunista — algo como o leninismo de mercado da China — parecia fora de questão. O socialismo tinha sido uma promessa de transcender todos os problemas, mas os interesses acumulados e entrincheirados do socialismo — sua sociedade incivil — não tolerariam uma tentativa de transcender os problemas do socialismo, apenas "mais socialismo". Em outras palavras, os soviéticos não eram os únicos a manter a Europa Oriental trancada em sua trajetória fatal, nos dentes de alternativas radicalmente alteradas do mundo capitalista pós-guerra. Ainda assim, havia aproximadamente 600 mil tropas no bloco, contribuindo para a postura de despreocupação. Mas tudo mudou com a revogação, por Gorbachev, da Doutrina Brejnev-Andropov — o uso da força para manter os regimes dos países-satélite — e com sua insistência em que os líderes do bloco não usassem a força sobre seus próprios povos. Em 1989, argumentou o estudioso Mark Kramer, se as sociedades incivis da Europa Oriental tivessem ficado *inteiramente* por conta de seus esquemas, o fim provavelmente teria sido sangrento.[71] Esse é um ponto que iremos explorar. O que aconteceu aos establishments da Europa Oriental em 1989? O que fizeram, ou não fizeram, e por quê? "A questão fundamental", havia escrito o intelectual húngaro György Konrád, em 1984, "é: pode uma elite conservadora e ossificada absorver ideias estranhas a ela? Pode distribuir e transferir poder de modo a exercitá-lo mais habilmente, para que o perigo do colapso não mais a ameace? Nossa experiência não muito tranquilizadora tem sido a de que o comunismo quebrará antes de se curvar".[72] De fato, as sociedades incivis se colocaram como o equivalente às corridas bancárias.

II

SEM SAÍDA

Walter Ulbricht, primeiro líder comunista da Alemanha Oriental, está sentado em um restaurante. Uma das garçonetes flerta com ele, e o receptivo Ulbricht murmura:

— *Eu atenderei um pedido seu.*

Ela pensa e diz:

— *Abra o muro só por um dia.*

— *Ah* — *diz Ulbricht com um piscar de olhos* —, *você quer ficar sozinha comigo.*

Nascida em 1949 após estupros em massa pelo exército soviético e quase derrubada em seu quarto ano de existência por revoltas populares em massa, a República Democrática Alemã (RDA), um dorso contíguo a outro Estado alemão, durou quatro décadas. Um período não tão longo quanto a Alemanha Guilhermina (1870-1918), porém mais extenso do que a da República de Weimar (1918-1933) ou do Terceiro Reich (1933-1945). Com o tempo, a imagem tecnocrático--leninista da RDA — como a "Prússia Vermelha" — ganhou uma grande comitiva tanto dentro como fora do bloco soviético. Em 1980, o Banco Mundial colocou a Alemanha Oriental no décimo lugar em renda per capita no mundo, acima da Grã-Bretanha.[1] Mas no período posterior à Segunda Guerra Mundial, particularmente a partir dos anos 1970, a fórmula do monopólio do partido comunista e do planejamento de Estado não conseguiu manter economias competitivas, inclusive no suposto grande sucesso, a RDA, conforme assinalou Jeffrey Kopstein.[2] O infame Serviço de Segurança do Estado (Stasi) conseguiu produzir arquivos sobre 6 milhões de pessoas, mais de um terço da população total do país (16,4 milhões). Mas a polícia política não tinha resposta para uma próspera Alemanha Ocidental, que, nos anos 1950, deslanchou num milagre econômico de muitas décadas, tornando-se a terceira mais poderosa economia do mundo, atrás apenas dos Estados Unidos e do Japão.

O povo da Alemanha Oriental, não menos que o regime, entendia que as comparações com a Alemanha Ocidental eram a base da legitimidade da RDA. Ou o socialismo era superior ao capitalismo, ou não tinha razão de existir. Essa lógica — muito evidente no caso das duas Alemanhas — aplicava-se a todo o bloco. E sendo um bloco, o destino de cada regime comunista nacional dependia do destino dos outros. Ao anunciar seu segundo Plano Quinquenal (1956-1960), a RDA comprometeu-se a ultrapassar a Alemanha Ocidental em consumo per capita de produtos alimentícios e bens de consumo essenciais até 1961. Uma precipitação? Anunciada ou não, foi inevitável alguma forma de concorrência por consumidores. Em 1961, no entanto, em vez de superarem o consumo dos alemães ocidentais, os alemães orientais estavam completamente fechados: sobre a já existente fronteira de 1.382 quilômetros entre as duas Alemanhas, uma nova cerca de arame foi levantada às pressas por 145 quilômetros através de Berlim. No ano seguinte, uma segunda cerca interna foi erguida, criando uma terra de ninguém, a "faixa da morte", patrulhada por armas de disparo automático, acionadas pelo movimento. Essas barreiras logo foram concretizadas. Ainda assim, os alemães orientais podiam continuar a fazer comparações com a vida na Alemanha Ocidental dentro de suas próprias salas de estar: apenas assistindo à televisão da Alemanha Ocidental. Na Albânia, o povo podia assistir à TV italiana; e na Estônia, à TV finlandesa — excelentes janelas. Mas na RDA, a TV ocidental era acessível na língua materna dos próprios habitantes (a não ser em uma região de baixa recepção ao redor de Dresden, apelidada de "vale do Clueless", da desinformação).[3] A Coreia do Norte jamais teve algo assim com a vizinha Coreia do Sul. A TV da Alemanha Ocidental oferecia aos alemães orientais uma "emigração todas as noites" — e uma incômoda provocação.

Na RDA, o samizdat (autopublicação) era praticamente desconhecido, e os dissidentes antissocialistas eram relativamente poucos, uma circunstância atribuída à suposta ausência de um forte sentido de nação e nacionalismo.[4] (Como veremos no próximo capítulo, afirma-se que a Romênia comunista não tinha dissidentes por causa de um sentido de nação muito forte.) Na verdade, mesmo quando eram críticos, os intelectuais da Alemanha Oriental apresentavam um alto grau de lealdade. A romancista alemã oriental Christa Wolf (nascida Christa Ihlenfeld em 1929), que após uma breve tarefa como informante caiu sob prolongada vigilância do Stasi, criticava abertamente a liderança da Alemanha Oriental, mas, como a maioria dos intelectuais alemães orientais, ela esperava não desfazer, e sim reavivar a causa antifascista e anticapitalista. Não havia nenhuma anomalia em uma intelectualidade comprometida com a causa socialista. É certo que muitos intelectuais alemães orientais eram apolíticos. E a repressão era onipresente. "Estávamos sempre com medo de sermos denunciados", lembrou uma pessoa que criticava o regime.[5] Mas, para a maioria, o consumismo da Alemanha Ocidental não era a ideia que tinham de um socialismo melhor. Mesmo o horrível Muro era aceito por alguns. "Eu o considerava um mal, porém um mal necessário para a existência da RDA", disse um intelectual socialista, acrescentando que "quem quiser derrubar o Muro, também deve ter clareza de que estará ao mesmo tempo derrubando a base da existência da RDA".[6] Os considerados antissocialistas podiam pedir licença para partir ou serem expulsos, enfraquecendo a oposição domesticamente. Quanto aos intelectuais que se recusavam a partir, em muitos casos também se recusavam a fazer campanha em prol da liberdade de movimento (direitos humanos); se partir era uma traição, por que defender o direito à traição?[7]

Essa dinâmica — partir ou ficar — acabou por se tornar o mobilizador crucial em 1989, quando a RDA foi subitamente atingida por manifestações de massa em Leipzig, causando um choque quase universal.[8] Enquanto multidões de alemães orientais — elegíveis para receberem cidadania automática à sua chegada na Alemanha Ocidental — clamavam pelo direito de sair, outros se reuniam para declarar: "Vamos ficar." O período desde o momento em que esta agitação estourou, no outono de 1989, até o momento em que o regime desapareceu foi assustadoramente breve. Antes de uma importante manifestação pacífica em 9 de outubro em Leipzig, o país tinha menos de 100 mil manifestantes, no total, em todos os eventos, mas esse total subiria para 4 milhões até 9 de novembro, quando o Muro de Berlim começou a ser derrubado. E, no entanto, essa era uma mobilização de massa sem organização de massa. O mais conhecido movimento social fora do regime, o Novo Fórum, só foi anunciado no fim de setembro de 1989. Embora lealista, o Novo Fórum foi imediatamente declarado "hostil ao Estado" e ilegal pelo Stasi, e não tinha nenhuma contraparte dentro do partido dirigente — como os comunistas reformistas na Hungria — com quem negociar e que apoiasse sua jovem organização. Os ativistas do Novo Fórum não tinham nem escritórios nem telefones. Seu nome às vezes era evocado em marchas, mas foi oprimido pelos acontecimentos. "Os movimentos sociais na RDA evoluíram principalmente de maneira espontânea", argumenta o estudioso Steven Pfaff, acrescentando que "estados autoritários, detestáveis e com mau desempenho são lugares-comuns; incomuns são as revoluções".[9] Quando a aceitação popular à ditadura desaparece? Quando a sociedade incivil perde a coragem?[10]

O establishment comunista não podia emigrar: ele não tinha saída. Em 1987, rejeitando as sugestões de que a Alemanha Oriental deveria imitar as reformas de Mikhail Gorbachev,

Kurt Hager, o líder ideológico da RDA, observou: "Se seu vizinho colocar um novo papel de parede na casa dele, você se sentiria obrigado a colocar um novo papel de parede na sua?" Mas a transição soviética do brejnevismo à perestroika e à glasnost alterou o jogo de todas as sociedades incivis da Europa Oriental. Gorbachev (apesar da pressão de seus conselheiros) fez muito pouco para estimular os stalinistas da Alemanha Oriental, que ainda persistiam, a sair. De forma ainda mais notável, no entanto, ele aquiesceu quando toda a Alemanha socialista de repente passou a se desintegrar sob a pressão dos protestos de rua. O repentino colapso da RDA não pode ser explicado, citando-se alguma tentativa de consumar a identidade alemã, uma mudança geracional ou a "sociedade civil".[11] A RDA caiu porque a União Soviética permitiu. Mais importante, no entanto, a Alemanha Oriental foi esmagada por sua contraparte, a Alemanha Ocidental, antes de ser abandonada por sua escora soviética bem como por seus colegas de bloco. Em 18 de agosto de 1989, antes das dramáticas explosões na RDA, um governo não comunista assumiu o poder na Polônia, demonstrando o poder da oposição organizada e implacável e a vulnerabilidade do sistema. Em 1989, os comunistas na Hungria prometeram eleições em um sistema de partidos múltiplos, um salto da suposta transcendência gradual do kadarismo a partir de dentro. Erich Honecker, o líder ortodoxo da RDA, recusou-se a imitar a Polônia ou a Hungria. Mas, confidencialmente, admitiu que a Alemanha Oriental "também não podia seguir o caminho da Romênia" — isto é, uma recusa total a se reformar — porque "a situação vizinha [na Alemanha Ocidental] não permitirá isso".[12] Resumindo, a RDA cristalizou as opções, ou a ausência de opções, da sociedade incivil.

A joint venture de Hitler e Stalin

Não foi sem motivo que o ano de 1945 foi chamado de Zero Hora na Alemanha. A derrota era total. As câmaras de gás e as covas em massa foram inteiramente reveladas. O país também estava fisicamente arruinado; suas fábricas e fazendas estavam inoperantes, suas cidades da era medieval, derrubadas. Alvo de um infame bombardeio de civis, Dresden perdeu 65% de suas moradias. Milhões de refugiados alemães afluíram, vindos de pontos do Leste, criando uma tensão ainda maior. Alimentos e medicamentos eram escassos. Acima de tudo, o Estado alemão evaporou: o Executivo, o serviço público, o Judiciário, o sistema educacional, a polícia. Nesse vácuo entraram os ocupantes: Estados Unidos, Reino Unido e União Soviética. (A França em breve se juntaria.) A vingança soviética pela guerra de extermínio consistiu em estupros em massa de mulheres alemãs, pilhagem e coleta de troféus, desmantelamento do atacado e o embarque de equipamentos industriais alemães para o Leste. "Vocês nos libertaram de tudo, de carros e de máquinas", dizia uma cantiga alemã. "Choramos de alegria. Quão bons vocês são para nós."[13] Enquanto em 1923 os selvagens esquemas bolcheviques para ajudar os comunistas alemães a tomar o poder por meio de um golpe terminaram em fiasco, Adolf Hitler tinha conseguido implantar o domínio soviético em Berlim, a um custo sem precedentes.

Nenhum dos Três Grandes buscava inicialmente o que conseguiram: dois estados alemães. No fim de 1943 e no início de 1944, eles tinham concordado que, uma vez derrotada, a Alemanha seria dividida em zonas de ocupação. Mas e depois? Inicialmente os Estados Unidos partilhavam com os soviéticos a determinação de evitar o reavivamento do colosso alemão. Em

1944, Henry Morgenthau Jr., secretário do Tesouro de 1934 a 1945, propôs que a Alemanha fosse desmantelada em muitos estados (Bavária, Renânia), despojada de sua indústria pesada e forçada a voltar à condição agrária. O relutante Winston Churchill, preocupado com as contínuas deliberações de empréstimo e arrendamento, assinou esse esquema "pastoral" por insistência de Franklin Roosevelt, mas o plano nunca foi implementado.[14] Os Estados Unidos estavam preocupados com a instabilidade e a subversão comunista na Europa Oriental. Mas a política ainda não tinha sido inteiramente estabelecida em 1948, quando George Kennan, então à frente do planejamento de políticas no Departamento de Estado, aconselhou que se capitalizasse sobre "a deserção de Tito" — na verdade, Stalin rompeu com Tito —, unindo a Alemanha e erodindo o domínio soviético na Europa Oriental. Kennan achava que os soviéticos não estavam preparados para a guerra. É fato — e nem os Estados Unidos. Também havia o risco de que uma Alemanha unida não se associasse aos norte-americanos. Esta, na verdade, era a perspectiva de Stalin: uma Alemanha unida, mas "neutra", que o ditador esperava que caísse sob o poder soviético.

Um grande ponto de atrito para a unificação, no entanto, era a insistência de Stalin em manter indefinidamente as tropas soviéticas em solo alemão, mesmo acreditando que as tropas norte-americanas seriam retiradas da Europa. O que Stalin temia era que um Estado alemão ocidental independente — possuindo a maior parte das indústrias, dos recursos e da população alemães — viesse a se tornar um membro poderoso e reconstruído do bloco de liderança anglo-americana. Ele teve um presságio, mas foi um desastre completo para impedir sua realização. Stalin implantou o que Franklin Roosevelt e Harry Truman não fariam: a "pastoralização" de sua zona de ocupação, ao estilo proposto por Morgenthau, carregando para a União Soviética, como reparação, boa parte das plantas industriais e até mesmo metade das ferrovias. Em sequência a isso, bem como às encampações comunistas por toda a Europa Oriental em 1947-48, além de todo o mal-estar econômico alemão e dos excessos fiscais soviéticos (emissão de marcos), os americanos, ingleses e franceses invalidaram a moeda existente (o reichsmark) em sua zona de ocupação e introduziram outra nova (o marco alemão), em 20 de junho de 1948. Os soviéticos levantaram um bloqueio a Berlim, que acabou por ser rompido por meio de uma ponte aérea, mas foram obrigados a criar uma moeda alemã independente para sua zona. Cada lado tinha previsto uma Alemanha unida sob o seu domínio. Mas cada lado também temia tal Alemanha unificada. O resultado foi a formalização da exigência do tempo de guerra: a divisão por zonas de ocupação.[15] Em maio de 1949, os americanos proclamaram uma República Federal da Alemanha (RFA), ocidental e independente. Em 7 de outubro, a zona soviética, representando 40% do território alemão, tornou-se a República Democrática Alemã (RDA).

A sovietização na terra, no entanto, já estava em andamento desde o início. "Oficiais soviéticos bolchevizaram a zona", escreveu o acadêmico Norman Naimark acerca da ocupação, "não porque fosse esse o plano, mas porque essa era a única forma que eles conheciam de organizar a sociedade".[16] O objetivo inicial era impor o controle — afinal de contas, essa era uma zona grande e cheia de ex-nazistas. E embora o número de comunistas alemães (KPD) tenha disparado — de 100 mil em julho de 1945 para 600 mil na primavera de 1946, o dobro dos existentes durante a República de Weimar —, eles ainda estavam em desvantagem em relação aos sociais-democratas. Em abril de 1946, sob forte pressão soviética, os comunistas e socialistas democratas na zona soviética fundiram-se no assim chamado Partido Socialista Unificado da Alemanha (PSUA). Isso foi levado a cabo por meio de uma organização implacável das bases, especialmente em fábricas, chantageando os sociais-democratas resistentes com material comprometedor e estimulando os complacentes com rações especiais (chocolates, cigarros). Socialistas e comunistas permaneceram cautelosos um em relação ao outro, mas ambos desejavam uma alternativa antifascista em solo alemão. "Estamos sacrificando nosso partido pela liberdade na Alemanha", observou um social-democrata acerca da "fusão".[17] Dessa forma, os comunistas expropriaram muito idealismo e muito do duradouro apego ao movimento operário. Mas impor um partido ao estilo soviético não significava que Stalin no início buscasse um sistema inteiramente de estilo soviético. Foram os comunistas alemães orientais, contra seus capatazes soviéticos, que desde o começo impulsionaram zelosamente por um Estado alemão socialista independente. Em privado, eles sussurravam que fariam um socialismo melhor.[18]

Na liderança estava Walter Ulbricht (1893-1973), conhecido informalmente por "Goatee", um dos dois únicos líderes que o partido dirigente da Alemanha Oriental teve por mais de quatro décadas. Filho de um alfaiate de Leipzig, Ulbricht havia se juntado ao Partido Social-Democrata em 1912; após a Primeira Guerra Mundial, ele rompeu com a ala esquerdista para fundar os Comunistas Alemães em 1918-19. Durante o período nazista, ele fugiu para Paris e Praga (1933-38), depois para Moscou (1938-45). No dia em que Hitler cometeu suicídio, ele retornou com o exército soviético — e com a mesma intransigência autoritária que havia condicionado os comunistas alemães desde o princípio e hostilidade contra os sociais-democratas não revolucionários.[19] Hitler e especialmente Stalin tinham matado boa parte dos concorrentes de Ulbricht ao cargo máximo do partido (60% dos comunistas alemães que tinham buscado refúgio dos nazistas na União Soviética morreram). Ulbricht dirigiu a RDA a partir de 1950, mas mesmo então Stalin tencionava aproveitar-se dos comunistas alemães para uma unificação "neutra", segundo seus termos, e assim permitiu uma rádio e uma TV pan-alemãs. Foi somente na primavera de 1952 que Stalin finalmente consentiu na insistente pressão de Ulbricht por uma "implantação sistemática do socialismo". Lançado em julho, o esforço resultou numa crise. A coletivização empurrou quase metade dos mais ricos fazendeiros da RDA para a Alemanha Ocidental na primavera de 1953, agravando a escassez de alimentos. A restrição sobre o setor privado esvaziou as prateleiras dos mercados. Isso, por sua vez, precipitou aumentos exagerados de preços — e, na prática, cortes salariais. Após a morte de Stalin (em 5 de março de 1953), seus sucessores no Kremlin intimidaram Ulbricht para que ele abrandasse, mas o líder da Alemanha Oriental se recusou a cancelar os 10% de aumento nas cotas de produção.

Uma greve geral e revoltas no dia 17 de junho de 1953 pegaram os dirigentes da Alemanha Oriental desprevenidos. Aproximadamente 600 mil manifestantes — segundo cálculos, cerca de 10% da população adulta da RDA — reuniram-se em quase todas as cidades do país, apedrejando monumentos a Stalin, libertando prisioneiros e gritando "Morte ao comunismo!". O politburo da Alemanha Oriental fugiu para a base militar soviética em Karlhorst. Circularam rumores de que Ulbricht tinha sido preso e que ex-proprietários de terras, juntamente com norte-americanos e ingleses, estavam chegando. Na realidade, na noite de 17 de junho os militares soviéticos reuniram tanques T-34 e tropas especiais para instituir a lei marcial, matando centenas de pessoas, prendendo milhares e salvando o regime na Alemanha Oriental.[20] O governo pessoal de Ulbricht também sobreviveu à revolta (como tinha acontecido na morte de Stalin), graças a Moscou. Mas em 1971, com a conivência de Moscou, ele foi derrubado por seu protegido, Erich Honecker (1912-94), o filho de um mineiro de carvão e ele próprio um telhador. Sob o comando de Ulbricht, Honecker tinha supervisionado a construção do Muro de Berlim, que foi chamado de "muralha de proteção antifascista". (Em janeiro de 1989, ele insistiria, desafiadoramente, que "o Muro permanecerá enquanto as condições que levaram à sua construção não mudarem. Ele estará de pé daqui a cinquenta anos, e mesmo daqui a cem anos, se as condições necessárias não forem removidas".) Honecker também personificou a agressiva intransigência do comunismo alemão — que, no seu caso, tinha sido instilada pelos estudos na União Soviética durante o tirânico primeiro Plano Quinquenal de Stalin e depois por quase uma década nas prisões de Hitler.

Os comunistas alemães orientais enfatizavam constantemente que nas eleições livres de 1932, 10 milhões de alemães tinham votado em Hitler. O alegado antídoto, os valores cívicos comunistas, foi inculcado nas escolas, nos locais de trabalho, em cartazes artísticos, nos festivais e nas paradas da Alemanha Oriental. Um componente era a cultivada associação com a *Kultur* alemã — Goethe, Schiller, Bach, Beethoven — e a oferta de oportunidades de enriquecimento cultural, como as mais de cinquenta orquestras sinfônicas da RDA. Outra faceta era a amarra da RDA na história nacional alemã, associando-a a Frederico, o Grande, às guerras de libertação (anteriores à unificação de Otto von Bismarck) e ao movimento trabalhista. Terceiro, a RDA promovia a União Soviética e suas alegadas realizações históricas como superpotência e amiga. Em quarto lugar estava o papel heroico, frequentemente com sacrifícios trágicos, assumido pelos comunistas na luta antifascista, uma luta que tinha sido transferida para a missão da RDA.[21] Quinto, o regime apelava a um anseio por justiça social e paz mundial, que se dizia serem atributos distintivos do socialismo. Finalmente, unindo tudo havia a promessa de avanço material. "Na RDA não há corporações capitalistas ou bancos privados. A classe trabalhadora governa suprema", explicava um panfleto do regime publicado quando a Alemanha Oriental se aproximava de seu trigésimo aniversário. "Socialismo significa o permanente aumento dos padrões de vida e de acesso cultural." [22]

Em meio a tais esperanças, bem como às mentiras e à espionagem, muitos alemães orientais levavam o que consideravam vidas normais.[23] Para os politicamente confiáveis, o normal incluía a possibilidade de poderem comprar produtos ocidentais (nos Intershops [lojas de varejo do governo]) e até viajar para o Ocidente. Para a maioria, o normal envolvia algum alimento e moradia barata, segurança no trabalho, creches, serviço de saúde, esportes, cultura, amizades e família. O Estado alemão oriental investia na educação e na formação nos anos 1950 e 1960, e abria possibilidades de ascensão para os filhos de pessoas de situação modesta. Para muitos dos que ascendiam — numa economia de propriedade e administração exclusiva do Estado e em crescimento, de modo que as fileiras de administração mediana continuavam aumentando —, esse era realmente um Estado de "trabalhadores e camponeses". Cerca de 2,3 milhões de pessoas — um em cada cinco adultos

— pertenciam ao partido comunista, o que minava cada local de trabalho e cada bairro. Os membros do partido tinham, frequentemente, formação universitária; não eram camponeses (como na Romênia) ou operários (como na Tchecoslováquia). Ao mesmo tempo, a massa dos habitantes da RDA — membros ou não do partido — pertencia aos sindicatos oficiais, aos grupos de jovens, às organizações femininas e à Sociedade pela Amizade Germano-Soviética. Também inundavam os corredores do poder e da mídia com pedidos de ajuda para este ou aquele problema. A maioria usava da arte de evasão, muitos (incluindo funcionários) contavam piadas mordazes sobre o sistema, e uns poucos formavam subculturas socioéticas associadas ao protestantismo. Mas a RDA desenvolveu um modo partilhado de vida socialista, como satirizado no filme *Adeus, Lenin!* (2003), sobre uma mulher alemã oriental acamada que saiu de um coma depois de 1989 e cujo filho, para evitar abalar sua frágil constituição, recria a RDA em seu apartamento, sabendo exatamente o que implica fazê-lo, material e mentalmente.[24] A vizinha Polônia (como veremos na parte III) foi tomada por greves e manifestações em massa em 1956, 1968, 1970, 1976 e 1980, o que permitiu a legalização dos sindicatos independentes. E, no entanto, o comunismo na RDA também caiu. Ele foi minado por sua própria sociedade incivil.

Falência, dependência, paralisia

A suposta vantagem do socialismo era o planejamento. Mas os primeiros planejadores da Alemanha Oriental não tinham a menor ideia de como uma economia planificada deveria funcionar na prática. Até 1954, não havia nenhum texto padrão sobre economia planificada, nem mesmo na União Soviética. Os planejadores podiam, claro, estudar a União Soviética em ação, mas muitos consideravam se um modelo que pretendia fazer um país camponês saltar para a modernidade era apropriado a um país já altamente industrializado como a Alemanha Oriental. Na realidade, após a morte de Stalin, um punhado de economistas alemães orientais questionou a atualidade do modelo soviético, comparando sua hipercentralização à economia de tempos de guerra de estilo prussiano, uma comparação que, todos sabiam, também podia ser feita com os nazistas. Mas, em debates públicos autorizados, esses economistas usaram estudos altamente técnicos focados na empresa, para defender mecanismos de mercado que lidassem com a inflexibilidade de custo do planejamento, com os desestímulos ao desenvolvimento tecnológico e com a evasão de responsabilidade. Eles previam um socialismo no qual o planejamento requereria decisões gerais sobre investimentos, e não uma supervisão no dia a dia. Mas o anuário estatístico de 1956, produzido pelos economistas — o primeiro na RDA —, mostrou que a renda real dos trabalhadores da Alemanha Oriental ficava atrás da dos trabalhadores da Alemanha Ocidental, e os conservadores do partido caíram em cima dos especialistas por minarem o socialismo.[25]

Ulbricht pulava de um lado para outro nos debates. Tendo encorajado os economistas a optarem pela descentralização e pela autorregulação dentro do planejamento, em 1957 ele de repente se juntou aos venenosos ataques contra eles. Seis anos depois, no entanto, o chefe alemão oriental, então com 70 anos, impôs estas mesmas medidas no que foi chamado de Novo Sistema Econômico da Alemanha Oriental, ignorando a resistência conservadora. As mudanças dificultaram o trabalho de todos. Se as associações produtivas eram independentes, como implantar o planejamento financeiro? Os ministérios centrais e o politburo não perderiam o controle sobre a estratégia de investimento? "Os conservadores estavam certos em alguns aspectos", ressalta Jeffrey Kopstein. "Os empreendimentos deixados por sua própria conta não necessariamente investiriam em projetos que servissem aos objetivos de longo prazo dos planejadores." E se as reformas se espalhassem nas esferas cultural e política? Ulbricht mudou de lado outra vez. Em 1968, durante a Primavera de Praga, Anton Ackermann, o antigo rival reabilitado de Ulbricht, denunciou o "mercado socialista" e defendeu o planejamento ortodoxo numa carta particular a Ulbricht, que a fez circular internamente. "Na atual situação", escreveu Ackermann muito diretamente, "quando de fora o inimigo de classe se concentra em desacreditar a economia planificada socialista, em estimular a 'teoria da convergência' e a mudança de uma economia socialista a uma assim chamada economia de mercado socialista, não devemos nós envidar um esforço não apenas contra as formas abertas de desvio ideológico, mas também as ocultas?".[26]

Tipos ortodoxos ressurgentes podiam prevalecer nas lutas internas por poder, resistindo aos desejos de Moscou de uma maior liberalização na vitrine da Alemanha Oriental, no entanto, os linhas-duras alemães ainda enfrentavam um desafio insuperável. Os soviéticos tinham finalmente suprimido o consumo na construção do socialismo, mas isso foi quando o mundo capitalista estava atolado na Grande Depressão dos anos 1930. Nos anos 1950, as taxas de crescimento anual na Alemanha Ocidental atingiam *os dois dígitos*. Em julho de 1960, Ulbricht tinha escrito a Khrushchev que "você pode estar certo de que nós estamos fazendo tudo que está ao nosso alcance. Mas a Alemanha Ocidental acabou por se tornar economicamente poderosa". A RDA, disse ele, estava sendo subvertida por "forças negativas hostis" — isto é, pela vida diária ocidental. "Em última análise, não podemos escolher contra quem gostaríamos de competir", acrescentou Ulbricht. "Somos simplesmente forçados a lutar contra a Alemanha Ocidental. No entanto, a RDA não tem suficiente poder econômico para fazer isso sozinha." Ulbricht implorou por mais moeda forte (e até por trabalhadores). Moscou negou. Em janeiro de 1961, Ulbricht escreveu: "A expansão econômica na Alemanha Ocidental, que é visível a todo cidadão da RDA, é o principal motivo pelo qual cerca de 2 milhões de pessoas deixaram nossa república ao longo dos últimos dez anos."[27] Entre os desertores estavam empreendedores e profissionais qualificados (um dia, todo o Departamento de Matemática da Universidade de Leipzig desertou). Em agosto daquele ano, Moscou finalmente cedeu aos insistentes pedidos de Ulbricht ao longo de muitos anos para emparedar os alemães orientais. Mas a diferença no padrão de vida não podia ficar emparedada do lado de fora.[28]

As súplicas aos soviéticos nunca cessaram, mas Ulbricht também se voltou para o inimigo. Em 1970, o ano anterior à sua saída em virtude de um golpe, ele disse ao chefe do Conselho de Ministros da URSS que, como os soviéticos não assumiam as despesas da RDA na extensão necessária, a RDA teria de fazer empréstimos junto ao Ocidente capitalista. "Sabemos que isso perturbará o plano", admitiu.[29] A RDA buscaria moeda forte para dar um salto industrial e, em tese, quitar a dívida com um conjunto de novos produtos manufaturados para exportação. Isso, no entanto, pressupunha uma demanda por produtos da Alemanha Oriental — bem como nenhuma concorrência de outros exportadores com baixos preços. Exigia também uma cara importação de componentes e matérias-primas, além das importações de consumo necessárias a aplacar um povo consciente do estilo de vida dos alemães ocidentais. E a menos que os ganhos com exportações da RDA fossem superiores a esses gastos com importação, o país sofreria um desequilíbrio comercial e seria incapaz de honrar os empréstimos de moeda forte. A Polônia já tinha embarcado nesse jogo. Mas Brejnev e os camaradas em Moscou suspeitavam que, ao se voltar para o Ocidente em busca de empréstimos, Ulbricht estava pronto para vender a União Soviética num negócio para solucionar a questão alemã. Ulbricht, no entanto, continuava um sonhador. No mesmo ano em que falou aos soviéticos sobre a necessidade de ir atrás dos imperialistas com a caneca na mão, Ulbricht assegurou a seu principal planejador que em cinco anos a RDA estaria vendendo computadores ao Ocidente.

O substituto de Ulbricht, Honecker, redobrou os esforços para construir uma sociedade de consumo socialista sob a bandeira da ortodoxia socialista. Em 1971, os setores semiprivado e privado da RDA ainda empregavam cerca de meio milhão de pessoas e respondiam por 11,3% da produção, mas Honecker nacionalizou esses empreendimentos privados majoritariamente pequenos e flexíveis, cujos lucros eram execrados em termos políticos. Ironicamente, eles vinham produzindo máquinas especializadas e outros produtos para exportação para o Ocidente (um especialista em eficiência alemão oriental as tinha apelidado de "a arma secreta" do país). Ao mesmo tempo que reduziu, dessa forma, as receitas em moeda estrangeira, Honecker também aumentou os gastos com consumo e subsídios de moradia, que saltaram em quase sete vezes entre o início de seu governo e 1989. "O povo precisa de pão barato, um apartamento seco, e um emprego", observou o ex-telhador. "Se estas três coisas estiverem em ordem, nada poderá acontecer ao socialismo."[30] Os subsídios, no entanto, somaram-se às pensões, hospitais e escolas, e o regime alemão oriental não conseguiu aumentar suficientemente a produtividade para pagar pelo estilo de vida que tinha prometido e que o povo tinha passado a esperar. A todo-poderosa sociedade incivil pisava em ovos, com medo de disparar uma repetição da rebelião de junho de 1953 (quando o regime caiu e teve de ser restaurado pelos soviéticos). Mas a baixa produtividade também derivava da natureza inerente do planejamento central, que pela ilimitada demanda por mão de obra dava aos trabalhadores o poder para faltar ao trabalho, especialmente na RDA esvaziada pela emigração.[31] A suposta carta na manga era a grande aposta na tecnologia, que Honecker aumentou — justo quando os limites do modelo de produção fordista e em grande quantidade estavam sendo sentidos globalmente, graças aos crescentes custos com energia. Na economia política internacional, a Alemanha Oriental socialista não era a Ásia capitalista — como logo seria pungentemente demonstrado quando os bens da Ásia Oriental, produzidos sob a disciplina do mercado, venceram os bens da Alemanha Oriental nos mercados de exportação globais.

Os soviéticos, que tinham instigado Honecker em seu golpe contra Ulbricht e sua total erradicação do empreendimento privado, não subscreveram seu regime. Após o primeiro choque do petróleo em 1973, os soviéticos anunciaram a elevação de preços para o seu óleo, e a RDA se viu na necessidade de exportar 20% mais bens para o Ocidente apenas para permanecer nivelada com a moeda forte. Mas, em meio à primeira contração pós-Segunda Guerra Mundial do mundo capitalista, o crescimento econômico da Alemanha Oriental começou a decrescer (seja de mais de 7% em média para cerca de 4% ou de 4% a não mais que 1%, dependendo de como os dados da Europa Oriental são avaliados). Honecker vinha reexportando parte do petróleo barato soviético a preços mundiais, mas, em agosto de 1981, Brejnev informou a seu colega que após três anos consecutivos de baixas colheitas na União Soviética, Moscou teria de reduzir suas entregas de petróleo à RDA. Gerhard Schürer, diretor do planejamento estatal da Alemanha Oriental, disse a Nikolai Baibakov, sua contraparte soviética: "Eu presumo que uma RDA socialista, saudável e estável cumpre um importante papel no raciocínio estratégico da URSS. O imperialismo está na porta ao lado, com seu ódio em três canais de televisão." Além disso, disse Schürer, queixando-se do sindicato independente Solidariedade, "nós agora temos a contrarrevolução na Polônia bem nas nossas costas". Ele implorou por 3,1 milhões de toneladas a mais de combustível. "Devo cortar o petróleo para a Polônia?", perguntou Baibakov retoricamente. "O Vietnã passa fome [...] devemos apenas trair o Sudeste Asiático? Angola, Moçambique, Etiópia, Iêmen? Nós sustentamos todos eles. E nosso padrão de vida é extraordinariamente baixo."[32] Este era o ano de 1981 — é o que se pode dizer sobre o abastecimento de petróleo experimentado pelos soviéticos nos anos 1970.

Portanto, Honecker também se viu procurando os imperialistas com a caneca na mão. Ele havia detonado Ulbricht por aumentar a dívida externa e ele próprio a inchara além do que jamais se tinha visto. A crescente dependência da RDA em relação aos imperialistas, especialmente da Alemanha Ocidental, golpeou a liderança em termos psicológicos. Já era suficientemente constrangedor que os livros didáticos da Alemanha Oriental ensinassem que os produtos do Ocidente — pelos quais a RDA mergulhava em dívidas e que o regime distribuía como recompensas — eram produzidos por meio da exploração do ser humano. Mas Honecker proibia até mesmo a discussão interna sobre o problema da dívida. Quando, em novembro de 1973, o principal especialista em finanças tinha advertido o chefe do partido de que em 1980 a dívida externa da RDA teria crescido em dez vezes, passando de 2 bilhões para 20 bilhões de marcos alemães, Honecker o instruiu a parar de fazer cálculos. (A dívida em 1980, na verdade, chegava a 25 bilhões de marcos alemães.) Gerhard Schürer, planejador chefe, tentou várias vezes mostrar o perigo da situação, mas recebeu instruções para evitar tomar medidas, ou acabaria por aumentar os problemas! Em 1989, a dívida externa da Alemanha Oriental atingia 49 bilhões de marcos alemães, ou 26,5 bilhões de dólares. O custo anual de administração dessa obrigação era de 4,5 bilhões de dólares, quase 60% das receitas de exportação. A simples estabilização da dívida pela imposição de medidas de austeridade baixaria o padrão de vida em quase um terço — e isso se houvesse compradores para as exportações alemás orientais. Em outras palavras, não havia previsão de fim para os empréstimos em moeda forte. Em outubro de 1989, Schürer finalmente revelou tudo isso ao resto da liderança da Alemanha Oriental. A essa altura já não havia saída, a não ser o perdão da dívida. Vivendo muito além de seus recursos, a RDA tinha essencialmente perdido sua soberania.[33]

"A economia é nosso destino", tinha dito, certa vez, o industrialista e político de Weimar, Walther Rathenau. A economia de propriedade e administração do Estado da RDA tinha fracassado no teste da concorrência, e o povo começou a sentir isso nos anos 1980, quando o aperto no consumo e o fim do alarde de mobilidade social tornaram-se evidentes, como detalhado em relatos orais da geração baby boom colhidos antes do fim da RDA, bem como na subsequente avalanche de memórias.[34] Mas a RDA não ficou parada. Günter Mittag (1926-94), um ex-inspetor de ferrovias que administrou o Departamento de Economia do Comitê Central de 1962 a 1989 (com uma única e breve "Mittags-Pause", de 1973 a 1976), supervisionou reorganizações administrativas e experimentos de planejamento perfeito em grande escala. Em certo ponto, a RDA desmantelou suas "associações industriais" (as ligações entre empreendimentos e ministérios) em favor das "composições" (uma integração vertical e horizontal de empreendimentos). O objetivo era melhorar a comunicação, reduzir conflitos na jurisdição de planejamento, e alcançar economias de escala na produção, pesquisa, design e marketing. Ainda assim, os preços continuaram fixos, e as fábricas só foram colocadas sob o controle das empresas-mãe do setor; as composições tinham em média 24 empreendimentos (algumas tinham mais de 150) e 25 mil empregados.[35] Além dos rearranjos, o investimento maciço em tecnologia, especialmente em microeletrônica — não apenas o sonho de Ulbricht e depois de Honecker, mas um imperativo competitivo global —, produziu um gasto colossal, até para os padrões da Alemanha Oriental. Ainda assim, a decadência industrial da RDA não deve ter parecido tão ameaçadora aos líderes do partido; afinal, eles tinham sobrevivido a Hitler e a Stalin. Enquanto isso, a administração da crise conferia autoridade e recompensas a apparatchiks regionais e de nível inferior do partido. As incessantes campanhas para aumentar a eficiência e a produtividade pouco fizeram pela economia, mas melhoraram as oportunidades de carreira política.[36]

As más políticas foram estruturais, não pessoais, embora decretadas por pessoas. Ainda assim, muitos foram enganados. Todas as noites, nos noticiários da Alemanha Oriental, as fábricas apareciam ultrapassando suas cotas de produção, e mesmo os observadores externos confiáveis insistiam que o partido da revolução utópica da Alemanha Oriental estava se tornando um partido de tecnocratas e administradores. Alguns analistas imaginavam que a perícia, até mesmo uma "contraelite institucionalizada", tinha assumido o primeiro plano no aparelho de Estado supostamente cada vez mais autônomo. Tal visão foi muito influente — e totalmente errada.[37] As 149 composições industriais eram gerenciadas principalmente por administradores com formação superior em ciência técnica e econômica, mas esses "superdiretores" eram "reis do improviso" na frequentemente autodestrutiva economia socialista. Para eles nada era impossível — a maioria manteve cargos administrativos na Alemanha reunificada —, mas os obstáculos que eles venciam eram, comumente, apenas absurdos da economia planificada.[38] É verdade, nos níveis mais baixos e medianos, os inicialmente semitreinados descendentes proletários que tinham ascendido no sistema da RDA nos anos 1950, promovidos por sua lealdade política, estavam sendo substituídos por tipos com uma educação muito melhor — isto é, por seus próprios filhos e por outros descendentes do estrato tecnocrático da RDA. Mas, apesar de suas melhores qualificações, os critérios políticos continuavam supremos para o avanço profissional. Resumindo, o Estado alemão oriental estava tão repleto de incompetência, corrupção e informalidade quanto qualquer outro sistema comunista.[39] As estruturas leninistas comuns, e não uma cultura alemã distintamente eficiente ("Prússia Vermelha"), asseguraram que a Alemanha Oriental não criasse uma trajetória de desenvolvimento econômico mais sustentada do que a Romênia.[40]

A sociedade incivil da RDA ficou imobilizada por seu próprio avanço. Em 1989, Honecker, que tinha iniciado sua carreira no partido como um jovem agitador da aliança, tinha 77 anos. Willi Stoph (1914-99), primeiro-ministro da Alemanha Oriental desde 1964 (a não ser por um breve interlúdio quando foi chefe de Estado), tinha 75. Erich Mielke (1907-2000), chefe do Stasi desde 1957, tinha 81. Esse escalão dirigente, que a princípio tinha se instalado nas vilas do subúrbio de Pankow, ao norte de Berlim, próximo à sede militar soviética, em 1960 mudou-se para o mais distante, protegido e isolado bosque de Wandlitz (perto da antiga cabana de caça de Hermann Göring). Lá eles usufruíam a comida, a moda, as joias e os eletrônicos ocidentais importados para eles pelo Stasi. A área residencial da sociedade incivil tornou-se conhecida como "Volvo-grad" por causa de seus veículos importados com motoristas (eles não podiam suportar seguir a prática da elite global e importar Mercedes da Alemanha Ocidental). Mas apesar de se juntarem em rebanho, as elites alemãs orientais e suas famílias evitavam socializar; os homens de Mielke não tinham autorização para vigiar as vidas privadas das autoridades do partido — mas não terão feito isso? A tomada de decisões era um mistério até para os altos funcionários. "Uma das descobertas mais interessantes é o quão pouco a maioria dos decisores políticos, incluindo muitos membros dos círculos mais altos do PSUA, sabia", explicou um acadêmico dos círculos dirigentes da Alemanha Oriental. "Nas reuniões do politburo, os líderes discutiam bem pouca coisa de relevância.

Dois ou três homens caminhando na mata num fim de semana com frequência tomavam decisões importantes, e o conhecimento raramente tinha um papel determinante."[41]

E o soberbo Stasi? O Stasi possuía um imenso complexo, quase uma fortaleza, em Berlim Oriental, e mais de 2 mil edifícios, casas, casamatas, abrigos, hospitais e estâncias por toda a RDA. Seu quadro de funcionários, que nos primeiros dias contava 5 mil pessoas, em 1970 tinha explodido para 45 mil, e em 1989, para 91 mil — o que significava que Ulbricht e especialmente Honecker tinham construído um ministério da segurança maior do que a Gestapo de Hitler (7 mil em 1937).[42] E isso para uma população alemã oriental um quarto maior que a da Alemanha nazista (66 milhões). Também no bloco comunista o Stasi se destacava. Enquanto o maciço KGB soviético da era Brejnev tinha um funcionário para cada seiscentos habitantes e a equivalente SN da Polônia tinha um para cada 1.574 habitantes, o quadro de funcionários em período integral do Stasi tinha um para cada 180 alemães orientais. (Oficialmente, a RDA se gabava de ter um médico para cada quatrocentas pessoas.)[43] O Stasi também desenvolveu uma rede de informantes estimada em sete vezes a densidade per capita da do Terceiro Reich. Claro, para todas as agressões que perpetrou, o Stasi deixou para trás não milhões de corpos, mas milhões de arquivos. Sua vigilância foi um exagero: cerca de 6 milhões de arquivos, embora em 1989 o Stasi enumerasse apenas 2.500 indivíduos como ativistas da oposição, com apenas sessenta deles considerados "ferrenhos" (comparável à Tchecoslováquia, embora absurdamente menos que na Polônia).[44] Só naquele ano, o Stasi compilou quinhentos relatórios de situação (cada um com sessenta páginas) — mais de um por dia. Mas a ditadura provou-se incapaz de usar esse vasto relatório.

Como Karl Marx havia escrito em 1842, com frequência um "governo ouve somente a própria voz. Ele sabe que ouve apenas sua própria voz e mesmo assim se ilude afirmando que ouve a voz do povo".[45] O regime da Alemanha Oriental era intocável, mas, em parte por esta mesma razão, os modelos da sociedade incivil não tinham a menor intenção de capitular.

A Praça Tiananmen da Alemanha Oriental

Leipzig, cujo nome deriva de uma palavra eslava (*lipsk*) que significa "lugar da tília", foi uma antiga cidade comercial. Em 1989, sua feira de negócios — "Aberta ao Mundo" — tinha 824 anos, tendo se tornado uma vitrine bianual (março e setembro) que atraía a mídia ocidental. A igreja de São Nicolau, nome em homenagem ao santo patrono dos mercadores, fora construída no século XII e reconstruída no XVI, quando os habitantes passaram à causa protestante de Martinho Lutero. A Universidade de Leipzig, onde lecionava o físico Werner Heisenberg, datava de 1409, e seu teatro lírico, de 1693. Johann Sebastian Bach foi diretor musical da cidade de 1723 até sua morte, em 1750 (ele está enterrado em uma igreja de Leipzig). Felix Mendelssohn uma vez conduziu a orquestra sinfônica da cidade, e Richard Wagner nasceu em Leipzig em 1813, ano em que Napoleão Bonaparte foi decisivamente derrotado nos portões da cidade, na "batalha das nações". Também foi em Leipzig que nasceu Karl Liebknecht, o radical social-democrata alemão martirizado em 1919. Para a ala revolucionária do Partido Social-Democrata (PSD), o jornal de esquerda de Leipzig tinha sido o mais importante (ele havia publicado Vladimir Lenin), e durante a Primeira Guerra Mundial greves em

Leipzig tinham ajudado a destituir o kaiser. O movimento de resistência antinazista de Leipzig foi o mais forte da Alemanha. Em 1945, Leipzig foi libertada pelos norte-americanos, mas eles recuaram e a entregaram ao exército soviético. Ela se tornou uma cidade industrial com 530 mil habitantes, a segunda maior da RDA. Entre suas tradições de esquerda — ela até foi lar de Walter Ulbricht — e a alta cultura alemã, Leipzig não poderia ter sido uma vitrine alemã oriental mais refinada. E também veio a ser o lugar onde começou a corrida bancária na Alemanha Oriental.

"Paz" era a política oficial da RDA. Começando em setembro de 1982, na igreja de São Nicolau, no centro urbano de Leipzig, próximo à Praça Karl Marx, alguns estudantes de teologia e funcionários da igreja participaram das "orações pela paz" (*Friedensgebete*) sob a orientação do novo pastor, Christian Führer (1943-), formado pela Universidade de Leipzig. Por anos suas vigílias regulares à luz de velas foram pouco frequentadas. Mas em 1987-88, com mudanças acontecendo na União Soviética, muitos ambientalistas alemães orientais e outros em busca de um socialismo mais humano, bem como pessoas requerendo a emigração para a Alemanha Ocidental, juntaram-se às orações pela paz. De repente, já não era o mesmo círculo pequeno e isolado — e o programa também tinha se ampliado. O Stasi sabia, claro, que grupos usavam o santuário, as máquinas de escrever e os telefones (com linhas interurbanas) das igrejas, mas a polícia se satisfazia em conter os ativistas ali.[46] Agora, no entanto, as igrejas estavam se tornando uma plataforma. Em maio e junho de 1989, as vigílias pela paz reuniam cerca de mil pessoas; não era uma multidão, certamente, mas aquela era a RDA. (Outros se reuniam junto aos rios poluídos de Leipzig.) Os participantes permaneciam disciplinados e pacíficos, e a violência do Stasi contra eles trouxe empatia e publicidade. Durante a feira de negócios de março de 1989, a mídia internacional filmou dispersões brutais de manifestantes pacíficos que cantavam: "Deixem-nos sair!" "Queremos partir!"[47]

Os requerimentos de emigração estavam sendo bloqueados. Em setembro de 1971, a emigração legal tinha se tornado possível, embora isso envolvesse anos de espera, com resultado incerto e, no meio-tempo, muitos aborrecimentos (cerca de 25 mil pessoas conseguiam partir todos os anos, mas a maioria por expulsão). Agora, queixava-se o Stasi, "toda saída autorizada gera, como regra, um ou dois novos requerimentos" — os solicitantes tinham passado a partilhar informações e conselhos.[48] Ainda assim, a RDA parecia ter o controle do fluxo. Afinal, os países-membros do bloco comunista tinham assinado protocolos para não permitir que habitantes de nações "irmãs" partissem para um "terceiro" país — por exemplo, da Hungria para a Áustria (que os levaria à Alemanha Ocidental). Mas em 2 de maio de 1989, a Hungria anunciou que estava "desmilitarizando" sua fronteira com a Áustria, uma notícia que a Alemanha Ocidental transmitiu e que os alemães orientais ouviram. Os alemães orientais não precisavam de visto para entrar na Hungria, que era um local popular de férias com muitos lagos e cabanas de aluguel; na RDA, também, a propriedade de veículos — celebrada como uma conquista do socialismo — tinha disparado de 17 a cada cem lares em 1971 para 57 a cada cem lares em 1989. Durante todo o verão, as pessoas se apinhavam em seus retilíneos e fumacentos Trabants ("satélites") plásticos de dois cilindros e dirigiam até a Hungria, onde então se dirigiam à fronteira, a pé, pelos bosques. Ser pego sem documentos de emigração sempre resultara em ser mandado de volta com um carimbo ameaçador no passaporte, mas a Hungria anunciou que pararia com esta prática, o que enfureceu o politburo alemão oriental. "Como podemos consentir em sermos maltratados?", relatou um oficial alemão oriental sobre conversas mantidas entre membros do partido. "Mais e mais pessoas estão perguntando: como o socialismo vai sequer sobreviver?"[49]

A ostentosa "abertura" da fronteira em Budapeste não visava os não húngaros — nem mesmo os húngaros, que já tinham liberdade para viajar para a Áustria (sua antiga parceira no Império Habsburgo, antes de 1918). Antes, a Hungria estava fazendo de uma necessidade uma virtude, fechando o obsoleto sistema de alarme eletrônico da fronteira para economizar uma preciosa moeda forte e conquistar o favor do Ocidente.[50] Em 27 de junho de 1989, pouco antes da data em que o presidente norte-americano George H. W. Bush deveria visitar Budapeste, os húngaros buscaram mais publicidade positiva: Gyula Horn (1932-), ministro do Exterior, fez um corte simbólico da cerca de arame farpado junto com sua contraparte austríaca. Liberdade? A Hungria estava falida, devendo uma fortuna em moeda forte a credores ocidentais, especialmente à Alemanha Ocidental, e o primeiro-ministro húngaro, Miklós Németh, e Horn tinham voado secretamente para se reunir com a liderança da Alemanha Ocidental perto de Bonn. Németh mais tarde confessou que os alemães ocidentais tinham lhe perguntado o que os húngaros queriam e que tinham concordado com um crédito de um bilhão de marcos alemães (que só foi anunciado em 1º de outubro, bem depois da reunião secreta, de modo a não parecer o suborno que era).[51] Para a cerimônia de corte do arame farpado na fronteira austríaca, Horn tinha escolhido o mesmo lugar — Sopron/

Klingenbach — por onde milhares de húngaros em fuga tinham buscado refúgio na Áustria, em 1956, durante a repressão soviética. Naquela época, Horn tinha estado nas unidades "jaqueta acolchoada" húngaras que tinham ajudado os soviéticos a "restaurar a ordem". Mas não interessa. Em 1989, muitos caíram no seu golpe da "abertura de fronteiras", incluindo alemães orientais desesperados, atraídos pela Alemanha Ocidental e tolhidos por um partido dirigente que se recusava a fazer reformas.[52]

Ao amaciar os húngaros — e não expulsar os refugiados da RDA que se aglomeravam nas embaixadas de Budapeste e Praga (a caminho da Hungria) —, a Alemanha Ocidental estava deixando de favorecer a RDA. Mas o que enfurecia a liderança da RDA era que a Hungria (!) pudesse infringir a soberania da Alemanha Oriental. "A Hungria está traindo o socialismo", esbravejou Mielke, chefe do Stasi. Na verdade, Budapeste a princípio tinha procurado cumprir suas obrigações decorrentes do tratado para com a Alemanha Oriental, devolvendo os viajantes à RDA. Mas em 10 de setembro, o governo húngaro anunciou que não mais restringiria o acesso de alemães orientais à sua fronteira austríaca. Cada vez mais frustrados com seus dirigentes "cabeças-duras" (*Betonköpfe*) e receosos de que as mudanças internas na Hungria e na Polônia não chegassem a seu país, os alemães orientais prestaram atenção. Em Leipzig, no entanto, a histeria de saída, que tinha sido fomentada pelos húngaros desde maio, agora começou a induzir uma reação diferente. Em 4 de setembro — segunda-feira, dia da feira da região — as orações e marchas pela paz tinham sido retomadas após uma interrupção no verão, com cerca de 1.200 pessoas, sob a bandeira: "Por um país aberto com um povo livre." (As prisões, na presença de muitos jornalistas estrangeiros, eram evitadas.) Mas em 11 de setembro e, especialmente, em 25 de setembro, muitos milhares se reuniram, rompendo os cordões policiais e até batucando nos carros da polícia, com um novo slogan. Como de costume, eles cantaram o hino em latim *Dona nobis pacem* (Senhor, concede-nos a paz), juntamente com a *Internacional* e o hino sagrado *We Shall Overcome* [Nós venceremos]. Só que agora, com uma média diária de 2 mil alemães orientais partindo para o Ocidente, os participantes da marcha pela paz em Leipzig cantavam "Nós somos o povo" e "Nós vamos ficar".[53]

O regime estava igualmente determinado. Espancamentos e prisões tinham sido constantes nas reuniões em Leipzig, e, para o dia 2 de outubro, o Stasi preparou canhões de água extras, cães e tropas empunhando cassetetes — tudo menos diálogo. Para reduzir o alcance das vigílias, as autoridades pressionaram o superintendente Friedrich Magirius (1930-), o ministro que dirigia uma das duas dioceses luteranas em Leipzig. (Ele respondeu: "Preocupa-me muitíssimo que nem o partido nem o Estado tenham respondido à pergunta que tenho feito recorrentemente: 'O que devemos fazer para que as pessoas vivam e permaneçam satisfeitas em nossa terra?'")[54] Cerca de 20 mil participantes da marcha foram interrompidos pela fortemente armada tropa de choque da polícia. No dia seguinte, o regime suspendeu a viagem sem visto para a Tchecoslováquia, a rota para a Hungria. Nos dias 4 e 5 de outubro, manifestações com 30 mil pessoas em Dresden, a 90 quilômetros de Leipzig, foram recebidas com repressão. O espectro da guerra civil tomou conta do país. No dia seguinte, no entanto, Mikhail Gorbachev chegou a Berlim Oriental numa visita oficial por conta do 40º aniversário da RDA. No dia 7 de outubro, a RDA encenou sua costumeira parada à luz de tochas, com 100 mil pessoas, enviando tanques e mísseis pela alameda Karl Marx (antiga alameda Stalin). Vários milhares de manifestantes, cantando "Gorby" e "Estado Stasi!", foram espancados. Gorbachev afirmou que "as questões que afetam a RDA são decididas não em Moscou, mas em Berlim" — assinalando que não haveria intervenção militar soviética. Mas para a noite de oração do dia 9 de outubro, em Leipzig, Mielke prometeu: "Eu agora organizarei minhas tropas especiais, e mostrarei que nossa autoridade ainda tem dentes."[55]

Sobre Leipzig pairava a "solução chinesa" — isto é, uma sangrenta repressão interna contra manifestantes pacíficos, como tinha acontecido em Tiananmen ("Portão da Paz Celestial") em junho daquele ano, provocando aplausos da liderança da RDA. Grandes recipientes de gás lacrimogêneo foram descarregados no terminal de mercadorias. Camas de hospital e plasmas de sangue extras foram preparados, e Honecker recebeu conspicuamente o primeiro-ministro chinês em Berlim Oriental. Em 9 de outubro, 3 mil policiais da tropa de choque com pistolas carregadas, 3 mil tropas regulares do exército com armas automáticas e quinhentas "milícias do partido" cercaram as igrejas e bulevares de Leipzig. Mais de 7 mil celebrantes (incluindo membros do Stasi à paisana) encheram as quatro igrejas do centro de Leipzig, três das quais tinham sido abertas recentemente para as orações pela paz; um total de 70 mil pessoas se reuniu para a procissão após o serviço religioso — aproximadamente uma em cada sete pessoas de Leipzig. Era o maior encontro não oficial na RDA desde junho de 1953. "Camaradas, a partir de hoje é guerra de classes", disse supostamente um comandante aos esquadrões de choque em Leipzig. "Hoje será decidido: ou eles ou nós [...] Se os cassetetes não forem bons o bastante, usem armas de fogo." Inesperadamente, no entanto, a polícia removeu as correntes que bloqueavam os manifestantes, que, como de costume, percorreram a Ringstrasse da cidade, chegaram à Esquina Redonda, local da sede do Stasi, e completaram o circuito de volta à Praça Karl Marx antes de se dispersar, por conta própria, após as 21 horas.[56] A repressão nunca se concretizou. A principal razão foi que, apesar de o chefe do partido da RDA, Erich Honecker, defender o uso da força para apoiar a linha contra a "contrarrevolução", ele não tinha dado uma ordem clara. Dessa forma, ele deve ter calculado, os oficiais locais poderiam ser responsabilizados por qualquer derramamento de sangue.[57] Se Honecker tivesse dado uma ordem explícita para dispersar os manifestantes pela força, não está claro se os oficiais locais teriam tido a coragem para resistir a ela.[58]

Em 8 de outubro, uma conferência de 150 lideranças do partido e da polícia de Leipzig não conseguiu chegar a um acordo sobre uma estratégia para o dia seguinte. Alguns membros do partido, no entanto, souberam que em 8 de outubro, em Dresden — a única outra cidade da Alemanha Oriental com manifestações em massa —, Hans Modrow, chefe distrital do partido, tinha negociado com clérigos e ativistas. Um grupo de oficiais de Leipzig sentiu-se encorajado a fazer o mesmo, no local, em 9 de outubro. Oficiais da segurança em Leipzig começaram a perceber que as lideranças locais do partido estavam se distanciando de uma possível repressão. Além disso, embora Mielke, o dirigente nacional do Stasi, tivesse ligado duas vezes, na manhã de 9 de outubro, para Manfred Hummitzsch, seu subordinado e chefe do Stasi em Leipzig, assim como Honecker, não tinha ordenado *explicitamente* uma repressão. As tropas só deveriam atirar, se provocadas.

"Nós esperávamos que houvesse provocações, que pedras ou coquetéis molotov fossem lançados", recordou um comandante de milícia. Mas os manifestantes não deram tal pretexto: nem uma única vitrine de loja foi quebrada.[59] Sobre esse aspecto, Kurt Masur (1927-), diretor de filarmônica internacionalmente conhecido, teve um importante papel. Na manhã do dia 9 de outubro, Masur se reuniu em casa com um teólogo, um artista de cabaré e três quadros de médio escalão do partido para elaborar um chamado à não violência. Seu "Apelo dos Seis de Leipzig", completamente não autorizado, foi lido nos serviços religiosos, no rádio e por alto-falantes em toda a cidade.[60] Em São Nicolau, o sermão também enfatizou que "o espírito de paz deve sair dessas paredes. Assegurem-se de não hostilizar os homens de uniforme". Em todas as quatro igrejas, a bênção do bispo transmitia uma mensagem semelhante, ouvida pelos inúmeros agentes do Stasi e homens fortes do partido que ocupavam seus bancos.[61] Mais tarde, um oficial do Stasi recordou que, embora tivessem sido orientados a esperar uma multidão, "vimos que aquelas eram pessoas absolutamente normais, gritando '*Wir sind das Volk*' [Nós somos o povo]", e acrescentou: "e nós também fazíamos parte dele".[62]

A parte Stasi "do povo"? Os alemães já não mais matariam colunas de alemães em nome da defesa de uma ideologia ou mesmo de suas próprias benesses? No nível local, aparentemente, muitos policiais e elites decisórias tinham passado a valorizar as vidas de seus conterrâneos manifestantes, mais do que o regime de Honecker (que até mesmo Moscou queria alterado). Fato não menos significativo, no entanto, foi que seus próprios aparelhos repressivos de costume mostravam-se insuficientes. Em dezembro de 1981, o general polonês Wojciech Jaruzelski tinha demonstrado, contra o Solidariedade, que uma repressão interna poderia ter sucesso por meio de prisões seletivas em massa, e o Stasi tinha preparado planos para prender os cabeças e outros.[63] Mas em Leipzig o Stasi não conseguiu identificar os "cabeças". Essencialmente, não havia cabeças por causa da natureza das marchas de oração. Os habitantes de Leipzig já estavam acostumados à reunião na Praça Karl Marx — afinal, aquele era o local de rituais oficiais do regime, como o Dia de Maio. E as vigílias pela paz aconteciam sempre no mesmo dia, segunda-feira, no mesmo lugar, igreja de São Nicolau, e no mesmo horário — 17 horas para os serviços religiosos e 18 horas para a marcha. Já em agosto, o chefe do Stasi em Leipzig havia informado Mielke, em Berlim: "Nossa avaliação da situação é que as 'Orações pela Paz' já não precisam ser organizadas. [...] Eles não têm necessidade de panfletos ou outras atividades. As pessoas vão para lá completamente por conta própria".[64] Para participar ninguém precisava estar vinculado a uma organização, mas havia uma organização oculta. Dois terços dos que se juntavam às marchas afirmavam terem-no feito por meio de amigos e companheiros — os chamados "nichos".[65] O termo tinha sido popularizado por Günter Grass, o escritor alemão ocidental, que via na Alemanha Oriental um "ritmo de vida mais lento" e "mais tempo para conversas".[66] O romantismo de Grass à parte, os nichos na RDA se formaram como um refúgio da vigilância — pequenos círculos de auxílio mútuo (em meio à escassez) e solidariedade.[67] Em datchas particulares e locais de trabalho estatais, amigos se reuniam para reclamar, fumar, partilhar refeições e trocar informações. Enquanto a minúscula "oposição" da RDA era concentrada, sujeita à divisão e facilmente infiltrada, os nichos eram onipresentes, dispersos e fortemente unidos.[68]

Solicitado a explicar o que tinha acontecido, o presidente da Alemanha Ocidental Richard von Weizsäcker respondeu: "Gorbachev e as igrejas."[69] Durante as marchas pela paz, Moscou manteve nos quartéis as tropas soviéticas — as salvadoras do regime alemão oriental em 1953. Ao mesmo tempo, os estudantes da respeitável Universidade de Leipzig não se destacaram nos protestos. E os ainda mais numerosos operários das fábricas também não saíram em massa. É verdade que os locais de trabalho foram importantes, no sentido de que as pessoas que participavam das orações pela paz, uma vez de volta ao trabalho, no dia seguinte, com frequência contavam o que tinham visto e ouvido, estimulando as discussões. Outro fator que expandiu a composição das manifestações para além das pequenas subculturas da paz e da ecologia foi o encorajamento para a fuga da RDA, combinado entre Hungria e Alemanha Oriental.[70] Outra contribuição foi a ênfase da própria RDA à alta cultura alemã, personificada pelo papel proeminente do maestro Kurt Masur. Mas, no final, os inúmeros pequenos nichos se amalgamaram em torno do espaço físico e da autoridade moral da igreja de São Nicolau. "Não havia um cabeça da revolução", relembrou o cantor de cabaré que havia assinado o Apelo dos Seis de Leipzig junto com Masur. "A cabeça era a igreja de São Nicolau e o corpo, o centro da cidade. Havia apenas uma única liderança: segunda-feira, 17 horas, igreja de São Nicolau."[71] A Igreja Luterana permitiu uma resistência moral e não violenta que desconcertou e bloqueou o regime com orações, velas e cantos coletivos e conseguiu quebrar o feitiço do Stasi. "A cidade de Leipzig", lembrou o pastor de São Nicolau, reverendo Christian Führer, referindo-se ao dia 9 de outubro, "foi literalmente cercada por um cordão maciço de pacificadores". O centro urbano de Leipzig tinha efetivamente se tornado uma "Praça Tiananmen" — não um banho de sangue, mas um "Portão da Paz Celestial".[72]

A IMPOSSIBILIDADE DE UMA SOLUÇÃO CHINESA

A RDA foi um esquema Ponzi que caiu numa corrida bancária. Depois que a ditadura fracassou na tentativa de dominar os participantes da marcha pela paz, Egon Krenz (1937-), o "príncipe herdeiro" à espera, depôs seu mentor. Mas na segunda-feira seguinte, 23 de outubro, em Leipzig, mais de 200 mil manifestantes denunciaram o processo não democrático da ascensão de Krenz. A essa altura, o Stasi tinha parado de informar o politburo sobre a crise.[73] Em 4 de novembro, mais de um milhão de pessoas se uniram em Berlim Oriental, exigindo o fim do monopólio do partido. Em meio a rumores de que poderia haver eleições (as últimas tinham acontecido em 1933), em 9 de novembro de 1989 — ano do 71º aniversário da proclamação de uma república alemã durante a Primeira Guerra Mundial, do 65º aniversário do fracassado Putsch [Golpe] da Cervejaria* de Hitler e do 51º aniversário da Noite dos Cristais** nazista — Günter Schabowski, o chefe

---

* O Putsch da Cervejaria foi uma tentativa de golpe fracassada de Adolf Hitler e do Partido Nazista contra o governo da Baviera, ocorrida em 9 de novembro de 1923. Hitler pretendia tomar o poder do governo bávaro para, em seguida, tentar tomar o poder em todo o país. Mas a polícia bávara rapidamente controlou a ação e Hitler e vários correligionários foram presos. [N. da T.]
** *Kristallnacht*. Nome dado aos atos de violência perpetrados na noite de 9 de novembro de 1938 em diversos locais da Alemanha e da Áustria, que estavam sob o domínio nazista ou do Terceiro Reich. Sinagogas, lojas e moradias foram destruídas e pessoas identificadas como judias foram agredidas. [N. da T.]

de propaganda da Alemanha Oriental e membro do politburo, enfrentou um grande número de jornalistas. Os trabalhos, no Centro de Imprensa Internacional de Berlim Oriental, foram transmitidos ao vivo. O combatido regime planejava anunciar, no dia seguinte, uma nova política que permitiria ao povo requerer vistos para viajar para a Alemanha Ocidental. Mas, próximo ao fim da coletiva de imprensa, em resposta a uma pergunta de um jornalista italiano sobre a questão das viagens, Schabowski, olhando indecisamente para os colegas, soltou: "Ah... nós decidimos hoje... ah... implantar um regulamento autorizando todo cidadão da República Democrática Alemã... ah... a... deixar a RDA por qualquer um de seus postos de fronteira." Seria possível? Questionado sobre quando a nova política entraria em vigor, Schabowski, que nem mesmo tinha participado da reunião do politburo sobre a nova política de viagens, remexeu em seus papéis, encontrou um memorando assinalando que não deveria ser anunciado senão no dia seguinte, e disse: "Segundo minhas informações, ela entra em vigor imediatamente, sem delongas."[74]

Exatamente assim: 27 milhões de vidas soviéticas perdidas para derrotar os alemães invasores e tomar Berlim, e aí um apparatchik se pronuncia incorretamente em uma coletiva de imprensa, e pronto! O plano de viagens prematuramente revelado não pretendia eliminar o Muro, apenas permitir visitas ao Ocidente de maneira organizada. A RDA nem ao menos tinha a autoridade legal para tomar decisões com relação a Berlim sem as quatro potências, incluindo os soviéticos. Mas o surpreendente anúncio aberto de Schabowski foi rapidamente noticiado no telejornal da noite e as pessoas começaram a se reunir no posto de controle do Muro de Berlim, próximo ao bunker de Hitler. Os guardas alemães orientais da fronteira, que pouco antes, em fevereiro, tinham atirado em alguém que tentava atravessar, telefonavam alucinadamente para obter instruções. Mas assim como o Stasi de Leipzig não tinha sido instruído de forma clara a usar a força que poderiam ter empregado contra os manifestantes, os guardas da fronteira de Berlim não receberam ordens oficiais firmes. A RDA era um estado que dependia totalmente de ordens inequívocas, mas que já não podia dá-las. Às 22h30, com 20 mil pessoas reunidas, e outras tantas chegando, os guardas finalmente... abriram os portões. Em uma semana, entre 2 e 3 milhões de pessoas tinham atravessado para Berlim Ocidental, a maioria delas para fazer compras (muitas receberam presentes nas lojas de departamento da Alemanha Ocidental). Enquanto isso, martelos e cinzéis eram levados para o Muro. Nesse ponto, mais de um quarto do partido — pelo menos 500 mil membros — tinha desistido. Lá atrás, na fundação do partido dirigente, em 1948, um oficial havia esbravejado: "Nós, como marxistas, devemos saber: se implantarmos um governo, jamais poderemos abrir mão do poder, seja por eleições ou por quaisquer outros meios."[75] Em 1º de dezembro, no entanto, o partido abriu mão de seu monopólio. Krenz, o novo líder, em dois dias tinha partido. Estava tudo acabado, menos os gritos.

Os gritos — "Helmut! Helmut!" para o chanceler da Alemanha Ocidental — ocorreram nas mesmas ruas, inclusive de Leipzig, em que as multidões de alemães orientais tinham recentemente cantado "Gorby! Gorby!"[76] O Novo Fórum — legalizado no dia da queda do Muro — emitiu uma declaração advertindo os alemães orientais a não se tornarem "escravos de aluguel do capitalismo ocidental".[77] Esses alertas por parte de intelectuais alemães orientais para obter uma segunda chance para o socialismo caíram em ouvidos moucos. Mielke, o chefe do Stasi, colocou bem a questão: confrontado com os relatórios da situação durante uma reunião interna no fim de agosto de 1989, ele havia insistido que "o socialismo é excelente, mas eles exigem cada vez mais".[78] De fato exigiam. A RDA não estava mergulhada na pobreza extrema do Terceiro Mundo, mas também não era do Primeiro Mundo. Ela tinha conquistado uma cidadania de segunda classe num mundo que já tinha uma Alemanha de primeira. Somente a China tinha descoberto um caminho estável e seguro para a sobrevivência do Partido Comunista, a saber, aumentar o controle político do partido leninista, mas aceitar uma economia de mercado, incluindo novas empresas privadas familiares e a privatização dirigida de importantes ativos estatais. Mas a aquiescência de Deng Xiaoping ao capitalismo ("socialismo com características chinesas"), que coincidiu aproximadamente com sua visita histórica aos Estados Unidos, em 1979, foi um passo que o establishment alemão, conservador ou reformista, não daria.[79] Nos Estados Unidos, Deng descobriu uma superpotência capitalista, num momento em que a China estava de joelhos. Como observou o acadêmico Eric Weitz, o grupo dirigente da Alemanha Oriental era todo ele composto por comunistas da era Weimar, isto é, eternos intransigentes que tinham se recusado, no fim dos anos 1930, a integrar uma mais ampla "frente popular" de esquerda com o Partido Social-Democrata (PSD) contra os nazistas. Para esses veteranos, o "capitalismo" representava os sociais-democratas logo do outro lado da fronteira, tão odiados quanto o nazismo. De qualquer modo, mesmo que a sociedade incivil da RDA estivesse disposta a ceder ideologicamente, a Alemanha Ocidental tirou da mesa a adoção do mercado ao estilo chinês. "Que sentido teria uma RDA capitalista ao lado de uma República Federal capitalista?", preveniu Otto Reinhold, diretor da Academia de Ciências do Comitê Central Alemão Oriental, no verão de 1989. "Em outras palavras, que justificativa haveria para a existência de dois Estados alemães, uma vez que a ideologia não mais os separasse?" Sua resposta: "Nenhuma."[80]

A transformação da China decorria de um movimento conduzido pelo governo, bem como espontâneo, em direção a preços reais e formas de propriedade privada, mas mesmo uma assim chamada economia mista (em sua maior parte planejada, mas com alguns mecanismos de mercado) continuava algo condenável para os ideólogos da RDA, como também para outras sociedades incivis em outras partes do bloco.[81] Veja o caso da Hungria de Kádár. Suas reformas tinham envolvido certa autonomia de iniciativa, substituição da distribuição central pelo marketing, investimentos derivados não de regras centrais, mas de lucros empresariais (com uma pesada carga tributária) e limitadas iniciativas privadas no setor de serviços. Muitos preços eram liberados, embora boa parte deles permanecesse fixada. Acima de tudo, não eram permitidos mercados de trabalho ou de capital. Ainda assim, havia um visível impacto na vida diária. Aproximadamente 75% dos húngaros viviam em casas próprias ou possuíam uma casa de férias. Durante uma visita, Nikita Khrushchev, notando a inexistência de carências ou filas, havia aprovado esse "comunismo goulash". Mas as reformas na Hungria permaneceram cautelosas, para não assustar os soviéticos e permanecer dentro do socialismo. Mesmo assim, parte do establishment comunista se rebelou. "Como pode haver uma economia planificada se não há plano compulsório para as empresas?", perguntaram alguns oficiais. Eles também questionaram as limitadas lojas varejistas, pequenos restaurantes e artesãos independentes. Nos anos

1970, Kádár manobrou para preservar as reformas anteriores, mas um segundo estágio foi abortado. Em vez disso, planejadores ortodoxos forçaram uma recentralização econômica. Nos anos 1980, no entanto, a Hungria também estava mergulhada numa dívida impagável — precisando de um excedente de um bilhão de dólares anuais em moeda forte, por meio do comércio, apenas para pagar os juros. Chegado o ano de 1989, os comunistas da Hungria desistiram da busca de uma economia mista e deram sua bênção a uma grande privatização. Eles não enfrentavam uma já existente "Hungria Ocidental" capitalista.[82]

Para a RDA, que não podia simplesmente se tornar capitalista (e sobreviver), a única opção que lhe restava era uma modernização conservadora — isto é, ainda mais "disciplina", ainda mais investimentos em indústria pesada. Essa derradeira aposta em alta tecnologia também tinha falhado. Talvez a Alemanha Ocidental sucumbisse a alguma crise profunda, esperava a sociedade incivil da RDA (apesar de a República Federal continuar a apresentar desempenhos superiores). Foi assim que a Alemanha Oriental se viu no mesmo caminho de paralisia da não reforma que a Romênia, apesar da advertência de Honecker de que a existência da Alemanha Ocidental impedia a RDA de não fazer nada. Enquanto isso, a Alemanha Oriental continuava a tomar empréstimos ocidentais para evitar o sofrimento de baixar o padrão de vida. Muitos suspeitavam que a Alemanha Ocidental tinha deliberadamente atraído a Alemanha Oriental às dívidas para ter maior influência sobre seu comportamento. Mas nem os alemães ocidentais compreendiam o completo fracasso do lado alemão oriental. Algo tão pequeno quanto o aumento nos preços do café — uma bebida importante na sociedade alemã —, em 1976-77, era capaz de disparar uma crise existencial, quadruplicando o custo dos bens de consumo em moeda forte. A RDA só parecia ter um futuro se os estrangeiros (soviéticos ou ocidentais) concordassem em garanti-lo. No fim dos anos 1980, no entanto, o pilar soviético tinha subitamente se tornado um aríete. E a disposição dos bancos ocidentais em conceder empréstimos aproximava-se do fim. Era uma situação de aperto. Ainda assim, era preciso forçar a capitulação do regime. E ela foi forçada pelas vigílias pela paz em Leipzig. No fim, a sociedade incivil da RDA produziu menos "heróis da retirada" (nas palavras do poeta Hans Magnus Enzensberger) do que vagos e peludos "mamutes com rigidez cadavérica" (como uma fonte interna os chamou), que, graças não a eles próprios, estavam aposentados com pensões estatais alemãs ocidentais. A Alemanha Ocidental também assumiu a responsabilidade não apenas pela dívida de Estado da Alemanha Oriental, algo em torno de 26,5 bilhões de dólares, mas pela reforma da infraestrutura e da economia, a um custo estimado em mais de 2 trilhões de dólares.

III

AVANÇO

Um homem está pulando num pé só pela Praça do Palácio em Bucareste.
   — Você perdeu um sapato? — grita alguém.
   — Não — diz o homem —, eu encontrei um!

No fim de 1981, a dívida externa da Romênia comunista atingiu os 10,2 bilhões de dólares (em 1977 estava em 3,6 bilhões). Per capita, esta dívida era um terço menor do que a da Alemanha Oriental. No entanto, a Romênia tornou-se o segundo país do bloco do Leste, atrás da Polônia — que enfrentava a crise do Solidariedade —, a procurar renegociar seu empréstimo estrangeiro. De fato, alarmado com a influência externa sobre os assuntos romenos, Nicolae Ceauşescu, ditador da Romênia, decidiu quitar as obrigações do país em moeda forte naquela década. O "Gênio dos Cárpatos", como era conhecido, ordenou aos planejadores que importassem o mínimo possível e exportassem tudo que pudessem para obter dólares, essencialmente empobrecendo e congelando o país. As despesas do Estado com moradia, educação e serviço de saúde caíram de repente. Em meio a uma interminável propaganda sobre a "era dourada" da Romênia, não apenas as aldeias, mas muitas cidades ficavam um breu à noite. Durante o frio polar do inverno de 1984-85, quando o gelo tomou as ruas não iluminadas de Bucareste, o regime proibiu o trânsito de todos os automóveis, com exceção do séquito do tirano, para economizar combustível. Nessa época, o consumo de energia doméstica estava em meros 20% do nível de 1979. O racionamento — até mesmo do pão — retornou às principais cidades da Romênia, com exceção da capital, após 27 anos. A quitação total da dívida que estava esmagando as economias socialistas da Europa Oriental produziu a derrocada na Romênia dos anos 1980.[1]

A Romênia comunista sofria a mais alta taxa de mortalidade materna na Europa. Uma lei de 1966 de incentivo à natalidade tinha lançado o aborto na clandestinidade e estima-se que 11 mil mães morreram de abortos ilegais no período 1966-89. Em 1984, os médicos deviam examinar as mulheres no trabalho para ver se estavam grávidas e, se estivessem, deveriam se certificar de que não haveria abortos — e se não estivessem, deveriam exigir uma explicação.[2] ("Procriem, camaradas mulheres", exortou Ceauşescu, "é seu dever patriótico".) Enquanto a Romênia tornava-se gelada e escura, enquanto seu povo enfrentava filas para obter bens para as necessidades básicas, e enquanto as mulheres, especialmente, sofriam, boa parte do centro de Bucareste era destruída para dar lugar ao Bulevar Vitória do Socialismo. Em uma de suas extremidades surgiu uma imensa "Casa do Povo", em mármore — isto é, novos escritórios e anfiteatros para o regime. Enquanto isso, do outro lado da montanha mais alta do país, uma nova rodovia foi construída, ficando eternamente bloqueada por desmoronamentos de pedras. Aldeias com uma população com menos de 2 mil pessoas estavam programadas para serem "sistematizadas" — isto é, serem demolidas para dar lugar a complexos agroindustriais de concreto. A raiva fervia. ("O que é pequeno, escuro e está batendo à porta?", dizia uma piada romena. Resposta: "O futuro.") Por incrível que pareça, embora a Romênia tivesse quitado quase toda a sua dívida em março de 1989, Ceauşescu insistia que as duras e austeras medidas de economia fossem mantidas! O povo não estava revoltado. Nem o establishment. Em 24 de novembro de 1989, durante o 14º Congresso do Partido Romeno em Bucareste — um evento há muito programado que permitia todo tipo de arranjo de manobras —, o ditador romeno de 71 anos foi "reeleito" secretário-geral pelos 3.308 delegados ao som de cânticos ritmados de "Ceauşescu e o povo".[3]

A Romênia parecia impermeável até mesmo à queda do Muro de Berlim, em novembro de 1989. Mas então, em 15 de dezembro de 1989, László Tőkés (1952-), um pastor calvinista e membro da minoria étnica húngara, trabalhando na província de Timişoara, convocou seus paroquianos a protestar contra sua iminente expulsão de sua própria casa em terras pertencentes à Igreja. Em uma semana, Ceauşescu, juntamente com sua esposa, Elena, fugiriam de helicóptero de Bucareste, do alto do telhado do prédio do Comitê Central Romeno. Durante o percurso, o piloto deve ter advertido de que estavam sendo rastreados por radar e poderiam ser derrubados a tiros, ou talvez tenha sido ordenado a dizer isso pelos militares. Seja como for, o helicóptero aterrissou, e Ceauşescu obrigou seus guarda-costas a sequestrar um carro (de um médico de aldeia) e depois outro (de um mecânico de bicicletas). Mas os fugitivos foram capturados e detidos pela polícia e depois pelos militares. Em 25 de dezembro, após algumas tentativas de liberar o ditador, bem como de ataques de franco-atiradores e uma bizarra campanha de desinformação na capital, um pseudotribunal* foi reunido às pressas na guarnição provincial. Nesse dia, os Ceauşescu foram considerados culpados de genocídio e sentenciados à morte. Dizem que tantos membros da guarnição queriam fazer parte do pelotão de fuzilamento que tiraram a sorte. No fim, todos os oitenta homens tiveram permissão para participar e derrubaram o casal deposto com mais de cem balas.

"O Anticristo foi executado no Dia de Natal", disse, exultante, o locutor da rádio estatal. O choque diante do que muitos vieram a chamar de "o milagre de dezembro" romeno

---

* *Kangaroo court*, termo surgido na Califórnia durante a corrida do ouro e que indica a ideia de justiça "por saltos". (N. da R.)

foi incalculável. Como um pastor descontente, reunindo alguns poucos adeptos, de repente derrubaria o último ditador em seu 24º ano de poder absoluto? Timişoara, localizada na região de Barat, parte da Áustria-Hungria antes de 1918 e a cidade situada mais ao oeste da Romênia, às vezes era conhecida como a "pequena Viena". Ela ficava mais próxima a Budapeste e a Belgrado do que a Bucareste, e as informações sobre os acontecimentos ao redor do bloco — como a queda do Muro de Berlim em 9 de novembro — passavam rapidamente à cidade pela fronteira ocidental da Romênia (e daí para o resto do país pela rede ferroviária). Por sua vez, o pastor Tőkés e suas batalhas em Timişoara foram apresentados no rádio e na televisão húngaros, que transmitia para a Romênia e era acessível a qualquer um que tivesse a antena correta. (A televisão de Belgrado, também acessível, estava transmitindo programas gravados da CNN à noite, com uma reportagem sobre os eventos por toda a Europa Oriental e pela União Soviética.) Ainda assim, em outubro de 1989, o Securitate — o Departamento de Segurança do Estado, isto é, a polícia política do Ministério do Interior — tinha considerado a região "tranquila".[4] Provavelmente estivesse. A revolução de 1989 na Romênia parece altamente diferente — a seu modo, as revoluções em todos os países foram —, no entanto, a Romênia também se encaixa num padrão de paralisia da sociedade incivil e de mobilização de massa não organizada.

Beco sem saída

Por séculos, os falantes de romeno tinham vivido principalmente sob o governo imperial otomano, bem como habsburgo e russo, mas os romenos nos territórios da Valáquia e Moldávia conquistaram um estado independente no século XIX. Este núcleo foi bastante ampliado em consequência da Primeira Guerra Mundial, que deu à Romênia o Banato, a Transilvânia, a Bessarábia, Dobruja do Sul e Bucovina. Assim a Romênia Maior, como era conhecida, tomou forma com uma grande quantidade de minorias nacionais (28%), algumas das quais (húngaros e alemães) acalentavam sentimentos de superioridade em relação aos romenos étnicos. Muitos desses últimos, entretanto, misturavam-se pela primeira vez. A conclusão foi a cristalização de uma cultura política não liberal e sórdida antes mesmo de a frágil ordem liberal da Romênia ser derrubada em prol de um governo de partido único, em 1938.[5] O movimento fascista autóctone da Romênia — conhecido pelo nome de sua ala jovem (Guarda de Ferro) e similar aos falangistas na Espanha — era o mais forte na Europa Oriental no período entreguerras. Na Segunda Guerra Mundial, plenamente consciente de exceder a Hungria na conquista de favores, a Romênia Maior contribuiu com mais tropas para lutar contra os soviéticos do que todos os outros aliados nazistas juntos. Os romenos abriram caminho, cruelmente, até Stalingrado, onde, no entanto, sofreram imensas perdas. No verão de 1944, os soviéticos cruzaram a fronteira romena. Em 23 de agosto de 1944, o rei Miguel da Romênia derrubou, por meio de um golpe, o marechal Ion Antonescu (1882-1946), o ditador militar pró-nazista, desviando habilmente o país para o lado vencedor. Afastando os alemães genocidas, o exército soviético abriu caminho para o Ocidente lutando, pilhando e estuprando, mas o Estado romeno ficou intacto.

Nessa época, no fim de 1944, o Partido Comunista da Romênia, após 23 anos de existência, a maior parte desse tempo banido, tinha menos de mil membros, incluindo oitenta em Bucareste.⁶ Stalin vinha poupando Antonescu para usá-lo como um fantoche soviético e endossando uma Transilvânia independente. Mas em fevereiro de 1945, com a guerra ainda em andamento, Andrei Vyshinsky — promotor nos julgamentos de fachada de Stalin nos anos 1930 — chegou para chantagear o rei Miguel. Vyshinsky ameaçou com a anexação, batendo a porta do palácio com tamanha força que o reboco despencou; o monarca aderiu a um governo de coalizão dominado pelos comunistas sob a aparência de uma "Frente Democrática Nacional". O rei também recuperou a Transilvânia e julgou e executou Antonescu (que, segundo uma transcrição oficial, caiu gritando "Gentalha, gentalha!"). Mas os comunistas romenos conspiraram para controlar ministérios-chave, como a polícia e a imprensa, e empregaram a "tática do salame" (a expressão imortal do líder stalinista húngaro Mátyás Rákosi) para reduzir seus oponentes, fatiando-os um a um. O rol de membros do Partido Comunista romeno disparou para mais de 250 mil até o fim de 1945, e para 800 mil até dezembro de 1947, quando o rei abdicou sob pressão (obtendo permissão de ir para o exílio). Foi assim que os comunistas assumiram. Camponeses perderam suas terras, comerciantes das cidades perderam seus negócios, e figuras políticas que tinham facilitado o caminho para os comunistas chegarem ao poder perderam sua liberdade.⁷ Assim é o totalitarismo: as pessoas servem de agentes na destruição de sua própria organização.

O Estado policial comunista da Romênia conheceria apenas dois líderes. Ambos eram romenos étnicos, em flagrante contraste com a composição do partido no entreguerras, que tinha sido formado por muitas minorias perseguidas incorporadas na Romênia Maior.⁸ Gheorghe Gheorghiu-Dej (1901-1965) era um filho de operário, com uma formação educacional mínima, que tinha sido preso por 11 anos em cárceres e campos de detenção e que havia atuado desde 1947 como primus inter pares do partido. Ele consolidou seu governo unitário numa limpeza que afastou Hannah Rabinsohn, uma judia, mais conhecida como Ana Pauker (1893-1960), e László Luka, um húngaro étnico mais conhecido como Vasile Luca (1898-1963), que, ao contrário do "caseiro" Dej, tinha passado os anos de guerra em Moscou.[9] Dej, assim como o alemão oriental Walter Ulbricht (e o albanês Enver Hoxha), sobreviveria a Stalin. Em 1956, após o choque do discurso secreto de Khrushchev, Dej reuniu os 3 mil comunistas do alto escalão em um salão de esportes para tornar o partido cúmplice de sua recusa a desestalinizar. Também buscou contatos, cuidadosamente, com a China.[10] Um proeminente acadêmico caracterizou Dej como "um criminoso inescrupuloso e extrovertido, cujas crueldade e astúcia permanecem insuperadas na Romênia do século XX".[11] Em 1965, Dej de repente morreu de câncer (seu séquito suspeitou de envenenamento por radiação pelos soviéticos). Ele foi sucedido pelo diminuto Nicolae Ceauşescu, um orador deplorável, mas um trabalhador perspicaz.[12]

Ceauşescu (1918-89), o terceiro entre dez filhos, vinha de uma linhagem camponesa, trabalhou como aprendiz de sapateiro aos 11 anos e se juntou aos comunistas, quando adolescente. Considerado "pessoa perigosa à ordem pública", ele passou boa parte de sua juventude na Prisão Doftana da Romênia — a "Universidade Marxista" — onde conheceu Dej. Após a tomada de posse dos comunistas, no fim de 1947, Ceauşescu foi finalmente encarregado do pessoal. Quando se tornou secretário-geral, aos 47 anos, em 1965, ele não só era o membro mais jovem do politburo romeno, mas o mais jovem chefe do partido na Europa Oriental. Seis anos depois, durante a ruptura sino-soviética, ele provocou manobras militares soviéticas sobre a fronteira da Romênia ao fazer uma audaciosa visita oficial à China. Ceaușescu pretendia estudar o que podia ser adaptado da Revolução Cultural de Mao para prevenir o "socialismo com face humana" na Romênia. Na mesma viagem ele visitou a Coreia do Norte de Kim Il Sung, e também gostou do que viu ali.[13] De volta à Romênia, enquanto a minirrevolução cultural e o culto máximo de Ceaușescu se desenvolviam, pelo menos 27 membros de seu clã ampliado ganharam altos postos. Mais proeminente e incomumente nos regimes comunistas, sua esposa Elena (1916-89), que tinha abandonado a escola primária, mas de repente possuía um doutorado em química, tornou-se codirigente. Seu filho devasso Micu (1951-96), o ministro da Juventude, tornou-se seu herdeiro aparente. O próprio patriarca, que tinha completado apenas o ensino primário em sua aldeia, tornou-se um deus. Ele detinha o mesmo título de Antonescu (e Dej): Conducător.[14]

O samizdat era praticamente desconhecido na Romênia comunista e os dissidentes ali sempre pareceram ainda menos expressivos que os pequenos números em outras partes do bloco. "A dissidência romena", dizia o ditado, "mora em Paris e seu nome é Paul Goma" (escritor romeno [1935-]).[15] Uma das razões para isso era que, ao contrário dos dissidentes sob outros regimes comunistas, os da Romênia provocavam indiferença ou mesmo desprezo por parte do Ocidente, enquanto Ceaușescu era enaltecido como o grande "homem de pensamento independente" disposto a resistir a Moscou. Como um analista observou, "três presidentes dos Estados Unidos, três presidentes da França, o imperador do Japão, a rainha da Inglaterra e muitas outras pessoas importantes manifestaram sua admiração" pelo suposto "rumo independente" da Romênia.[16] Em 1968, Ceauşescu, sozinho entre os líderes do bloco do Leste, recusou-se a aderir à invasão da Tchecoslováquia proposta pelo Pacto de Varsóvia. Na verdade, em 23 de agosto, um feriado na Romênia em comemoração ao aniversário do golpe de 1944 contra o regime pró-nazista, ele condenou publicamente a operação contra a Primavera de Praga. O Ocidente não foi o único a enlouquecer de aprovação: o satisfeito Goma *filiou-se* ao Partido Comunista romeno. Em 1973, no entanto, ele foi expulso do partido e em 1977 foi exilado por apoiar o movimento de direitos humanos Carta 77 e escrever duas cartas a Ceauşescu denunciando o Securitate, tornando-se uma causa célebre internacional. Ainda assim, que um crítico não partidário se juntasse ao Partido Comunista romeno, mesmo que por pouco tempo, mostrava que muitos romenos se identificavam fortemente com a postura do regime de distanciar o comunismo romeno da tutela soviética, embora almejando uma missão romena especial dentro do mundo comunista.

Deixando de lado os poucos críticos pró-Ocidente, como Goma no exterior e, em casa, Doina Cornea (1929-), um professor de literatura francesa em Cluj e defensor dos direitos humanos, o historiador emigrado Vladimir Tismăneanu observou que "muitos romenos desprezavam, e até mesmo odiavam Ceauşescu e sua tirania, mas também não gostavam dos valores democráticos liberais de estilo ocidental".[17] O comunismo apoiava e aprofundava esse lado não liberal da cultura política da Romênia, ao mesmo tempo que também produzia uma nova elite: a sociedade incivil romena.[18] O establishment central era formado por 10 mil pessoas, e o regional, por 200 mil.[19] Essa elite, em grande parte provinciana e com baixa escolarização, tinha se tornado, intencionalmente, bem mais romena e menos judaica, húngara ou alemã do que qualquer elite anterior na Romênia. Seus agradecidos membros partilhavam percursos profissionais e experiências de vida — até certo ponto. Os políticos "frequentavam regularmente reuniões do partido e cursos de doutrinação ideológica, e, dessa forma, eram moldados e formados em certo espírito e adquiriam certo comportamento na sociedade", explicou Silviu Brucan (1916-2006), antigo protegido de Dej. "A coesão deste grupo social originava-se do status de seus membros e das relações especiais entre eles, de suas posições na estrutura de poder, de seus altos salários, e particularmente de seu acesso a uma ampla gama de benefícios e privilégios restritos." Brucan — um judeu cujo nome de batismo era Saul Bruckner — foi embaixador da sociedade incivil em Washington (1956-59) e nas Nações Unidas (1959-62), e depois foi chefe da TV romena.

As prerrogativas da elite, no entanto, variavam muito dentro e através das agências estatais. Ion Mihai Pacepa, ex-vice-chefe da inteligência romena que desertou em 1978 — um dos desertores de mais alta patente na inteligência em todo o bloco —, descreveu o suntuoso "clube" do Ministério do Interior. Ficava nos arredores de Bucareste, "estendia-se por cerca de 10 acres, escondido entre um colcoz e uma floresta", a entrada fechada com portões era ainda mais protegida por um simulacro dos jardins de Versalhes. Por trás de "lagos artificiais, fontes artesianas e terraços graciosos" erguiam-se casas de campo para pernoite, bem como estábulos, uma pista de boliche, uma sala de cinema e um campo de tiro interno abastecido com uísque Johnnie Walker Black Label. O restaurante à luz de velas oferecia caviar, patê de fígado de ganso, trufas, e dois grupos musicais. As garçonetes e as musicistas evidentemente desempenhavam duplas funções (para os oficiais do sexo masculino).²⁰ Mas por mais que houvesse alegria no primeiro escalão, qualquer potencial solidariedade entre a elite era pontuada por hierarquias. A maioria dos membros do Comitê Central tinha inicialmente residido, no início dos anos 1950, no distrito Primăverii de Bucareste, onde Brucan e sua esposa eram "vizinhos de rua dos Ceauşescu [...] e outros líderes comunistas". Isso foi antes de Ceauşescu ascender ao cargo de secretário-geral. No entanto, os encontros com ele limitavam-se à troca de cumprimentos. "A vida social se desenvolvia atendo-se à hierarquia do partido", escreveu Brucan. "Minha esposa e eu pertencíamos ao segundo escalão."²¹ Outras barreiras advinham da vigilância, denúncias, o medo de provocações e a obstinada prática de Ceauşescu de "rodízio" de pessoal. O comunismo na Romênia, como em todo lugar, produzia laços comuns entre as elites, mas também o controle sobre elas.

O regime também conseguiu que a classe intelectual que Ceauşescu desprezava trabalhasse para ele. Isso era conseguido, certamente, com uma combinação de detenções estratégicas e prerrogativas manipuladas, mas o regime também apelava a persuasões e egos. Essa subserviência intelectual na Europa Oriental desconcertou alguns observadores. Czesław Miłosz apelidou-a de "a mente cativa", e Norman Manea (1936-), o escritor romeno emigrado, rotulou-a de "a profissão da autodegradação". Enquanto Miłosz analisava a ginástica mental, que ele chamava de "Ketman", Manea argumentava que num mundo no qual tudo era absurdo, quem falava a verdade também parecia ridículo. Acima de tudo, concluiu Manea, "qualquer um que não quisesse se render às mentiras e caricaturas do Terror sofria não apenas de medo, mas com frequência de uma profunda sensação de inutilidade".²² *Esta era a chave.* Os sentimentos de impotência na Romênia estavam por toda a parte, mas também o sentimento de utilidade, mesmo de autonomia. Os intelectuais romenos com frequência adquiriam status dentro do regime ditatorial ao se ocuparem de questões de identidade nacional, motivados pela necessidade de agradar as autoridades políticas, mas também por seu próprio sentido de missão. O nacionalismo era uma grande preocupação que se espalhava por toda a intelligentsia e por todo o partido.

O Partido Comunista romeno entregou-se aos mitos de origem nacional, especialmente depois que o Kremlin — impressionado com o modo como a Romênia tinha isolado os húngaros étnicos durante a rebelião de 1956 — concordou com os apelos da Romênia pela retirada das tropas em 1958.[23] A preocupação com mitos suscitou uma utopia acadêmica sobre o eclipse do comunismo pelo nacionalismo na Romênia. Nada disso aconteceu. Dos mil membros em 1944, o partido tinha se expandido para 3,7 milhões nos anos 1980, dando à Romênia mais comunistas per capita que qualquer outro país — cerca de um quarto de sua população adulta e um terço de sua força de trabalho.[24] Ainda assim, muitos observadores insistem que a Romênia tinha o menor número de comunistas, pelo menos em termos de sinceridade.[25] As pessoas com certeza usavam a condição de membros do partido para lidar com questões práticas — as iniciais romenas do partido, PCR, eram ironizadas como "*pile, cunoștinte și relatiI*" (ligações, conhecimentos e relações). E o Instituto Romeno de História do Partido não conseguiu publicar um único volume de história partidária durante toda a sua existência. Mas em 1971, Ceaușescu ordenou uma intensificação no treinamento ideológico em termos marxistas, com uma segunda investida desse tipo em 1976. Essas campanhas tinham como alvo, em parte, a geração mais nova e sua suposta suscetibilidade aos "decadentes valores ocidentais". As campanhas também coincidiram com o lançamento de novos planos quinquenais com alvos ambiciosos e buscavam mobilizar o partido e a ideologia comunistas para realizar milagres na economia planificada.[26] A Romênia flertou com ajustes na economia planificada, como a assim chamada autonomia de empresa, mas, como na Polônia, os ministérios mantiveram um rígido controle. O Partido Leninista da Romênia nunca perdeu a obsessão com a indústria pesada ou, mais importante, com o anticapitalismo. Nunca houve uma revogação da nacionalização da indústria e dos bancos; nunca houve uma revogação da coletivização. Resumindo, nenhuma semelhança com a China após 1978.[27]

Apesar das diferenças culturais, todos os países do bloco do Leste possuíam instituições de estilo soviético incrivelmente parecidas. Ao mesmo tempo, todos os países do bloco do Leste eram nacional-comunistas, em maior ou menor grau. O que diferenciava a Romênia não era o nacionalismo em si, mas a ausência de uma ala reformista dentro das estruturas leninistas, o que colocava Bucareste mais próxima a Pyongyang. Para explicar essa falta, o emigrado Tismăneanu — que era filho de fervorosos comunistas romenos e veteranos das Brigadas Internacionais da Guerra Civil Espanhola e tinha frequentado o liceu junto com Nicu Ceauşescu — caracterizou o comunismo romeno como uma peculiar amálgama de Bizâncio e marxismo-leninismo. Claro, isso também podia ser dito da União Soviética, de onde emanou um movimento de reforma comunista que desmantelou todo o mundo comunista. Mais importante, Tismăneanu argumenta que na Romênia o nacionalismo, em vez de reforçar uma tendência à reforma, como em outras partes da Europa Oriental, alimentou uma resistência a ela, por vir da Moscou colonial (primeiro sob o governo de

Khrushchev e depois sob o de Gorbachev).²⁸ Os vários comunistas reformistas individuais da Romênia jamais superariam essa barreira, ou a atenção especial do Securitate, de modo a se aglutinarem num movimento. É verdade que, em março de 1989, uma "Carta dos Seis" foi transmitida pela BBC, instando o "presidente Ceauşescu" a corrigir seus erros e expressando séria preocupação de que "a própria ideia de socialismo, pela qual lutamos, seja desacreditada por sua política". Mas seis signatários não caracterizam exatamente uma grande mobilização. (Os escritores da Carta, comunistas de carreira, foram colocados em prisão domiciliar.)²⁹ Por não ter nenhuma ala liberal a combater, o partido romeno também não desenvolveu uma ala conservadora plenamente articulada. Essa desestruturação facilitou a extrema personalização do regime e, por sua vez, foi reforçada por ela.

Mas havia método na loucura. Nos anos 1940, o partido de estilo leninista da Romênia tinha "avançado" politicamente, nas palavras do acadêmico Kenneth Jowitt, e estabelecido um monopólio.³⁰ E, num país tão camponês, o exemplo soviético funcionou como uma varinha de condão para essa nova vanguarda política — muitos, como Ceauşescu, do campesinato — também "avançar" economicamente, com isso evitando a dependência (ou subserviência) da Europa Ociental. O atrativo dessa aspiração foi destacado pelo acadêmico Henry Roberts, que tinha estado na Romênia durante a ocupação soviética pós-Segunda Guerra Mundial e, em 1951, colocou a Romênia num quadro mais amplo de uma sociedade agrária em modernização, vivendo em um mundo de poderosos Estados industriais. De modo perspicaz, Roberts ressaltou que os partidos liberais da Romênia no entreguerras tinham desejado a industrialização, mas foram vistos como uma oligarquia, enquanto o Partido Nacional Camponês tinha sido igualitário, mas dificilmente pró-industrial. A Guarda de Ferro fascista, acrescentou ele, nada teve a oferecer, enquanto os sociais-democratas não tinham tido os recursos para realizar seus planos, seja para a industrialização como para a paz social. Entra o leninismo oferecendo a aparente resposta: a ênfase na indústria, no social e na autossuficiência.[31] Foi exatamente por isso que as elites romenas rejeitaram o papel de fornecedores agrícolas e de matéria-prima ao bloco do Leste no esquema de especialização que acompanhou o ressurgimento, em 1961--62, da organização econômica do bloco, o Conselho para Assistência Econômica Mútua, ou Comecon. (O Comecon, fundado por Stalin em janeiro de 1949, acabou sendo menos um "mercado comum" socialista do que múltiplos bilateralismos.)[32] Hitler também havia ponderado (em 1941) que a "Romênia faria bem em desistir [...] da ideia de ter sua própria indústria".

Em vez de tornar o país um fornecedor de produtos agrícolas à moda de Khrushchev ou Hitler, a sociedade incivil romena adotou uma industrialização ainda mais pesada (para a qual eles completaram a coletivização da agricultura em 1962). Também passaram a usar equipamentos europeus ocidentais em vez do maquinário alemão oriental e tcheco que vinham importando, para que o comércio da Romênia comunista com a Comecon da União Soviética e do bloco do Leste diminuísse, enquanto seu comércio com o Ocidente expandia. Mas o objetivo maior era a autossuficiência industrial, e os anos 1960 e início dos 1970 pareceram justificar essa estratégia. O Dacia, uma versão romena de um Renault inferior, começou sua produção em uma fábrica recém-construída e as vendas de automóveis dispararam de cerca de 9 mil em 1965 para 45 mil em

1975. As vendas de aparelhos de televisão de fabricação romena — de forma desastrosa, como veremos — dispararam para as centenas de milhares. Claro, as instalações industriais construídas às pressas estavam produzindo produtos de segunda qualidade. Enquanto isso, o país continuava a ser o segundo produtor agrícola do bloco, atrás da União Soviética, mas sua agricultura negligenciada tinha a mais baixa produtividade do bloco por área cultivada. O país estava ficando ainda mais atrás da Espanha, da Grécia e de Portugal — outros países europeus predominantemente rurais, cujas ditaduras tinham se rendido a democracias. O caminho rumo à modernidade supostamente especial da Romênia parecia cada vez mais um beco sem saída. Um terremoto com magnitude 7,4 teve um alto preço, especialmente em Bucareste, mas o golpe maior foi autoimposto. Com excesso de zelo, Ceauşescu tinha expandido a capacidade de refinamento de petróleo da Romênia. A utilização das instalações — para pagar pelo assombroso investimento — instigou o país a começar a importar o óleo bruto nos anos 1970, apesar de ser um grande produtor. Isso foi exatamente quando os preços mundiais de petróleo dispararam. O Irã, principal fornecedor estrangeiro de petróleo, fechou a torneira em 1979, depois que o aliado de Ceauşescu, o xá, foi deposto. Tudo isso compunha o pano de fundo da dívida em moeda forte da Romênia e a imposição, em 1982, de sufocantes medidas de austeridade. Como o dono de uma empresa acossado pelas receitas em queda, o regime reduziu salários e despesas gerais, embora continuasse a afirmar maior êxito do que nunca, cometendo o que nos negócios se qualificaria como fraude.[33]

A Romênia precisou mendigar também a Moscou. Foi assim que as aspirações de um grande salto industrial e uma economia competitiva resultaram numa dupla dependência. A sociedade incivil romena não sentiu o aperto, mas estava consciente da miséria fora dos enclaves da elite. A partir de 1986, o chefe do departamento de economia do Securitate manifestou sua amargura a chefes locais do Securitate pela "imbecilidade" do programa econômico de Ceauşescu e sua esposa.[34] No entanto, tais expressões de frustração entre os poderosos eram geralmente esmagadas pela devoção a Ceauşescu. Em 20 de dezembro de 1989, o patriarca Teoctist, chefe da Igreja Ortodoxa Romena, enviou um telegrama de congratulação a Ceauşescu por sua "sábia e perspicaz orientação". O patriarca teceu elogios à "era dourada da Romênia, que justificadamente carrega seus nomes, e suas realizações, que durarão milhares de anos".[35] Nessa altura, seu futuro seria de apenas alguns dias. O avanço leninista da Romênia não constituíra avanço nenhum, e seria necessário outro tipo de avanço para superá-lo.

"O QUÊ?" "CALEM A BOCA!"

László Tőkés tinha uma trajetória de conflitos com as autoridades da Igreja (Calvinista) Reformada Romena, bem como com as autoridades políticas; foi por isso que acabou em Timişoara. Em postos anteriores, em Braşov e Dej, ambos na Transilvânia (que tem uma grande minoria étnica húngara), Tőkés tinha falado contra a liderança da Igreja Reformada, cuja congregação na Romênia era toda de etnia húngara, e contra a condição dos húngaros. Isso havia provocado sua transferência para Cluj — onde seu pai fora rejeitado como bispo adjunto — e depois, em 1986, para Timişoara (nos arredores da Transilvânia), uma cidade predominantemente ortodoxa romena, mas cosmopolita, com cerca de 350 mil habitantes. Que maiores problemas poderia o pastor húngaro causar ali? Em Timişoara, Tőkés, com seu carisma, começou a reanimar a pequena igreja reformada. Ele permitia que estudantes recitassem poesias nos cultos, o que era expressamente proibido, e falava contra a impopular "sistematização" (destruição) de aldeias e suas igrejas ortodoxas. As autoridades de Timişoara, ante a perspectiva de uma oposição organizada, pressionaram o bispo da Igreja Reformada a remover Tőkés do cargo de pastor, o que ele fez em março de 1989. Com base nisso, as autoridades puseram em andamento os procedimentos de expulsão. Tőkés entrou com uma apelação. No prédio da Igreja Reformada de Timişoara — três andares modestos de tijolos e pedras encardidos, sem nem mesmo uma cruz ou pináculo —, todas as janelas do apartamento do pastor foram estilhaçadas. Em novembro, Tőkés foi ferido num assalto a faca por ladrões durante uma invasão; a polícia, que estava de guarda do lado de fora para mantê-lo em prisão domiciliar, nada fez. Finalmente, perdendo suas apelações oficiais, Tőkés apelou a seus paroquianos na missa de domingo para que testemunhassem sua expulsão "ilegal" programada para a sexta-feira seguinte, dia 15 de dezembro. É isso mesmo: as autoridades tinham informado ao pastor a data exata.[36]

Cerca de quarenta paroquianos, a maioria idosos, formaram uma corrente humana em volta da residência do pastor. Eles se beneficiaram de um atípico período quente de inverno, após uma onda de frio brutal, mas, mais importante que isso, eles desafiaram o notável Securitate. Como ele não dispersou a pequena multidão, mais pessoas além dos adeptos do pastor se juntaram ao grupo, incluindo romenos, alemães, sérvios, gregos e, segundo alguns, uns poucos ciganos. De sua janela, o pastor húngaro falou à multidão em romeno.[37] Alguns dos que se reuniram ao grupo eram de outras denominações protestantes, como os batistas e os pentecostais, minorias religiosas que eram perseguidas de forma semelhante. Outros vinham de um ponto de bonde que levava os operários para as instalações industriais afastadas da cidade e os estudantes para as grandes universidades locais. O bonde também ajudou a divulgar a informação sobre o confronto por toda a cidade. Nesse inverno, como anteriormente, os habitantes de Timişoara não dispunham de eletricidade durante a maior parte do dia e com frequência por boa parte da noite, inclusive entre as 18 horas e as 21 horas, quando as pessoas mais precisavam dela. Os elevadores eram evitados, já que os blecautes, que aconteciam sem nenhum aviso, prendiam as pessoas dentro deles. As lâmpadas mais fortes à venda eram de apenas 40 watts. A temperatura dentro das casas não passava dos 12º Celsius no inverno, e a água quente normalmente só vinha uma vez por semana.

Em Timişoara, como em qualquer outro lugar da Romênia, as pessoas recebiam cupons para comprar uns poucos quilos de carne e 50 gramas de manteiga — por mês. Elas passavam horas na fila e às vezes as magras porções que seus cupons permitiam se esgotavam. Enquanto isso, como todos em Timişoara sabiam, na periferia da cidade estava a maior fábrica de processamento de carne de porco da Europa. A cidade também tinha grandes fábricas locais de pão e outras instalações de produção de alimentos. Muitos moradores de Timişoara trabalhavam nessas fábricas e sem dúvida contavam aos outros o que era produzido nelas e em que quantidades. Mas boa parte do alimento produzido no local era, como tudo o mais, exportada para obter moeda forte. O povo da cidade, furioso, passando anos nas filas, lado a lado, estava unido na privação.³⁸ Mas não podiam recorrer a nenhuma forma de organização social senão suas igrejas, que estavam sob a vigilância do Securitate. Seus locais de trabalho pertenciam ao regime. Além disso, as multidões só podiam se reunir nas ruas em dias de feriados programados. Na verdade, em 15 de novembro, depois de a Romênia derrotar a Dinamarca numa partida eliminatória para a Copa do Mundo, em Bucareste, as ruas de Timişoara tinham se enchido de fãs felizes, alguns dos quais aparentemente haviam cantado "Abaixo Ceauşescu!".³⁹ Este incidente não divulgado indicava o potencial de uma conflagração mais ampla se algo a provocasse. Foi exatamente isso que o íntegro e resoluto desafio do pastor detonou no dia 15 de dezembro.

Em 16 de dezembro, o prefeito de Timişoara, convocado pelo Securitate a intervir, chegou à Igreja Reformada com trabalhadores para substituir as janelas quebradas e com médicos para examinar a esposa do pastor que estava grávida. Em troca, o prefeito pediu que Tőkés instruísse a multidão a se dispersar. Para evitar derramamento de sangue, o pastor concordou. Mas a multidão, que a essa altura ia muito além de sua congregação, não estava disposta a ir para casa; alguns começaram a acusar Tőkés de colaboração. Outros acharam que o pedido de dispersão era consequência de pressão por parte do Securitate. Tőkés descobriu-se "prisioneiro" da ira do povo. Mas "naquela rua", relembrou uma testemunha ocular, "havia uma tensão e um sentimento de poder quase palpáveis".⁴⁰ Ao mesmo tempo alegre e apreensiva, a multidão reunida começou a se dirigir da pequena igreja para o centro da cidade, na Praça da Ópera, a vários quarteirões de distância. Tendo inicialmente se reunido para defender o pastor de etnia húngara, a multidão começou a cantar o hino nacionalista de 1848, *Despertai, romenos*. Vitrines de lojas foram quebradas — os blecautes do regime permitiam que algumas pessoas lançassem pedras sem serem vistas — e alguns cantavam "Abaixo Ceauşescu!", "Abaixo a tirania!", "Liberdade!". Essa rápida escalada — exatamente o que o aparecimento do prefeito tinha procurado impedir — havia acontecido num único dia.

Foi o começo de uma corrida bancária política. Jatos de canhões de água arrastaram os manifestantes, mas a comoção também trouxe outros para fora. "A princípio", recordou um habitante, "achamos que fosse uma partida de futebol [...] depois entendemos. Uma manifestação!". Nas primeiríssimas horas do dia seguinte, 17 de dezembro, Tőkés — nessa altura protegido apenas por sete amigos — foi brutalmente espancado, forçado a assinar uma folha de papel em branco e levado para uma aldeia isolada, como se ainda fosse a causa do protesto. Mas mesmo sem o pastor, nesse dia cerca de 2 mil pessoas enfrentaram baionetas montadas e marcharam em colunas, muitas carregando as bandeiras de suas fábricas, até a sede do partido em granito cinzento no Bulevar de 23 de Agosto em Timişoara. Ensopada mais uma vez com a água gelada de um carro de bombeiros, a multidão enfurecida avançou para cima do veículo, destruiu-o e o afundou no rio. Depois saqueou o prédio do partido, lançando os livros de Ceauşescu numa fogueira. Também capturou cinco tanques carregados com algumas centenas de granadas.

Ceauşescu já tinha repreendido severamente seu ministro do Interior na noite de 16 de dezembro sobre a necessidade de o regime mostrar os dentes para subjugar os hooligans de Timişoara — afinal, insistiu o Conducător, era apenas um "húngaro" causando problemas. Mas esse discurso tinha levado, na manhã de 17 de dezembro, a uma absurda parada militar (!) pelo centro da cidade de Timişoara, repleta de corneteiros. Longe de intimidar as pessoas, a parada atraiu espectadores e zombaria. Era um domingo e as pessoas da cidade tinham tempo ocioso. Foi então que o vandalismo maior e a captura do tanque aconteceram, o que foi devidamente informado a Bucareste. A reação foi feroz. Naquela tarde, houve um conclave do Comitê Político Executivo na capital, seguido por uma teleconferência em circuito fechado com autoridades ao redor do país. Ceauşescu vociferou contra uma conspiração envolvendo o Ocidente e o Oriente (Moscou), manifestou suspeitas sobre seu próprio Securitate, exigiu a restauração da ordem e ameaçou qualquer um que deixasse de usar a força necessária. "Eu dei ordem para atirar", disse o Conducător, segundo uma transcrição oficial. "Eles receberão uma advertência", acrescentou sobre os manifestantes, "e se não se submeterem, terão de ser baleados. Foi um erro virar a outra face. [...] A ordem deve ser restabelecida em Timişoara em uma hora".

Naquela mesma tarde, 17 de dezembro, o chefe do Estado-Maior do Exército e primeiro vice-ministro da Defesa, major-general Ştefan Guşă (1940-94), chegou a Timişoara sob o olhar atento de um linha-dura; chegaram também colunas blindadas e motorizadas. Guşă afirmou que encontrou centenas de lojas destruídas, saques, tiroteio violento e rumores de possíveis assaltos a depósitos de munição. Naquela noite, forças armadas, usando balas reais recém-distribuídas, passaram a retomar a cidade. Várias dezenas de civis foram massacradas, e várias centenas foram feridas e presas. "Não se sabe ainda o número de vítimas, mas não há dúvida de que as autoridades [romenas] usaram a força com incrível brutalidade", observaria um corpo estranho logo numa declaração condenatória sobre a repressão em Timişoara. Esse corpo estranho era a Câmara Baixa do parlamento da Polônia. Apesar de o governo da Polônia nessa altura ser liderado pelo Solidariedade, sua legislatura ainda estava cheia de comunistas, mas ela passou a resolução censurando unanimemente o regime romeno. Lech Wałęsa (1943-), líder do Solidariedade, respondeu a uma carta do reverendo Tőkés, escrevendo: "Apelo a todo o povo [...] a tomar uma ação comum em defesa do clérigo Tőkés, a expressar solidariedade exercendo pressão internacional sobre as autoridades romenas."[41] Tecnicamente, a Polônia ainda estava no Pacto de Varsóvia, portanto as mesas tinham sido viradas sobre Ceauşescu, o homem que tinha condenado a repressão do Pacto de Varsóvia a Praga, em 1968.

Na segunda-feira, 18 de dezembro, Ceauşescu voou para Teerá para uma visita oficial de três dias, previamente agendada, aos aiatolás, com quem a Romênia tinha estabelecido um modus vivendi (armas em troca de petróleo). Em Timişoara houve novas mortes de civis, inclusive na catedral ortodoxa romena, um santuário. Ainda mais fatalmente, as autoridades de Timişoara, ao estilo típico do regime, convocaram uma série de reuniões em locais de trabalho para dar a "correta" interpretação dos acontecimentos. Somente então os muitos trabalhadores foram informados sobre a extensão do derramamento de sangue pelos líderes do partido, que deram explicações ridículas sobre as legiões de "fascistas" que corriam enlouquecidas por sua cidade. Acima de tudo, essas reuniões, como o ex--chefe do partido local disse, "essencialmente permitiram-lhes [aos trabalhadores] se organizar". Os operários da fábrica Electrobanat (Elba) da cidade — um empreendimento pré--revolucionário nacionalizado em 1948 — baixaram suas ferramentas, formaram comitês ad hoc e fizeram exigências a

Guşă, do Estado-Maior. Rumores de tiroteio na fábrica, que produzia equipamentos de iluminação, desviaram os holofotes de um único pastor, Tőkés, para a classe trabalhadora em um Estado de trabalhadores. No dia 19, afirmou mais tarde o general Guşă, ele tinha sido chamado a resgatar o secretário do partido da cidade na Electrobanat, que tinha uma força de trabalho predominantemente feminina, mas foi recebido com gritos: "Criminosos, vocês mataram nossos filhos!" Antes de fugir da confusão, o chefe do partido local registrou as exigências das mulheres iradas: "Queremos aquecimento. [...] Queremos chocolate para nossos filhos [...] meias, roupas de baixo, cacau e algodão."[42]

Os moradores de Timişoara estavam perdendo o medo. Mais tarde o general Guşă confirmou essa impressão, descobrindo com atraso que os protestantes que ele vinha oprimindo não eram desordeiros, mas pessoas comuns.[43] Talvez, mas no dia seguinte, 20 de dezembro, o Conducător voltou do Irã e apareceu hostil na televisão estatal, denunciando os manifestantes em Timişoara como "desordeiros", "fascistas" e "agentes estrangeiros". Desse modo, ele confirmou — pela primeira vez na mídia oficial da Romênia — os tão falados protestos. Enquanto isso, em Timişoara, mais trabalhadores anunciaram suspensão das atividades, criando, efetivamente, uma greve geral (apenas duas fábricas de pão continuaram em funcionamento). O general Guşă ficou surpreso. Já na noite do dia 19, ele parece ter ordenado a retirada militar que cercava a Electrobanat; depois, no dia 20, ele parece ter ordenado que os pesados veículos e tropas do Exército se retirassem do centro da cidade, onde pelo menos 40 mil pessoas estavam reunidas na Praça da Ópera. Os manifestantes começaram a abraçar soldados e a cantar "O Exército está conosco!" Na verdade, uma das razões para o recuo pode ter sido a confraternização das tropas. Na varanda do teatro lírico, tinham-se instalado alto-falantes para o primeiro-ministro, que se esperava que chegasse nesse dia. Em vez disso, às 14 horas, um professor de 41 anos da Universidade Técnica de Timişoara, Lorin Fortuna, anunciou-se. Ele fez um discurso proclamando a formação de uma "Frente Democrática Romena". De repente, as autoridades locais começaram a procurar o professor para negociar em nome da "oposição".

O regime central, no entanto, não tinha intenção de capitular. Mas ele apenas cavou um buraco maior para si mesmo. As autoridades de Bucareste requisitaram a vinda por trem para Timişoara de trabalhadores com cassetetes e uniformes da "guarda patriótica" de outras regiões. Ceauşescu parece ter imaginado que se podia "contar" com a classe trabalhadora para conter os "desordeiros". Mas foi precisamente a classe trabalhadora que representou o principal desafio em Timişoara. E quando os famintos trabalhadores de fora, munidos com cassetetes, chegaram afinal à cidade em 21 de dezembro, eles não foram recebidos na estação de trem, nem receberam instruções. Eles foram para casa. Outros retornaram ainda no meio do caminho. Enquanto isso, no entanto, as autoridades centrais continuaram sua forte reação. Ceauşescu também decidiu fazer, no mesmo dia 21 de dezembro, um grande comício em Bucareste para apoiar o regime contra a "interferência estrangeira" (o que significava os protestos supostamente orquestrados em Timişoara). Para isso o aparelho do Partido Comunista fez serão, trazendo de ônibus, até o centro da capital, a antiga Praça do Palácio, dezenas de milhares de trabalhadores das grandes fábricas. As multidões receberam os cartazes de costume. Da varanda do segundo andar do edifício do Comitê

Central, de onde havia discursado para o país tantas vezes antes, o ditador disse aos que estavam abaixo: "Para começar, eu gostaria de lhes apresentar [...] calorosas saudações revolucionárias." Seria mesmo uma revolução.

A corrida bancária alastrou-se a toda a nação. Enquanto Ceauşescu falava, algumas pessoas aparentemente tentaram ultrapassar o cordão ao redor do comício oficial; houve empurra-empurra e um som surdo, talvez de um poste de iluminação caindo. Qualquer que tenha sido a origem do barulho, granadas de gás lacrimogêneo foram lançadas, provocando uma confusão ainda maior. Alguns integrantes da multidão, talvez temendo outro massacre, ou talvez determinados, gritaram: "Timişoara! Timişoara!" Em vez de "Ceauşescu e o povo" (*Ceauşescu şi poporul*), os telespectadores e os ouvintes da rádio começaram a ouvir "Ceauşescu, o ditador" (*Ceauşescu dictatorul*). Antes que os censores cortassem a transmissão ao vivo — eles levaram três minutos para fazê-lo —, os romenos viram um tirano surpreso e assustado, abanando furiosamente as mãos, e ouviram gritos patéticos: "O quê?" e "Calem a boca!". Foi um momento crucial. As forças de segurança ao redor do país tinham sido instruídas a assistir ao discurso pela televisão, para que isso reforçasse seu espírito de luta, e eles, também, testemunharam a vulnerabilidade do regime. Encorajada, uma multidão formada especialmente por jovens ganhou corpo naquela noite, 21 de dezembro, na vizinha Praça da Universidade, declarada pelos manifestantes uma "zona livre de comunismo". Mas as forças de segurança os atacaram com tanques e rajadas de metralhadoras. A notícia do massacre se espalhou por telefone e boca a boca. Na manhã do dia 22, às 10h58, o regime declarou estado de emergência, considerando ilegal qualquer agrupamento com mais de cinco pessoas. Mas centenas de milhares de pessoas já tinham tomado as ruas da capital e voltado a se reunir em frente ao Comitê Central, uma fortaleza sustentada por oito pilares. Eles estavam na iminência da maior de todas as travessias da Romênia.

Centenas de milhares de romenos reunidos no centro de Bucareste contra as ordens expressas de uma ditadura bem-armada já era algo bastante surpreendente. Mas então a rádio e televisão estatais declararam que o ministro da Defesa, coronel-general Vasile Milea, tinha se suicidado com um tiro e era "um traidor". Boatos correram de que Milea tinha sido executado por se recusar a atirar contra a multidão. Suicídio ou execução, o anúncio (inteiramente voluntário) de sua morte e sua associação à traição tiveram o efeito não intencional, mas previsível, de questionar a lealdade do Exército. Nesse dia, Ceauşescu deveria fazer outro discurso pela televisão. Em vez disso, às 11h30 ele mais uma vez se dirigiu à varanda do edifício do Comitê Central. A multidão zombou dele com o slogan "O Exército está conosco". Sapatos, pedras e outros projéteis foram lançados, e o ditador foi forçado a entrar. A multidão começou a atacar o santuário do partido. Do telhado, um superlotado helicóptero de fabricação francesa levantou voo, tornando Ceauşescu um fugitivo — e logo alguém informou a todo o país pela TV. No entanto, em vez de fugir para o exterior, para algum país árabe, como a Líbia, como era esperado, Ceauşescu e seu séquito foram para uma das cidades romenas da província, que eles achavam que estaria calma (aparentemente tendo telefonado primeiro). Na verdade, não havia revolta na grande maioria da Romênia — com exceção, notadamente, de Timişoara, Cluj e Bucareste. Mas o establishment (do modo como era) tinha se paralisado. Muitos altos funcionários centrais nem estavam em Bucareste, tendo sido enviados por Ceauşescu às províncias para manter a ordem nas regiões. Nesse ponto, a chave estava nas mãos dos militares e dos comandantes da segurança.

Deserção sem deserção

Antes de dezembro de 1989, o único desafio sério ao regime de Ceauşescu tinha acontecido dois anos antes, em Braşov, uma cidade saxônia medieval que era o segundo maior centro industrial da Romênia, situada no sudeste da Transilvânia. Em 15 de novembro de 1987, novos cortes salariais por "cotas de produção não alcançadas" (na verdade, a demanda estava baixa) somaram-se a contínuos racionamentos de alimentos e novas reduções no fornecimento de aquecimento e eletricidade, e uma revolta explodiu na fábrica de caminhões Red Flag. Vários milhares de trabalhadores da fábrica com 22 mil funcionários, ao terminarem o turno da noite, reuniram-se para votar nas eleições municipais de domingo, que aconteciam por toda a Romênia. Eles marcharam, mas em direção ao centro da cidade, a uma distância de uma hora. Ao longo do caminho, juntaram-se a eles outros operários da fábrica Tractor, de Braşov, com 25 mil funcionários, que tinham suspendido suas atividades na semana anterior, e pessoas da cidade. Estimativas da multidão na praça principal variam de 5 mil a 20 mil pessoas, talvez refletindo seu crescimento com o tempo. Eles cantaram o hino proibido da revolução de 1848 — *Despertai, romenos* — e gritaram "Queremos pão" e também "Abaixo a ditadura". Alguns manifestantes entraram à força no prédio do partido, descobrindo grandes estoques de alimentos separados para os figurões para comemorar os resultados predeterminados das eleições. Derrubando os móveis, a multidão jogou na praça a comida bem como os retratos de Ceauşescu e acendeu uma fogueira, visível a distância. Com algum atraso, tropas chegaram com cassetetes e viaturas blindadas e esvaziaram a praça. Três pessoas foram mortas e cem, presas.[44]

Em Braşov, após um breve e súbito aumento após as greves, o fornecimento de eletricidade e gêneros alimentícios disponíveis ao público diminuiu ainda mais, e muitos trabalhadores foram obrigados a se mudar para outras regiões. O regime também conseguiu censurar a mídia em relação aos acontecimentos em Braşov. Mas não deu nenhuma resposta à angústia que se originava de sua má administração econômica e à potencial mobilização daqueles em nome de quem ele governava.[45] Por toda a Europa Oriental, mesmo na já industrializada Tchecoslováquia, os comunistas tinham criado seu próprio proletariado, formado predominantemente pelo campesinato. Em 1948, a Romênia tinha meros 3,8 milhões de população urbana, mas em 1980 já eram entre 11 e 12 milhões, o que significava que vários milhões de pessoas tinham se mudado para as cidades, a maioria delas integrando-se à força de trabalho. Em Braşov, três quintos da mão de obra trabalhavam na indústria, frequentemente em fábricas que produziam bens para exportação, portanto estavam entre os mais bem pagos do país, com boas escolas para seus filhos. Mas, como nas demais partes do país, esses proletários tinham começado a se tornar ociosos em virtude da falta de matérias-primas e outros insumos. Então o regime não apenas reduziu seus salários, mas começou a anunciar a necessidade de demissões em massa. Não havia um "mercado" a ser responsabilizado; os trabalhadores culparam o Estado-partido. Em 1987 — a não ser pela ausência de um pastor húngaro catalisador —, Braşov apresentava o mesmo cenário que Timişoara teria em 1989: trabalhadores hostis, muitos deles promovendo agitações, acompanhados por jovens, enfurecidos mas também envergonhados pelo que o regime lhes tinha feito.[46]

"Eventualidades, meu querido, eventualidades", disse o primeiro-ministro britânico Harold Macmillan quando questionado sobre o que poderia tirar um governo dos trilhos. É fato, mas o contexto também importa. A grande diferença entre Braşov, em 1987, e Timişoara (bem como Bucareste), em 1989, foi o rumo dos acontecimentos *fora* da Romênia. Gorbachev — que tinha visitado Bucareste em maio de 1987, a primeira visita de um líder soviético desde Brejnev, em 1976, e retornado em julho de 1989 para uma reunião do Pacto de Varsóvia — tinha evitado, em grande parte, pressionar Ceauşescu publicamente. Mas as reformas do próprio Gorbachev tinham desacreditado ipso facto a tradicional posição da Romênia no Ocidente como suposta heroica desafiadora de Moscou. Agora Bucareste ainda constituía um desafio, mas dissimulada de antirreforma e repressão. Além disso, a Hungria, que no fim de 1987 tinha parado de devolver viajantes romenos sem documentos de viagem válidos, em 1989 já havia aceitado quase 25 mil refugiados da Romênia. Isso representava uma média de trezentas pessoas por semana, e aproximadamente um quarto delas era de etnia romena. E embora as circunstâncias fora da Romênia tivessem ajudado a transformar a situação interna, também é preciso ressaltar o papel ampliado da mídia, tanto a estrangeira como a nacional — o que era inédito.[47] Não apenas "as vozes" (como a BBC, a Radio Free Europe e a Deutsche Welle), mas a mídia de outros países do bloco do Leste agora penetravam o isolamento da Romênia. O resultado foi que, embora a repressão e a censura tivessem essencialmente subjugado os protestos em Brașov em 1987, a sangrenta repressão em Timișoara — cuja notícia foi transmitida para a Romênia — desencadeou novos protestos e tumultos, em Cluj (na Transilvânia) e mesmo na capital.⁴⁸

O regime comunista na Romênia não negociaria seu desaparecimento, como na Polônia; antes, teve de ser (e foi) empurrado à força, como na Alemanha Oriental. No entanto, apesar de toda a coragem demonstrada pelos que arriscaram suas vidas, o Exército iria se mostrar decisivo — precisamente porque não era decisivo. O importantíssimo alto-comando romeno tinha tido uma grande participação nas repressões em Timișoara, Cluj e Bucareste, mas o Exército finalmente parou de defender o regime, primeiro em Timișoara, depois na capital. Milea, o ministro da Defesa, pode ter enviado um telex, na manhã do dia 22 de dezembro, ao comandante regional em Brașov para que não atirasse em civis, assim como Gușă tinha feito, tardiamente e por conta própria, em Timișoara.⁴⁹ Mas Milea estava morto antes que a ordem de retirada de tanques e tropas na capital pudesse ter sido dada. Na manhã de 22 de dezembro, Ceaușescu nomeou o tenente-general Victor Stănculescu como o novo ministro da Defesa. Stănculescu, a ligação do Exército com o Securitate, tinha estado em Timișoara tanto durante o massacre como na subsequente retirada de tropas do centro da cidade; ele tinha retornado a Bucareste apenas na manhã em que foi nomeado novo ministro (Gușă retornou pouco mais tarde nesse mesmo dia). Stănculescu admitiu que tinha ido a um hospital e colocado um gesso na perna, fingindo estar ferido para não proceder às ordens de atirar contra civis. Mesmo assim, ele foi convocado por Ceaușescu. Stănculescu pode ter sido quem acabou por ordenar a retirada das mais de mil tropas do Exército e do Securitate que defendiam a sede do partido central. Ele organizou a fuga de Ceauşescu de helicóptero (que presumivelmente rastreou) e três dias depois estava presente na sala do "julgamento" de Ceauşescu.[50]

Teria o Exército desertado? Ainda não havia para onde o Exército desertar. A Romênia não tinha uma oposição organizada, que dirá um Wałęsa, um Havel ou um Boris Yeltsin. Enquanto isso, no entanto, alguns comandantes de patentes mais baixas, ao saberem da morte suspeita de Milea, ou apenas reagindo aos rápidos acontecimentos, tinham deixado de bloquear as vias da periferia para a praça central da capital. A autoridade estava se desgastando. Certamente, o alto-comando, permanecendo fiel a seus juramentos de serviço, tinha participado de repressões odiosas em Bucareste, na noite de 21 de dezembro. E a morte de Milea pode ter levado alguns a temerem ainda mais por suas vidas, caso desobedecessem. Ainda assim, a incerteza resultante da morte de Milea aparentemente propiciou a deliberação coletiva.[51] No dia 22, alguns comandantes estavam tentando reagrupar suas forças na Praça do Palácio, ou nas proximidades, talvez com a intenção de pedir reforços ou pelo menos de proteger a coesão do Exército: as tropas estavam confraternizando e começando a se misturar às multidões de manifestantes.[52] Talvez nunca venhamos a conhecer a sequência das tomadas de decisão, as exatas motivações e quem emitiu a ordem-chave para não se defender o prédio do Comitê Central, anulando as repetidas ordens de Ceauşescu. Mas de uma coisa sabemos: o alto-comando romeno rejeitou a "solução chinesa" (à moda da Praça de Tiananmen).[53]

Onde estava o infame Securitate? O Securitate era subordinado diretamente a Ceauşescu. Em 1964, Dej, o único no bloco do Leste, tinha conseguido que Moscou afastasse os conselheiros do KGB de dentro do Securitate, o que significava que durante a perestroika faltavam alavancas diretas sobre a polícia de segurança da Romênia. Em 1989, o equivalente do KGB na Romênia parece ter chegado a um número de 38 mil funcionários, incluindo cerca de 23 mil soldados. Acrescente-se a milícia do Ministério do Interior, chegando a 30 mil, e a assim chamada guarda patriótica, outros 12 mil arruaceiros, e isso perfazia um total de 80 mil forças de choque e valentões pagos. Mas a qualquer momento, grande parte dessas tropas poderia estar de fato empregada na construção, e eles também tinham de entrar nas filas por alimentos e outros bens escassos juntamente com os civis. As tropas do Securitate recebiam rações melhores, mas a maior parte das tropas, como os 140 mil soldados do Exército, era de recrutas.[54] Tropas genuinamente de elite eram poucas. Ainda assim, essas forças estavam reunidas e prontas no interior e ao redor do edifício do Comitê Central. Para esses legalistas com cassetetes e armas automáticas, a ideologia romena do antifascismo e do anti-imperialismo (americanos e soviéticos), bem como o recorrente tema de conspirações intervencionistas estrangeiras e um chamado superior a defender a terra natal, era como leite de mãe. Em dezembro de 1989, no entanto, era tarde demais.

Certamente, a polícia de segurança foi um aspecto onipresente e intimidador da vida na Romênia durante todo o ano de 1989 (e depois). O medo que o povo tinha do Securitate era uma força multiplicadora, e inúmeros informantes também ampliavam seu alcance. Mas desde os primeiros dias de terror em massa e da implantação do regime, o Securitate tinha se tornado uma agência principalmente de prevenção ou profilaxia. O registro de todas as máquinas de escrever, o inventário de amostras de caligrafia para uma grande parcela da população, a enorme capacidade de ouvir ligações telefônicas e examinar a correspondência, a criminalização de quaisquer contatos não informados com estrangeiros, a detenção psiquiátrica — tudo isso de repente se provou de pouco valor prático diante de uma população em marcha. Lembremos que o Stasi tinha chegado a um número de 91 mil integrantes, incluindo 16 mil soldados, e isso era mais do que o dobro do tamanho do Securitate — para uma população muito menor (16,4 milhões na Alemanha Oriental, quase 23 milhões na Romênia) —, mas o Stasi também não tinha sido capaz de impedir o colapso do regime. "O Securitate", escreveu seu principal estudioso, era um "estado de espírito", o que significava que seu poder funcionava quando as pessoas acreditavam que funcionava. Portanto, por definição, o Securitate foi menos eficaz quando as enormes multidões se formaram, especialmente depois que o Exército deixou de agir e o "Gênio dos Cárpatos" fugiu.[55]

Sociedade civil, finalmente possível

"*Olé, olé, olé, olé, Ceauşescu nu mai e*" (Ceauşescu não mais) — assim cantaram os romenos, ao estilo de uma partida de futebol, depois que o tirano fugiu. Ainda assim, seu paradeiro imediato e suas intenções continuaram tema de rumores desenfreados. Nas ruas da capital, tiroteios e batalhas estridentes entre vários agrupamentos de homens uniformizados se intensificaram por dias. Mais de novecentas das 1.100 mortes registradas durante a revolução romena aconteceram depois do dia 22 de dezembro. Esta foi uma motivação para o julgamento e para a execução sumária de Ceauşescu em 25 de dezembro: ninguém deveria pensar que ele poderia voltar ao poder.

Mas, mesmo então, o país continuava iludido sobre o que tinha acontecido, quem tinha feito o que, quando e o que poderia acontecer em seguida. Tismăneanu chamou o comunismo romeno, muito apropriadamente, de "uma interminável sucessão de conspirações, vinganças e assassinatos".[56] Somando-se ao clima de intriga, as grosseiras memórias do desertor Ion Mihai Pacepa, ex-vice-chefe da inteligência estrangeira romena, foram apresentadas em série na Radio Free Europe, em língua romena, envolvendo Ceauşescu em chantagem, sequestro, tráfico de drogas, terrorismo e assassinato. Espalharam-se assombrosos rumores sobre a descoberta de 4.630 corpos em Timişoara; o número real de mortes foi 75, mas o regime tinha alimentado os boatos ao lacrar o necrotério local para esconder o massacre e transferir quarenta corpos para Bucareste para serem cremados. Também havia histórias de labirintos secretos sob a capital e de um golpe de Estado há muito planejado.

Não houve, no entanto, um golpe planejado em 1989, e nem um contragolpe.[57] A sociedade incivil da Romênia era inadequada para encenar um golpe. Alguns oficiais do Securitate vestiram uniformes do Exército (os dois uniformes da organização eram, de qualquer modo, semelhantes); na confusão, muitos franco-atiradores não usavam uniformes. Alguns atiradores talvez estivessem agindo sozinhos, cumprindo uma missão imaginada, em nome dos "guardas patrióticos". O regime tinha mandado armazenar armas para o caso de uma emergência, e muitas foram distribuídas durante os episódios. Em meio ao caos, cadetes da escola militar foram despachados para tomar o aeroporto de Budapeste, porém ele já estava na mão do Exército e 48 cadetes foram massacrados. Uma unidade de forças especiais foi enviada para tomar o Ministério da Defesa, mas as tropas já estavam lá e elas acharam que os recém-chegados eram atacantes e os mataram.[58] Em outras palavras, a polícia comunista romena se desintegrou. Um dia tudo parecia sólido, como a fachada de granito de um banco. No seguinte, as pessoas faziam fila solicitando retiradas imediatas. E ao verem isso, outros também quiseram sacar, criando uma espiral. Não foi aleatório, mas também não foi organizado. Foi completamente inesperado e aparentemente inevitável. Como na Alemanha Oriental, a revolução na Romênia tinha assumido a forma de uma corrida bancária ao regime. Timişoara tinha feito com o regime de Ceauşescu o mesmo que Leipzig havia feito ao de Honecker.

O avanço para uma revolução com a participação das massas tinha ocorrido na Romênia apesar de, até 1989, o país não ter tido quase nenhuma organização independente, que dirá algum tipo de "sociedade civil incipiente". Os romenos sob o comunismo demonstravam pouca confiança nas organizações — com boas razões. As organizações eram opressivas: elas coagiam implacavelmente as pessoas a fazerem e dizerem coisas de acordo com as ordens do regime. E, no entanto, nesta terra do Securitate, grandes manifestações tinham irrompido e se sustentado. Durante a revolução, nada era organizado — a não ser as igrejas, como a pequena congregação em Timişoara, e as grandes fábricas nesta e em outras cidades industriais. Em outras palavras, os trabalhadores não tinham sindicatos independentes, mas tinham seus locais de trabalho. "O único lugar onde os manifestantes puderam se reunir de antemão", escreveu o estudioso Peter Siani-Davies sobre Timişoara, em 1989, "foi seu local de trabalho". Foi dali que os manifestantes partiram para as ruas. "Portanto, com alguma ironia", concluiu, "pode-se dizer que Ceauşescu foi derrubado por protestos em massa que brotaram de uma forma organizacional, a fábrica, que o comunismo tinha elevado a centro real e mítico do Estado".[59] Alguns ensaios gerais, inclusive de vandalismo, tinham acontecido durante partidas de futebol. Colocando a questão de outra forma, a Romênia tinha uma sociedade, mas não uma sociedade civil. Parte-se para a revolução com a sociedade que se tem.

No estúdio da televisão estatal, o novo governo anunciou-se como a Frente de Salvação Nacional. Apesar de alguns antecedentes ambíguos anteriores a 1989, a heterogênea frente era uma formação pós-colapso — essencialmente a ala reformista do Partido Comunista romeno, que nunca existiu (enquanto havia um partido), com a participação de alguns dissidentes e outros.[60] Mas como no caso do Novo Fórum da Alemanha Oriental, que possivelmente serviu de modelo aos romenos, os primeiros murmúrios vagos da Frente de Salvação Nacional a respeito de um socialismo melhorado foram esquecidos o mais rapidamente possível. Em vez de um Anschluss ou de uma anexação, como no caso da Alemanha Oriental pela Alemanha Ocidental, na Romênia, as camadas mais altas da sociedade incivil foram afastadas pelos segundo e terceiro escalões em rápido crescimento — um movimento pela continuidade da ordem e do Estado sem a dinastia governante. A coleção de roupas de Elena Ceaușescu foi doada à última colônia de leprosos ainda existente na Europa.[61] A nova bandeira revolucionária era a velha bandeira tricolor (azul, amarelo e vermelho), mas com um buraco cortado no meio, onde a insígnia comunista tinha estado. Na televisão estatal, em 22 de dezembro, Mircea Dinescu (1950-), apelidado de "Poeta Bufão", tinha aparecido e exclamado: "Deus voltou a olhar para a Romênia." Alguns meses antes, Dinescu, filho de operários de fábrica, havia dito a um jornal de esquerda francês, o *Libération*, que Deus tinha dado as costas para a Romênia, e por isso tinha sido expulso do partido e demitido de seu cargo na principal revista literária do país.[62] Com a revolução, o Poeta Bufão foi eleito chefe do Sindicado dos Escritores da Romênia (1990-1996) — que, como tudo o mais, sobreviveu até a nova era.

As violências e os tumultos continuaram até 1990, quando trabalhadores armados com cassetetes e pés de cabra — as esperadas tropas de choque de Ceauşescu — materializaram-se tardiamente, levadas para esmagar os que se opusessem ao novo regime por seu visível excesso de ex-membros do Partido Comunista. Ceauşescu e sua esposa estavam entre os muito poucos que foram processados pelo que aconteceu durante a era comunista. (Seu filho Nicu, antigo herdeiro aparente, morreu em 1996, aos 45 anos, de sangramento no esôfago em consequência de cirrose hepática.) Mas a violência e as acusações de neocomunismo — previsíveis em termos de pessoal — obscureceram o fato crucial de que a economia planificada tinha terminado. A legislação da propriedade privada e o mercado mudaram fundamentalmente as possibilidades para a sociedade romena. Em 1990, o ativista Gabriel Andreescu (1952-) — que desde 1984 vinha escrevendo cartas, corajosamente, a organizações estrangeiras de direitos humanos em nome de romenos presos, tendo ele próprio sido preso por traição em 1987 — contou a um correspondente americano que "a coisa mais importante neste momento é criar uma sociedade civil". Com isso ele queria dizer "sindicatos livres, imprensa livre, muitas estruturas diferentes", que deveriam acompanhar a nova democracia eleitoral. "Até que a Romênia tenha uma sociedade civil, as eleições não têm sentido", concluiu, acrescentando que os partidos políticos deveriam proclamar a liberdade, mas "somente uma sociedade civil pode assegurá-la".[63] Após a revolução de 1989, Andreescu fez a sua parte, criando uma organização legal de direitos humanos na Romênia, que teve muito trabalho a fazer. Um Estado liberal não acontece sem esforços.

IV

COMO SE

Entre os chefes políticos na Polônia que se vangloriavam para os superiores de que seus esforços para implantar o comunismo tinham sido bem--sucedidos, um funcionário estava particularmente orgulhoso. "Em meu distrito", relatou, "o número de pessoas que frequentam regularmente a igreja caiu para 85%".

Bronisław Geremek, um conselheiro do Solidariedade, disse que um livro que ele tinha escrito sobre a França medieval não poderia ser publicado porque as autoridades comunistas polonesas tinham objetado uma única palavra apenas em toda a obra. Inquirido sobre que palavra era essa, ele respondeu: "Geremek."

A defesa da liberdade da Polônia precipitou a Segunda Guerra Mundial na Europa, em 1939, mas, em consequência de acordos entre os Três Grandes, nas conferências de Teerã (1943) e de Ialta (1945), o país caiu numa esfera de influência soviética. A fronteira ocidental da Polônia estendia-se sobre o que tinha sido território alemão, enquanto suas regiões orientais — mais ou menos o que os soviéticos tomaram a partir do Pacto Hitler-Stalin em 1939 — foram incorporadas à URSS (em contravenção à Carta do Atlântico que Winston Churchill e Franklin Roosevelt anunciaram em 1941). As eleições livres pós-guerra não aconteceram na Polônia, conforme especificado nos Acordos de Ialta. Władysław Gomułka (1905-82), primeiro-secretário do Partido dos Trabalhadores Unidos polonês — como o Partido Comunista era conhecido —, dirigiu algumas palavras bem francas a Stanisław Mikolajczyk (1901-66), o líder do Partido Camponês e ex-primeiro-ministro do governo no exílio, que voltara de Londres para Varsóvia e se juntara ao chamado Governo Provisório da Unidade Nacional. "Você pode gritar o quanto quiser que o sangue da nação polonesa está sendo derramado, que o NKVD governa a Polônia", segredou Gomułka a Mikolajczyk durante um intervalo nas negociações, "mas isso não vai nos desviar de nosso caminho — uma vez que tivermos assumido o poder, jamais desistiremos dele".[1] No entanto, foi exatamente isso que aconteceu na primavera de 1989 em consequência das negociações de mesa-redonda entre o establishment comunista e a oposição polonesa.

A Polônia era diferente.[2] Apesar de os camponeses resistirem ferozmente à coletivização da agricultura em toda parte, somente na Polônia o partido abandonou o processo (em 1956), de modo que a esmagadora maioria das terras cultivadas da Polônia (80%) voltou para suas famílias, com apenas 1% delas organizado como fazendas coletivas (e o restante como fazendas estatais).[3] Tal classe camponesa independente era única no bloco do Leste (e equiparada apenas pela China, quando dissolveu suas comunas, no início dos anos 1970). Além disso, em consequência da guerra assassina de Hitler e das mudanças de fronteira de Stalin, a Polônia tinha se tornado um país quase universalmente católico, e a maioria das pessoas frequentava a igreja, incluindo — muitas vezes às escondidas — membros do partido. Em 1977, após sofrer três décadas de contínua pressão administrativa e fiscal, a Igreja na Polônia tinha 20 mil sacerdotes e 27.600 freiras — muitos milhares mais do que durante o período pré-comunista entreguerras. A Polônia comunista estava organizada em quase 7 mil paróquias, bem como 27 dioceses supervisionadas por 77 bispos, com cerca de 10 mil igrejas e 4 mil capelas. Quase 5 mil estudantes estavam matriculados em 44 seminários católicos superiores, enquanto outros 1.400 estudavam na Academia Teológica Católica e 2.500 na Universidade Católica em Lublin — a única instituição católica de ensino superior no mundo comunista.[4] Em 1978, o arcebispo de Cracóvia, Karol Józef Wojtyła (1920-2005), tornou-se o primeiro papa não italiano em 455 anos e o primeiro papa polonês.

Não menos característica era sua classe trabalhadora militante (que a industrialização comunista havia aumentado grandemente). Ao contrário das explosões pontuais na Alemanha Oriental (1953), na Hungria (1956), na Tchecoslováquia (1968) e (em menor escala) na Romênia (1977), as irrupções na Polônia eram recorrentes. Em Poznań, em 1956, uma greve no gigantesco Complexo Metalúrgico Joseph Stalin contra um novo sistema de cálculo salarial levou mais de 100 mil trabalhadores (de um total de 380 mil pessoas na cidade) a marchar até a Praça Adam Mickiewicz, onde, em frente ao antigo castelo real, cantaram "Temos fome", "Abaixo a burguesia vermelha". Cerca de setenta pessoas foram mortas e muitas centenas foram feridas quando a sociedade incivil promoveu uma das mais sangrentas repressões na história do bloco do Leste sem o envolvimento de tropas soviéticas.[5] Mas novas ondas de greve e manifestações aconteceram em 1968, 1970, 1976 e 1980, como variações em um eletrocardiograma da sociedade incivil. Os trabalhadores da Polônia desenvolveram formas organizacionais poderosas — acima de tudo, comitês de greve eleitos entre fábricas — que culminariam em um sindicato independente (não comunista) conhecido como Solidariedade.[6] Numa conquista semelhante, no outono de 1976, 14 membros da intelligentsia fundaram um Comitê de Defesa dos Trabalhadores (Komitet Obrony Robotników, ou KOR). Eram homens e mulheres de diferentes gerações e diferentes biografias políticas: um escritor muito conhecido, uma atriz famosa, um jovem e um velho professor universitário, dois promotores aposentados, dois oficiais do Exército Interno, um padre, alguns estudantes ativistas e uns poucos dissidentes radicais. Tornando públicos seus nomes, endereços e números de telefone, eles convidaram trabalhadores perseguidos e suas famílias a entrarem em contato com eles para obter ajuda.[7] "Não queimem seus comitês", exclamou Jacek Kuroń (1934-2004), do KOR, na sequência de greves e tumultos de 1976. "Estabeleçam o seu!"[8]

Elevando-se de uma penumbra de semi-ilegalidade, várias atividades se aglutinaram. O KOR associou a assistência fornecida por cidadãos a uma contabilidade pública de atos de injustiça por meio de publicações não censuradas, o *KOR's Communiqué* e *Information Bulletin*. Este samizdat rompeu de modo duradouro o monopólio da sociedade incivil sobre a circulação de ideias e informações, ajudando a abrir as comportas. Oposicionistas com ideias nacionalistas criaram o Movimento de Defesa dos Direitos do Cidadão e Humanos, enquanto conservadores católicos fundaram o Movimento para a Jovem Polônia. Surgiram os jornais alternativos intelectuais — *Res Publica, Zapis, Krytyka* — e também os práticos, como *Robotnik* (O Trabalhador), no qual a Carta de Direitos dos Trabalhadores foi impressa em 1979; assinado por mais de cem ativistas de todo o país e circulando com mais de 100 mil cópias, ele teria um impacto direto sobre o Solidariedade.[9] A mais bem-sucedida editora independente, fundada por Mirosław Chojecki (1949-) e conhecida por seu acrônimo NOWa ("nova"), pôs em circulação mais de sessenta obras e reimpressões de autores poloneses eminentes, mas banidos — Czesław Miłosz, Witold Gombrowicz, Aleksander Wat, Leszek Kołakowski —, com tiragens de vários milhares de exemplares. No fim de 1977, surgiu a assim chamada universidade volante (logo conhecida como Sociedade de Cursos Científicos). Reuniões em apartamentos ou edifícios de igrejas oferecidos por padres solidários destacavam importantes pensadores censurados, como Tadeusz Mazowiecki (1927-), o editor do periódico católico mensal de Varsóvia *Więź* (Elo), e Bronisław Geremek (1932-2008), que oferecia lições cívicas e não comunistas de história polonesa.

A oposição singular da Polônia tornou-se a única contraelite do bloco e era composta não apenas por intelectuais e clérigos, mas também por trabalhadores. Ela se baseava em uma tradição inequivocamente forte de resistência à Rússia, incluindo as malsucedidas rebeliões de 1830-31 e 1863 contra o governo czarista — que levou à construção de uma nação pacífica e sem Estado conhecida como "trabalho orgânico" — e uma bem-sucedida guerra, em 1919-20, pela independência nacional contra os bolcheviques.[10] (Marx havia chamado a Polônia de "indigesta".) Mais que tudo, a oposição descobriu uma estratégia extraordinária: agir "como se" a Polônia já fosse um país livre. "Tão logo eles começaram a agir 'como se', o 'como se' começou a desvanecer", observou o escritor americano Jonathan Schell. "Então eles de fato *estavam* defendendo o trabalhador (e frequentemente com sucesso), ou dando uma palestra, ou publicando um livro. Não era 'como se' fosse um livro, *era* um livro, e logo as pessoas estavam lendo-o de fato." Certamente, reconheceu Schell, "no país como um todo o 'como se' não desapareceu. Isso ficava claro quando um livro era confiscado, ou uma palestra era interrompida pelo esquadrão de brutamontes do governo, ou o trabalhador inocente era mandado para a prisão". Mesmo assim, "nos arredores imediatos da ação — e esses arredores se expandiam continuamente conforme o movimento crescia — o 'como se' não era fingimento".[11] Esse projeto de autoemancipação social seria chamado, por seus proponentes, de "sociedade civil". Milagrosamente, ele pareceu uma realidade quando as ondas de greve e cortejos religiosos convergiram, no início de agosto de 1980, e a nação vivenciou 16 meses inéditos de um sindicato nacional independente, o Solidariedade, presidido por um eletricista, Lech Wałęsa, com dezenas de milhares de outros novos líderes nos níveis de base e intermediários. Mas a estratégia antitotalitária do "como se" foi possível somente porque a oposição tinha rejeitado a ideia de reforma ("socialismo com face humana") e começou a ver o sistema como "totalitário".

Ao mesmo tempo, o efetivo sistema comunista que eles estavam desafiando era o país *menos* totalitário no bloco, com valores não comunistas, espaços públicos e até instituições.

Por tudo isso, o governo comunista na Polônia durou quatro décadas e sem precisar de um único episódio de intervenção armada soviética. Além disso, ao longo da maior parte de 1989, nem o establishment nem a oposição suspeitavam de que o fim estava próximo. Em dezembro de 1981, a sociedade incivil tinha imposto com sucesso a lei marcial, mandando o Solidariedade e a sociedade civil "como se" para a prisão ou para a clandestinidade. O monopólio comunista estava restaurado. Mas a economia continuava quebrada por causa do devastador estilo de empréstimos do Ocidente para tentar acalmar o povo inquieto, e por sua incapacidade de conquistar mercados de exportação para seus bens. Em novembro de 1987, a sociedade incivil encenou um referendo com a intenção de legitimar duras medidas econômicas, consultando o povo para saber se ele desejava uma reforma econômica e política. Mas se menos de 51% dos votantes *elegíveis* dissessem sim, o esforço seria invalidado. O chamado a um boicote total, feito pelo Solidariedade (então ilegal), passou despercebido, mas os que votaram "não" somaram-se aos que ficaram em casa, formando uma maioria simples; a sociedade incivil perdeu seu próprio plebiscito.[12] Então veio uma nova onda de greves na primavera de 1988. Geremek, historiador medieval e conselheiro do Solidariedade, sugeriu publicamente ao regime que ele iniciasse discussões para chegar a um "pacto anticrise". Após novas greves em agosto, o general Wojciech Jaruzelski, primeiro-secretário do partido e presidente do Conselho de Estado, manipulou o politburo para que concordasse com um "diálogo" que pretendia manipular a oposição.

A mesa-redonda polonesa foi transformadora para todo o país (e para outros no bloco do Leste — a mesa-redonda da Hungria, que ocorreu na sequência, produziria eleições muito mais livres). Mas a mesa-redonda entre as sociedades civil e incivil da Polônia, de fevereiro a abril de 1989 — 13 grupos de trabalho e 94 sessões —, não foi nem iniciada nem usada como um fim para o sistema. A sociedade incivil buscava uma saída milagrosa para a catástrofe econômica; o Solidariedade ("sociedade civil") buscava voltar à legalidade e, embora ciente da necessidade de abordar a terrível condição econômica da Polônia, permanecia cauteloso em assumir responsabilidade. As turbulentas e tensas negociações produziram um projeto de eleições livres para junho, por meio do qual o sindicato tornava-se legal e a sociedade incivil se assegurava no poder. No entanto, por causa de um complicado plano processual, o voto produziu um referendo negativo sobre o governo do partido. O Solidariedade, com efeito, ganhou. Os principais representantes do establishment na mesa-redonda e em seus desdobramentos, generais Jaruzelski e Czesław Kiszczak, o ministro do Interior, mantiveram o total controle operacional de um formidável aparelho de repressão, mas se abstiveram de voltar a impor a lei marcial. A circunstância de terem recorrido à repressão em 1981 apenas para se verem no mesmo apuro oito anos depois pode tê-los contido. Em 19 de agosto de 1989, Jaruzelski pediu ao candidato do Solidariedade Tadeusz Mazowiecki para formar um governo liderado pela oposição. Os dois grupos de protagonistas, civil e incivil, surpreenderam-se repetidas vezes com os resultados dos passos que cada um deles vinha dando para evitar o que efetivamente aconteceu: o establishment comunista não quis abrir mão do poder; a oposição não quis reivindicá-lo. Como e por que uma sociedade incivil ainda armada cedeu o controle das instituições do Estado a uma oposição que afirmava ser a sociedade civil?

Totalitarismo

Ao fim da Segunda Guerra Mundial, mais de um terço dos residentes urbanos da Polônia estava morto. O país tinha perdido mais da metade de seus advogados, dois quintos de seus médicos e um terço de seus professores universitários e clérigos católicos romanos. Também tinham desaparecido muitos dos funcionários públicos, oficiais do Exército, esportistas, artistas, professores do ensino médio, jornalistas e engenheiros do país. Entre essas perdas estava um amplo estrato de judeus poloneses bem-educados e integrados que tinham sido mortos no holocausto: só em Varsóvia foram 500 mil judeus. Apesar da crueldade nazista — ou talvez por causa dela —, os poloneses montaram o mais impressionante movimento de resistência na Europa ocupada. Além de uma organização militar clandestina, o Exército Interno, que no seu auge contava com cerca de 300 mil membros, uma elaborada rede de instituições foi instalada na Polônia ocupada e conhecida coletivamente como Estado clandestino. Este "Estado" clandestino incluía partidos políticos, uma administração paralela chefiada por um representante exilado do governo legal polonês, que residia em Londres, uma imprensa (foram contados mais de 2 mil títulos), um sistema escolar e uma rede de assistência social.[13]

A espoliação nazista foi complementada pelos soviéticos. Dezesseis dias depois de Hitler invadir a Polônia, em 1º de setembro de 1939, Stalin e o Exército Vermelho invadiram a Polônia pelo leste. Em março de 1940, o politburo soviético emitiu uma ordem de execução para 21.857 detentos e prisioneiros de guerra poloneses; 4.421 foram enterrados em valas comuns em um lugar chamado Katyń, não muito distante de Smolensk. A maioria das vítimas era de oficiais da reserva mobilizados apenas em tempos de guerra, isto é, profissionais com títulos universitários. Depois que Hitler invadiu a União Soviética em junho de 1941, os soviéticos mudaram de tática e permitiram que os poloneses aparelhassem unidades militares para lutar contra os alemães. Mas ninguém conseguia localizar os milhares de oficiais que tinham sido feitos prisioneiros pelos soviéticos e que na primavera de 1940 desapareceram sem deixar vestígios. No início de 1943, uma unidade de comunicações alemã estacionada num antigo recinto da polícia de segurança soviética (NKVD) desenterrou de valas comuns os restos de oficiais poloneses executados. Eles tinham sido enterrados com seus uniformes, muitos com buracos de bala na base do crânio e com cartas de casa ainda nos bolsos. Os soviéticos negaram descaradamente sua responsabilidade no assassinato em massa, jogando a culpa nos nazistas.[14] As mentiras sobre Katyń durante todo o período comunista negaram à sociedade incivil uma narrativa persuasiva e legitimadora sobre a guerra.

Sob dupla ocupação durante e após 1939, a população polonesa vivenciou diretamente as comparações entre nazistas e soviéticos muitos anos antes que professores de Harvard e outros institucionalizassem o paradigma do "totalitarismo" que associava os regimes soviético e nazista. Duzentos e cinquenta mil poloneses morreram entre agosto e setembro de 1944 durante a Revolta de Varsóvia, quando a clandestinidade antinazista polonesa procurou libertar o país dos alemães antes da chegada dos soviéticos. Nazistas que tinham recuado voltaram e gastaram recursos consideráveis para aniquilar os poloneses e reduzir sua capital a escombros, enquanto o imenso Exército soviético estava acampado ao longo do rio Vístula. Outras 30 mil vidas foram ceifadas por uma guerra civil de baixa intensidade entre esquerdistas e direitistas que continuou na Polônia por vários anos após a derrota do Terceiro Reich — até o congresso de "unificação", em dezembro de 1948, dos partidos comunista e socialista, o que resultou assim na formação do chamado Partido dos Trabalhadores Unidos polonês, sob cuja bandeira os comunistas governariam. Seguiram-se o terror generalizado contra supostos inimigos políticos e a brutalidade da coletivização. A drástica reorganização social na Polônia durante e imediatamente após a Segunda Guerra Mundial foi incomparável, até mesmo pelos padrões nazista e soviético.

Ao mesmo tempo, milhões de poloneses foram beneficiados pela expansão econômica promovida pelo Estado e pela abertura do sistema de educação superior a todos que não tinham podido obtê-la no passado. Aproximadamente um milhão de camponeses se mudou da zona rural para as cidades de 1947 até 1950, e entre 1949 e 1955 o emprego nas indústrias cresceu de 1,8 milhão para 2,8 milhões. O modelo de industrialização preferido era construir grandes fábricas nas periferias das grandes cidades. Unir-se à classe operária era um passo a mais na escalada social para os jovens camponeses pobres, mas a construção de prédios de apartamentos nunca atendeu a demanda, e jovens proletários eram com frequência confinados por anos em dormitórios comunitários, com pouca oportunidade de iniciar uma vida de família ou encontrar entretenimento decente. O alcoolismo tornou-se não apenas um problema de saúde pública, mas um impedimento à segurança e a um adequado desempenho no trabalho. As fileiras do partido, na costumeira mistura indecifrável de entusiastas e oportunistas, dispararam de 20 mil em julho de 1944 para 555 mil no início de 1947. Finalmente, o partido na Polônia registraria mais de 3 milhões de membros, cerca de 8% da população.

A sociedade incivil polonesa mirava ferozmente a influência da Igreja Católica. As autoridades confiscaram propriedades da Igreja, assumiram o controle sobre sua organização de assistência, a Caritas, e semearam discórdia em suas fileiras patrocinando um "movimento de padres patrióticos". (No auge do stalinismo, um em cada dez clérigos católicos, muitos chantageados pela polícia de segurança, participou deste "movimento" patrocinado pelos comunistas.) Os comunistas também promoveram uma organização católica leiga, a Pax (Paz), chefiada pela principal juventude fascista do pré-guerra, agora uma colaboradora comunista. Tornou-se quase impossível obter permissão para reformar ou construir uma igreja (com frequência os residentes locais construíam santuários por conta própria, sem autorização para a obra). A morte de Stalin, em 1953, debilitou de forma inesperada a ofensiva contra a Igreja (e contra a classe camponesa); mesmo assim, um julgamento de fachada de um bispo com base em acusações fabricadas foi encenado em setembro de 1953 (ele pegou 12 anos de prisão). O cardeal Stefan Wyszyński (1901-81), filho de organista e primado da Igreja Católica desde o fim de 1948 na Polônia, foi colocado sob "prisão domiciliar" num distante claustro na montanha. Ainda assim, um amplo movimento político foi deflagrado pela fuga para o Ocidente de um coronel da polícia de segurança, em dezembro de 1953. Józef Światło (1915-75) era chefe adjunto do Ministério de Segurança Pública, departamento que controlava membros de alto escalão do partido, e ele próprio prendera o primeiro-secretário do partido, Władysław Gomułka, em 1951. O coronel tinha conhecimento de segredos de Estado, inclusive dos assuntos particulares da elite, e suas transmissões pela Radio Free Europe, que começaram em setembro de 1954, foram acompanhadas avidamente na Polônia e abalaram a confiança de um establishment acostumado a funcionar por trás de um véu de absoluto segredo.

A Polônia iniciou uma desestalinização precoce. Em 1954, o aparelho de segurança estalinista foi desmantelado e vários de seus notórios funcionários foram presos; alguns prisioneiros políticos, soltos. Em dezembro de 1954, Gomułka (preso durante o stalinismo por "desvio nacionalista") foi liberado. A partir de 1955, clubes de discussão da intelligentsia surgiram em muitas cidades, sendo o mais famoso o Crooked Circle [Círculo Torto], em Varsóvia, onde vários oposicionistas proeminentes em décadas futuras começavam a atuar. Um semanário político da intelectualidade, chamado *Po Prostu* (Falando simplesmente), tornou-se um fórum de reportagens e comentários críticos. Então veio o "discurso secreto" de Nikita Khrushchev denunciando os "erros e distorções" de Stalin em uma sessão fechada do 20º Congresso do Partido da União Soviética, em fevereiro de 1956, seguido pela morte súbita, por ataque cardíaco, do líder do partido da era Stalin na Polônia, Bolesław Bierut (1892-1956). No contexto do funeral e da sucessão de Bierut, Khrushchev fez um segundo discurso secreto improvisado em Varsóvia, em 20 de março de 1956, numa reunião do partido polonês.[15] Os poloneses decidiram divulgar amplamente o discurso de Khrushchev, uma decisão única no bloco do Leste, e entre o fim de março e o começo de abril, milhares de reuniões do partido ocorreram por toda a Polônia analisando temas que antes eram tabus nas relações entre poloneses e soviéticos (o Pacto Hitler-Stalin, o massacre de Katyń). Futuros reformadores poloneses afastaram-se de um plano de discussão, fora do partido, do discurso secreto antes mesmo de junho de 1956, quando a cidade industrial de Poznań explodiu em greves e rebeliões ocasionadas pela falta de alimentos.

A sociedade incivil reprimiu sem piedade os trabalhadores, mas também desistiu numa frente ampla. A coletivização foi interrompida pelo partido e depois abruptamente revertida pelos camponeses, muito mais rápido do que o partido tinha esperado. Licenças para construção de igrejas começaram a ser emitidas sem problemas (uma simbólica representação católica também foi convidada a se sentar no parlamento, ou Sejm).[16] O cardeal Wyszyński — que em abril tinha recusado um acordo para retornar a Varsóvia, enquanto outros bispos permaneceriam afastados de suas dioceses, dizendo "Eu posso ser o último a voltar, mas nunca o primeiro"[17] — foi solto juntamente com outros em outubro. Nesse mesmo mês, Gomułka foi reinstalado como primeiro-secretário, sob aclamação popular. Khrushchev e um séquito de pesos-pesados do politburo soviético tinham voado inesperadamente para Varsóvia na noite da sessão plenária decisiva polonesa, ofendendo Gomułka e seus colegas ainda na pista do aeroporto. (A notícia de seu tratamento grosseiro, testemunhado por motoristas e outros presentes, espalhou-se de imediato por Varsóvia.) Após a visita, no entanto, os soviéticos partiram com a certeza de que o novo líder polonês era um comunista fiel (em vez de um patriota polonês), e Khrushchev ordenou que as unidades do Exército soviético que já estavam a caminho de Varsóvia retornassem para seus quartéis. "Os que são contra o socialismo", disse Gomułka, "são contra a Polônia". A aposta de Moscou em Gomułka, em 1956, pode ter sido ditada pela necessidade percebida pelos soviéticos de intervir militarmente contra Imre Nagy na Hungria; ou a confiança numa figura polonesa no ano de crise permitiu aos soviéticos intervir na Hungria. Seja como for, a Polônia escapou de uma repressão.

Mas o retorno triunfante de Gomułka em 1956 (o "outubro polonês") provou-se uma era não de reformas, mas de "aperto". O Crooked Circle da intelligentsia seria fechado após sete anos de existência.[18] A ala reformista do partido seria confinada principalmente às páginas do periódico do partido, o *Polityka*, fundado em 1957 e editado por mais de duas décadas por Mieczysław Rakowski (1926-2008), filho de um afável camponês (e futuro primeiro-secretário). A Igreja Católica especialmente estava na mira, mas demonstrou sua resistência contra a sociedade incivil. "Na consciência popular", havia se queixado Jakub Berman (1901-84), o principal ideólogo de Bierut nos anos 1950, a Igreja "é o baluarte da tradição e da cultura polonesas, a mais completa expressão da 'polonesidade'".[19] De fato, em 1956, após sua liberação, o cardeal Wyszyński — que tinha se tornado um místico mariano durante seu confinamento — embarcou numa renovação da fé do país reconsagrando a nação a Maria, mãe de Deus e rainha da Polônia (repetindo os votos do rei Jan II Kazimierz três séculos antes). Na perspectiva do milênio da conversão da Polônia ao cristianismo, em 1966, o primado organizou uma "Grande Novena" de nove anos que envolveu milhões de pessoas numa reflexão sobre os valores morais da Polônia e seus pecados. Uma réplica do mais importante símbolo religioso do país, a Virgem Negra (também conhecida como Nossa Senhora de Częstochowa), do mosteiro em Jasna Góra (Monte Claro), visitou todas as paróquias. Peregrinações ao ícone sagrado levaram centenas de milhares de fiéis ao mosteiro todos os anos; depois, em 1966, a pintura original foi levada pelas estradas, saindo da catedral da antiga capital polonesa Gniezno. Apesar das assustadoras e inconstantes proibições por parte da sociedade incivil, a Virgem Negra atraiu multidões a enormes missas católicas ao longo de sua rota pelo país.[20]

Wyszyński acabou por liderar a Igreja na Polônia por 33 anos, por muito mais tempo do que qualquer primeiro-secretário liderou o partido polonês. Sua não violenta mobilização pastoral "Grande Novena" foi inédita na história do cristianismo moderno. Também fazia uso de uma conhecida estratégia polonesa — que remontava às lutas do século XIX sob governos estrangeiros — de acomodação política associada à construção da nação; nesse caso, cada vez mais camponeses e trabalhadores vivendo sob o comunismo, mas louvando a Cristo. Os maiores, e às vezes os mais novos, prédios em muitas cidades foram transformados em igrejas e as vias de acesso do país forradas de santuários à Virgem Maria, normalmente com ofertas de flores frescas. O primado também fomentou os clubes leigos da intelligentsia católica, bem como a Universidade Católica de Lublin. Seus esforços ajudaram a produzir um dinâmico concílio e um clero jovem muito culto, incluindo Karol Wojtyła.[21] A Igreja na Polônia começou a falar, com insistência cada vez maior, não apenas sobre justiça social e dignidade do trabalho — valores também do regime —, mas sobre valores morais absolutos e universais, a inviolabilidade da consciência individual, e a fé na encarnação de Deus em Cristo como alicerce do humanismo genuíno. (Estes seriam os temas dos sermões de Wojtyła em sua primeira visita ao país como papa João Paulo II.) Durante as severas repressões contra os trabalhadores em 1976, as quais originaram o KOR, Wyszyński escreveu uma carta ao regime insistindo que "os trabalhadores que participaram nos protestos devem ter seus direitos e suas posições sociais e profissionais restauradas; os ferimentos que sofreram devem ser compensados; e os que foram condenados devem ser anistiados".[22] No ano seguinte, Adam Michnik escreveu um importante livro, publicado em polonês pela emigração em Paris, intitulado *The Church, the Left: A Dialogue* [A Igreja, a esquerda: um diálogo].[23]

Michnik, nascido em 1946 numa família de comunistas judeus do pré-guerra, era um estudante que não se filiou à Organização Jovem Socialista nem ao Partido Comunista, passou, no total, seis anos em prisões comunistas e se tornou o mais influente ensaísta da oposição. Em 1966, ele e outros estudantes da Universidade de Varsóvia tinham organizado uma reunião comemorativa pelo décimo aniversário do Outubro de 1956 com suas esperanças de reforma socialista. Como palestrante eles convidaram o então icônico representante do marxismo aberto, Leszek Kołakowski (1927-2009), seu professor de filosofia, que criticou Gomułka por abandonar os "ideais de outubro de 1956". A reunião foi secretamente gravada pela polícia de segurança, e Kołakowski foi expulso do partido.[24] Michnik foi suspenso, mas uma carta protestando contra esta decisão foi assinada por mais de mil estudantes e 150 professores da universidade. Vários humanistas eminentes entregaram suas carteirinhas do partido num gesto de solidariedade para com os colegas expulsos. A sociedade incivil respondeu aumentando a campanha para extirpar o "revisionismo" marxista e recorrendo a uma cruel campanha antissemítica (parte de uma apropriação interna do poder pelo regime).²⁵ Em 1968, milhares de estudantes universitários foram expulsos, seguidos por sua convocação para o serviço militar e por uma onda de prisões (2.700 em todo o país).²⁶ E então eles se deram conta: democratizar o sistema era uma ilusão. Na eclosão do "socialismo com face humana" da Primavera de Praga, na Tchecoslováquia, uma parte substancial da ala esquerdista da intelligentsia da Polônia tinha deixado de lutar por um melhor socialismo e começado a refletir sobre o fenômeno do "totalitarismo".²⁷ Isso significava que o socialismo ao estilo soviético era irredimível, equivalente ao nazismo.

Segundo batismo

As fileiras mais altas da sociedade incivil polonesa chegavam a 270 mil funcionários, que com seus dependentes alcançavam mais de um milhão de pessoas (cerca de 3% da população). Eles controlavam a indústria do país. Também concediam a si mesmos e a suas famílias acesso privilegiado a instituições educacionais, gratificações em dinheiro e lojas especiais encobertas, bem como "pacotes" semanais de produtos valorizados. À disposição deles também estava a polícia de segurança, a SB (Służba Bezpieczeństwa), o equivalente polonês do KGB. Com mais de 20 mil agentes (um para cada 1.574 habitantes), a SB estava encarregada de penetrar nas comunidades emigradas — entre as mais fortes de qualquer país do bloco —, manipular a Igreja Católica na Polônia, observar minuciosamente e neutralizar a oposição. A sociedade incivil também podia acessar a Zomo (Reservas Motorizadas da Milícia dos Cidadãos), paramilitares que circulavam em viaturas blindadas, lançavam gás lacrimogêneo e portavam escudos de Plexiglas e cassetetes. Implantada durante as agitações de 1956 para "proteção da nação" e zombeteiramente conhecida e temida como o "coração pulsante do partido" (por todos os espancamentos que impunham), a Zomo chegou a mais de 12 mil brutamontes. Mas os maiores aglutinadores da sociedade incivil da Polônia eram o vasto patrocínio e uma crença amplamente difundida de que ela representava o mal menor, o para-choque contra uma intervenção soviética — resumindo, que eram patriotas do "caminho nacional" da Polônia ao comunismo.

Em dezembro de 1970, no entanto, os trabalhadores mais uma vez minaram o domínio do partido como autoridade nacional. Em Gdańsk, na costa báltica da Polônia, o Estaleiro Lenin entrou em greve por conta de um súbito aumento nos preços dos alimentos. Faltavam dez dias para o Natal. Cerca de metade da renda dos trabalhadores era destinada à compra de alimentos. Quando as autoridades locais usaram o sistema de alto-falantes da fábrica para iniciar uma discussão, os trabalhadores o usaram para abordar uma multidão em frente ao prédio da administração da fábrica e pedir a "renúncia" do regime. Cantando a "Internacional", eles marcharam e atacaram o prédio do partido no centro da cidade. Trabalhadores de Szczecin entraram em greve "em solidariedade a Gdańsk", estabelecendo por três dias a "república dos trabalhadores" enquanto o Estado-partido desvanecia. Em sinal de desespero, a sociedade incivil encorajou os trabalhadores a formar comitês para apresentar suas exigências de forma organizada. Esse foi o começo do comitê de greve interfábricas na Polônia. Um eletricista de 27 anos chamado Lech Wałęsa estava entre os líderes de greve de Gdańsk. Após meses de discussões e greves contínuas, os aumentos nos preços dos alimentos foram rescindidos. Mas segundo registros oficiais, 44 trabalhadores do estaleiro foram mortos a tiros durante as rebeliões por alimentos. Mais uma vez, a autoproclamada vanguarda da classe trabalhadora estava atirando em trabalhadores. Mas o massacre forçou uma mudança na liderança da sociedade incivil: Gomułka foi substituído por Edward Gierek (1913-2001).

Ex-mineiro, Gierek tinha estado a cargo de uma região mineradora de carvão altamente industrializada, a Silésia; ele se orgulhava de ser um verdadeiro administrador, tinha vivido no exterior (na Bélgica), o que era incomum, e falava francês. Sob o governo de Gierek, a sociedade incivil se expandiu — os membros do partido subiram de 2 milhões para 3 milhões ao longo da década de 1970 — e o poder tornou-se mais centralizado. Ele instalou sua "máfia silesiana" em Varsóvia e dividiu as 17 voivodias (as maiores unidades administrativas) em 49 menores, eliminando qualquer chance de alguém acumular poder para desafiar a autoridade do primeiro-secretário em Varsóvia (como ele tinha feito como um chefe supremo na Silésia). Gierek também se deparou com a ideia de tomar empréstimos em moeda forte do Ocidente para aumentar o consumo na Polônia e turbinar a economia, com um plano de pagar as dívidas com os esperados ganhos com exportação. O PIB cresceu a um surpreendente ritmo anual de 10% durante a primeira metade da década e os salários saltaram em conformidade. Em 1970, havia 450 mil carros particulares na Polônia, mas ao final da década, graças à produção local do "pequeno Fiat" a partir de 1974, mais de 2 milhões de carros particulares estavam nas estradas. Ainda assim, os produtos poloneses não conseguiram encontrar compradores no Ocidente e os empréstimos em moeda forte foram consumidos: em 1979, metade das matérias-primas e dos insumos básicos necessários para manter a produção em andamento nas fábricas polonesas tinha de ser importados em moeda forte. A dívida externa, de aproximadamente 4 bilhões de dólares em 1974, dobrou no ano seguinte e chegou a 20 bilhões de dólares até o fim da década.

Ao centralizar o poder, Gierek afrouxou a autarquia, expondo muito mais o sistema à economia mundial.[28] Ele também entrou em acordos de longo prazo associando a Polônia a projetos patrocinados pelos soviéticos através do Comecon — o bloco econômico soviético —, que garantiu o acesso a matérias-primas soviéticas, particularmente petróleo e gás natural, mas levou à escassez de bens de capital (como as locomotivas), porque as obrigações do Comecon exigiam que a Polônia exportasse tais produtos a outros membros do bloco. Tudo isso, somado à crise do petróleo de 1973, bem como ao inerente desperdício e ao rigor não mercantil do planejamento central, ameaçou a estratégia de empréstimo, levando Gierek, mais uma vez, a tentar baixar os dispendiosos subsídios dos alimentos. Em junho de 1976, os aumentos de preços — 69% para carne e peixe, 100% para açúcar, 60% para manteiga — levaram 130 fábricas a entrar em greve. (O clima tinha sido inflamado pelas tentativas, no ano anterior, de inserir o "papel principal" do partido e a "amizade especial" com a URSS na Constituição do país.) Mais uma vez os trabalhadores humilharam a sociedade incivil — o pálido primeiro-ministro foi à televisão e revogou o "ajuste de preço" dos produtos de carne *um dia* depois de tê-lo anunciado e prometeu tardiamente consultas a indefinidos "representantes da sociedade". Imagine um Estado com um controle monopolista sobre tudo — economia, educação, mídia, instituições culturais, sindicatos, polícia, exército, entretenimento — que não podia elevar o preço da salsicha sem se arriscar a ter protestos sociais de massa. Esse era o preço do aumento de preços na Polônia. Foi nesse ponto que um grupo de indivíduos formou o KOR, oferecendo um recurso a trabalhadores derrotados e encarcerados e suas famílias — esforços sustentados pela fortalecida emigração política pós-1968. De repente, todo secretário de partido regional tinha de contar com o fato de que, se qualquer coisa desagradável acontecesse a um membro da oposição, ela viria a público na Radio Free Europe e poderia afetar a situação da Polônia com os credores ocidentais.

Ao fim dos anos 1970, a estratégia de Gierek para promoção do consumo tinha paralisado numa fadiga de crescimento, e o equilíbrio de conta-corrente da Polônia tinha mergulhado 25 bilhões de dólares no vermelho. A produtividade da mão de obra no sistema comunista não podia sustentar os estilos de vida prometidos pelo comunismo, e o preço dos empréstimos estrangeiros compensatórios era não apenas a dependência econômica do Ocidente, mas também certa independência de manobra para a oposição da Polônia. Certamente, a sociedade incivil e os membros do partido possuíam meios para trilhar uma carreira: apartamentos, férias, escolas de sua escolha e tudo o mais que as pessoas e famílias desejavam. A Polônia ainda era um Estado policial, com polícia abundante. Os membros da oposição eram espionados, presos e às vezes mortos. Mas quanto mais o KOR dava um jeito de sobreviver, mais sua existência era possível — a simples, mas admirável estratégia do "como se". A oposição tinha descoberto que, pelo fato de o totalitarismo impor um controle de todos os aspectos da vida e politizar todas as coisas, ele ficava estranhamente vulnerável no campo do dia a dia. Quem se deu conta disso foi Kołakowski — o ex-comunista da era Stalin, depois comunista reformista e agora ex-comunista —, cuja tese "Hope and Hopelessness" [Esperança e impotência], publicada em 1971 no jornal da emigração com sede em Paris, *Kultura*, cravou um punhal nas tentativas (desesperadas) de reformar o sistema. O lado esperançoso de Kołakowski — uma autodemocratização social — foi ampliado por Michnik num proeminente ensaio em 1976, intitulado "A New Evolutionism" [Um novo evolucionismo]. Explicando que "o que separa a oposição é a crença de que um programa para evolução deve estar voltado a um público independente, não ao poder totalitário", Michnik convocou a sociedade a deixar de ser um "saco de batatas" (a desdenhosa expressão usada por Marx para se referir aos camponeses) e fazer algo, *qualquer coisa*, desde que fosse na vida pública e por iniciativa própria.[29] Jonathan Schell, o americano, resumiu sucintamente a abordagem: "Você acredita em liberdade de expressão? Então fale livremente. Você ama a verdade? Então conte a verdade. Você acredita em sociedade aberta? Então aja abertamente."[30] Tudo isso estava acontecendo antes de outubro de 1978, quando a fumaça branca surgiu de São Pedro em Roma, indicando a eleição de um novo papa.

A Cracóvia era o antigo centro cultural da Polônia e os comunistas tinham construído vistosamente seu complexo de aço mais colossal em seu subúrbio, Nowa Huta (Engenho Novo), para diluir a influência da intelligentsia católica sobre uma nova classe trabalhadora. Mas os trabalhadores iam à igreja. E a velha cidade — com seu bairro gótico e renascentista, ornado também com muito barroco habsburgo — permaneceu um bastião do catolicismo intelectual. E isso se deveu em grande medida à sua extraordinária revista, o semanário católico *Tygodnik Powszechny* (Semanário Universal), publicada desde 1945 por Jerzy Turowicz (1912-99). Em 1953, numa postura possivelmente única no bloco do Leste, o *Tygodnik*

Powszechny se recusou a publicar um obituário de Joseph Stalin. Todo o seu conselho editorial foi "substituído" pelos católicos "progressistas" da organização Pax (conduzida pelos fascistas poloneses do entreguerras) e patrocinados pelo regime. Foi somente no fim de 1956 que a desestalinização permitiu a volta de Turowicz e do conselho original. Depois disso, a influência do periódico e de seu círculo promotor de diálogo foi aumentada pelo apoio do principal clérigo de Cracóvia, Karol Józef Wojtyła. Ele tinha sido atropelado por um carro quando garotinho e novamente por um caminhão, quando jovem, durante a ocupação nazista (quando a universidade foi fechada e ele trabalhava em uma pedreira de calcário). Em 1942, no auge da desumanidade do homem para com o homem, ele desistiu de atuar no teatro, sua paixão, e entrou em um seminário clandestino; quatro anos depois, foi ordenado padre. Enviado para a renomada Universidade Pontifícia São Tomás de Aquino, em Roma, conhecida como Angelicum, ele escreveu a primeira de duas teses de doutorado — "A doutrina da fé segundo São João da Cruz" — que foi aprovada na Universidade Jaguelônica, em Cracóvia. Intelectual e poeta com obra publicada, Wojtyła apoiaria abertamente as atividades ilegais da Universidade Volante, bem como do KOR (ele se encontrou com vários de seus membros, inclusive Kuroń e Lipski, no apartamento de Varsóvia de um intelectual católico com vínculos com o KOR). Feito cardeal em 1967 — doutrinariamente ortodoxo e carismático —, foi eleito papa 11 anos depois, com apenas 58 anos de idade. O caminho tinha se aberto quando seu antecessor, João Paulo I, morreu após 33 dias no ofício.

Por costume, os cardeais do Vaticano se ajoelhavam diante do novo pontífice para jurar seus votos e beijar seu anel, mas quando o prelado polonês cardeal Wyszyński começou a se ajoelhar, Wojtyła, agora João Paulo II, levantou-o e o abraçou. Lá atrás, em 1966, no auge da "Grande Novena" de Wyszyński, a sociedade incivil da Polônia tinha recusado um visto ao então papa Paulo VI, mas poderiam eles agora negar a volta à casa de um filho da terra? A peregrinação de João Paulo II começou em 2 de junho de 1979. Ao aterrissar, ele se ajoelhou e beijou o solo antes de se dirigir ao comitê de recepção formado por dignitários da sociedade incivil — com transmissão ao vivo pela TV — e depois foi levado para Varsóvia em carro aberto, passando por mais de um milhão de pessoas. Por nove dias, o Estado-partido praticamente deixou de existir. Quem comandou a logística da visita do papa não foi a sociedade incivil, mas o laicato católico. Quando o papa celebrou uma missa ao ar livre em frente a uma cruz de madeira com 12 metros de altura para mais de 250 mil pessoas na Praça da Vitória em Varsóvia, a multidão reunida cantou: "Queremos Deus, queremos Deus, queremos Deus na família, queremos Deus nas escolas, queremos Deus nos livros." A sociedade incivil definiu o roteiro da cobertura televisiva para evitar mostrar a extensão das multidões. Mesmo assim, os textos dos sermões do papa foram publicados com o mínimo de censura, e todas as suas missas foram transmitidas na televisão local, e duas na TV nacional. O serviço polonês da Radio Free Europe, entretanto, transmitiu 13 horas de cobertura todos os dias. O papa, com efeito, representou e consolidou a nação inteiramente católica que Hitler e Stalin tinham projetado e que Wyszyński tinha cuidadosamente renovado.

Nas palavras do escritor Julian Stryjkowski (1905-96), a visita de João Paulo II à sua terra foi semelhante ao "segundo batismo da Polônia" (exatamente como o papa anterior, Paulo

VI, havia chamado a "Grande Novena" de Wyszyński).[31] Como se ouviu um alto apparatchik queixar-se, o árduo trabalho de trinta anos de propaganda comunista foi desfeito em poucos dias. Treze milhões de poloneses — mais de um terço da nação — viram o papa em pessoa. "Estávamos circulando como de costume pelas ruas estreitas da Velha Cidade de Varsóvia", recordou Andrzej Stasiuk (1960-), à época um hippie de 19 anos e não facilmente impressionável, que viria a se tornar um famoso escritor da geração mais jovem. "No dia seguinte a primeira missa papal no país seria celebrada na Praça da Vitória. [...] Por volta das dez ou 11 horas da noite, as ruas ficavam vazias, [...] mas agora a área entre a Praça do Castelo e a Praça da Velha Cidade estavam repletas de vida, como se fosse um desfile de uma cidade italiana." Ele acrescentou que esta era sua "primeira experiência de liberdade coletiva", acampado com outras pessoas, esperando a missa do dia seguinte. "Mesmo nós — cabelos compridos, malvestidos, em rebelião contra o mundo inteiro —, mesmo nós estávamos convencidos de que todas essas pessoas próximas a nós, não obstante sua semelhança com nossos pais e mães e com nossos odiados professores, eram-nos queridos de um modo fundamental, corporal e físico."[32] A mensagem do papa — ouvida por quase todos os poloneses, pelo rádio ou pela televisão — era que "na ordem das coisas de Deus e dos homens, é direito inviolável do ser humano viver em liberdade e dignidade".[33]

Solidariedade

Mais uma vez o detonador dos acontecimentos foram os aumentos nos preços dos alimentos, desta vez em 1º de julho de

1980. Greves esporádicas despontaram de imediato em diversas cidades, e em seguida veio uma maciça paralisação do trabalho em Lublin que durou 11 dias. Espalharam-se rumores de que os trabalhadores da ferrovia em Lublin — juntamente com a linha ferroviária ligando a Alemanha Oriental e a União Soviética — haviam soldado um trem cheio de alimentos a seus trilhos para impedi-lo de sair da Polônia para a URSS.[34] (Era a noite das Olimpíadas de Verão em Moscou, e os soviéticos estavam esvaziando o bloco para estocar suprimentos para os participantes.) A greve de Lublin foi encerrada por um generoso pacote econômico. Mas em meados de agosto, os trabalhadores do Estaleiro Lenin, em Gdańsk, com 17 mil funcionários, que tinham feito greve em 1970, se enfureceram ao saber, por meio de milhares de folhetos ilegais, da demissão de Anna Walentynowicz (1929-2010), uma respeitada operadora de guindaste, com trinta anos de experiência no estaleiro. Ela tinha sido demitida, cinco meses antes da data de se aposentar com benefícios, por distribuir cópias de um jornal samizdat (*Coastal Worker*) nos portões da fábrica e por pertencer aos ilegais Sindicatos Livres da Costa, organização fundada em 1978. O organizador do pequeno sindicato clandestino em Gdańsk, Bogdan Borusewicz (1949-), formado na Universidade Católica de Lublin e membro do KOR, suspeitara corretamente que a demissão de Walentynowicz podia ajudar a transformar os planos de paralisação dos trabalhadores do estaleiro numa ação de massa. Na Polônia não havia questão mais sensível do que a martirização.

Em 10 de agosto, quando vários oposicionistas de Gdańsk se reuniram para uma ocasião social, Borusewicz inflamou Wałęsa, outro membro ilegal do Sindicatos Livres, que fora demitido do estaleiro em 1976. Quatro dias depois, quando a greve dos trabalhadores estava para começar, Wałęsa foi introduzido clandestinamente em seu antigo local de trabalho.[35] Sendo pai de cinco filhos, Wałęsa tinha muita coisa em risco, e isso conquistaria muitos trabalhadores com famílias. Ele rapidamente se estabeleceu como líder do comitê de greve, provando ser um orador brilhante e entrando em negociações com o diretor do estaleiro. Em 16 de agosto, um sábado, o diretor prometeu elevar substancialmente os salários acima do aumento dos preços dos alimentos e recontratar Walentynowicz e Wałęsa. O chefe local também garantiu imunidade aos grevistas. Pelos alto-falantes do estaleiro, Wałęsa proclamou o fim da greve de ocupação e as pessoas começaram a voltar para casa para o resto do fim de semana. Mas representantes de grupos menores em Gdańsk, que tinham entrado em greve juntamente com o estaleiro, acharam que ficaram expostos e repreenderam Wałęsa por abandoná-los. Wałęsa, sentindo que tinha cometido um erro, voltou, na companhia de Walentynowicz e outros, para pedir aos trabalhadores no portão para permanecerem no estaleiro e continuarem a greve — agora em "solidariedade" a outros grupos. Mas apenas umas poucas centenas de trabalhadores permaneceram no local durante o domingo, sem saber da disposição de ânimo do grupo completo de 17 mil trabalhadores, que retornaria na segunda-feira de manhã. Nesse momento um sacerdote local, padre Henryk Jankowski (1936-2010), celebrou uma missa na frente dos portões e após o serviço religioso ajudou os fiéis a montar uma cruz de madeira comemorativa no local onde os trabalhadores em greve foram mortos em dezembro de 1970. Foi essa "lealdade à memória dos mortos" que vivificaria a greve de 1980, em que trabalhadores do estaleiro repetiram a tática de uma disciplinada greve de braços cruzados, ou "greve de ocupação".[36]

A greve em Gdańsk foi extraordinariamente disciplinada e resoluta. Os que estavam dentro dos portões trancados durante o fim de semana tinham reconstituído um Comitê de Greve Interfábricas e definido 21 "postulados", incluindo a abolição da censura, a libertação de presos políticos e o direito a formar sindicatos "independentes e autônomos". A expressão sindicatos "livres" foi evitada — por saberem que ela enfureceria a sociedade incivil —, mas o documento tinha o objetivo claro de romper com o monopólio do partido. Embora as linhas telefônicas para e de Gdańsk tivessem sido cortadas, a censura estivesse mais rigorosa e a desinformação tivesse avançado, jornais samizdat (com tiragens de 30 mil exemplares) deram a notícia. Simpatizantes da universidade volante e do KOR também transmitiram as notícias recebidas de Gdańsk pela Radio Free Europe e pela BBC, cujas transmissões eram ouvidas amplamente em toda a Polônia. Em 18 de agosto, trabalhadores do estaleiro em Szczecin entraram em greve. Outras fábricas fizeram o mesmo e enviaram representantes para se juntar ao Comitê de Greve Interfábricas em Gdańsk. Na capital, em 20 de agosto, diversos intelectuais proeminentes, incluindo Kuroń e Michnik, foram presos, mas alguns que escaparam à detenção (incluindo Geremek e Mazowiecki) chegaram a Gdańsk para dar apoio aos trabalhadores nas negociações. Em 23 de agosto, uma carta do papa ao cardeal Wyszyński (datada de seis dias antes) foi publicada, conclamando os bispos a ajudarem a nação "em sua difícil luta pelo pão de cada dia, por justiça social e pela salvaguarda de seus direitos invioláveis à própria vida e ao desenvolvimento". Na televisão estatal, Wyszyński pediu paz e bom senso — até sua morte, em maio de 1981, o cardeal insistiria na moderação —, mas as palavras do pontífice foram tomadas como um endosso à greve.

Enquanto os moradores da cidade levavam alimentos, agasalhos e cobertores aos trabalhadores no interior do estaleiro, médicos e enfermeiras prestavam atendimento e padres conduziam orações, tanques e unidades armadas preparavam-se para tomar posições fora dos portões dos estaleiros ocupados pelos trabalhadores. Mas na noite em que a mensagem de apoio do papa foi publicada, a comissão oficial despachada tardiamente pela sociedade incivil entrou em negociações diretas com o Comitê de Greve Interfábricas que foram transmitidas ao vivo por todos os estaleiros de Gdańsk. Em uma semana, o Comitê de Greve Interfábricas reunia representantes de setecentas fábricas em greve, empregando 700 mil pessoas. O Acordo de Szczecin, de 30 de agosto de 1980, e o histórico Acordo de Gdańsk, no dia seguinte, continham concessões fundamentais do regime: não apenas aumentos substanciais de salários para os trabalhadores, mas, em Gdańsk, a legalização de um sindicato independente.[37] No início de setembro, Gierek (governo de 1970 a 1980) foi desapossado — o segundo líder seguido, depois de Gomułka (governo de 1956 a 1970), a cair vítima dos aumentos de preços. A liderança do partido foi assumida por Stanisław Kania e depois, em outubro de 1981, pelo ministro da Defesa desde 1968, general Wojciech Jaruzelski (1923-). Depois de muita disputa legal, em novembro de 1980 um tribunal registrou o Solidariedade como uma entidade legal. Em janeiro de 1981, Wałęsa, um católico devoto, liderou uma delegação ao Vaticano. Nessa época, o número de afiliados do Solidariedade tinha subido para 10 milhões — aproximadamente 80% da força de trabalho. Um terço do partido uniu-se ao Solidariedade — chegando a um milhão de comunistas, 70% deles trabalhadores.

O comunismo trouxe a industrialização a toda a Europa Oriental — principalmente à União Soviética —, mas o Solidariedade emergiu apenas na Polônia.[38] Sobre as greves e a organização é importante, mas não o suficiente, dizer que os trabalhadores as fizeram.[39] O historiador Martin Malia escreveu que o Solidariedade foi "o eterno retorno, mas de forma não violenta, da insurreição polonesa por independência e democracia, ou pela 'república autônoma', como o programa do sindicato o colocou".[40] É verdade que mais intelectuais poloneses aceitavam as ordens do regime do que se opunham — afinal, isso significava sua subsistência —, mas um núcleo, em um amplo espectro de orientações, arriscou sua vida e sua integridade física para defender os trabalhadores. Não menos importante é o registro de que retratos da Virgem Maria e crucifixos adornaram as fábricas polonesas e escritórios do Solidariedade, enquanto os nove anos de procissão da "Grande Novena" e a visita papal ofereceram uma experiência excedente, um universo simbólico alternativo e uma bússola moral: a palavra "moralidade" pode ser encontrada em praticamente todos os documentos do Solidariedade, batendo contra o ponto mais fraco do comunismo.[41] "Sabemos que vamos vencer", disse o personagem Birkut a seu filho Maciej em *O homem de ferro* (1981), filme de Andrzej Wajda sobre as greves de 1980 no estaleiro de Gdańsk, "porque a mentira não pode durar para sempre". O papa polonês foi um farol de força, tendo se debruçado sobre seus compatriotas e calmamente instruído: "Não tenham medo." Em março de 1981, quando a polícia de segurança da Polônia agrediu ativistas do Solidariedade em Bydgoszcz, o líder carismático do Solidariedade, Wałęsa, convocou uma greve de advertência de quatro horas que paralisou o país. Foi a maior greve na história do bloco, e a sociedade incivil se sentiu compelida a anunciar uma investigação sobre os espancamentos em Bydgoszcz.

Wałęsa concordou em adiar novas greves, mas no mesmo mês Kania e Jaruzelski já tinham sido convocados por um impaciente Kremlin a apresentar planos para a lei marcial. Os dois líderes poloneses conspiraram também no mês seguinte (abril) com o chefe do KGB soviético, Yuri Andropov, e com o ministro da Defesa soviético num vagão de ferrovia numa floresta da Bielorrússia e reassumiram o compromisso de "restaurar a ordem por meio de nossas forças militares".[42] Reuniões e telefonemas cujo objetivo era pressionar nunca abrandaram. Enquanto isso, as fontes do regime polonês fomentavam inquietude com rumores de uma iminente intervenção soviética. O país também enfrentava mais escassez de bens de consumo — talvez exacerbada com o propósito de que a sociedade incivil pudesse culpar o Solidariedade pela "desorganização". Mas para muitos poloneses esse ainda era um tempo festivo de mudança de papéis e esperança. O Solidariedade era um movimento de pessoas armadas com nada mais senão dignidade e opiniões pessoais — debatidas em público. O país tornou-se um curso intensivo nacional de liberdade política, um aprendizado sobre o exercício dos direitos do cidadão. Foi uma experiência duradoura, pois o exercício da liberdade é uma droga que vicia o ser humano. "As pessoas iam para as assembleias da cidade", escreveu a filósofa política Hannah Arendt sobre a Revolução Americana de 1776, "não só por dever, menos ainda, para servir a seus próprios interesses, mas principalmente porque apreciavam as discussões, as deliberações e as tomadas de decisão".[43]

Em termos organizacionais, o Solidariedade procurava ser um sindicato trabalhista mantido por mensalidades, declarando seu desinteresse na representação política ou no governo. Como diriam os marxistas, ele tinha como objetivo vencer a "alienação do trabalho" e colocar os empregados a cargo de seus locais de trabalho ou, como disseram alguns da oposição, ser "sociedade civil" e restaurar a dignidade dos indivíduos garantindo-lhes o controle sobre suas vidas nos espaços públicos. Intencionalmente, esta era uma ambição circunscrita diante das instituições governantes e, portanto, um programa limitado para o exercício dos direitos dos cidadãos. O Solidariedade não buscava assumir o Estado. Ele preferia, ao contrário, reinventar o domínio público para romper com a monopolização do Estado. O Solidariedade até se abstinha de exigir eleições livres para o parlamento. Mas, em seu próprio âmbito, organizou eleições livres nacionais para os representantes do Primeiro Congresso do Solidariedade, um tumultuoso evento em Gdańsk que ocorreu de 5 a 10 de setembro de 1981. Em estágios, começando pela base, as eleições envolveram uma revisão das ideias e das qualificações da liderança de milhares e milhares de cidadãos ativos, uma imersão nacional no debate aberto e na votação com multicandidatos, para encontrar os mais preparados para atender às expectativas de um eleitorado de 10 milhões de pessoas. Dos novecentos delegados escolhidos para fundar o congresso do Solidariedade, várias dezenas eram informantes da SB, mas seus relatórios (cerca de seiscentos seriam arquivados) tinham pouca importância, já que o sindicato funcionava abertamente.[44] A *prática* da liberdade, sob o guarda-chuva da organização do Solidariedade, ajudou a estruturar uma espécie de sociedade autogovernada.[45]

Os locais de trabalho permaneceram como propriedade supervisionada pelo Estado — a propriedade privada (com exceção das fazendas) não estava no programa de nenhum dos lados —, mas dentro do Solidariedade as relações de autoridade baseavam-se no consenso, e os líderes que emergiram, muitos deles em seus 20 e 30 anos, inspiravam respeito e lealdade. O sindicato estabeleceu cerca de 40 mil "quadros" remunerados, desproporcionadamente operários de fábricas e católicos devotos, com frequência eleitos nos locais de trabalho, onde surgiram as oportunidades de uma prática social para estruturar a sociedade, depois se estenderam por unidades territoriais do sindicato cada vez maiores e pelo Conselho Nacional de Coordenação, presidido por Wałęsa.[46] A contraelite reforçada pelo Solidariedade da Polônia surgiu pontilhada com indivíduos de talento e carisma — uma consequência perversa do mecanismo de "seleção negativa" da sociedade incivil, que eliminava pessoas com integridade, curiosidade e independência criativa. O escritor Marek Nowakowski não foi o único a notar as "caras agradáveis", *ładne twarze*, que de repente apareceram na vida pública polonesa, como se a sociedade incivil atraísse apenas a monotonia ou o destino tivesse dado a muitos oposicionistas o que, em comparação, parecia não apenas mais inteligência, mas também boa aparência. Uma espécie de nova geração — Zbigniew Bujak (1954-), Władysław Frasyniuk (1954-), Bogdan Lis (1952-), e dezenas e dezenas de outros — deixou seus trabalhos como motoristas de ônibus, mecânicos ou eletricistas e se tornaram líderes no sindicato e na sociedade. (No fim dos anos 1980, a desesperada sociedade incivil saberia exatamente de quem se aproximar para negociar um pacto.)

Assim como havia desacordos traumáticos, às vezes histriônicos, entre a oposição com relação às táticas e aos objetivos, nos fóruns do partido ocorriam debates turbulentos, às vezes publicamente, sobre como reagir ao Solidariedade.[47] No entanto, não havia uma solução aceitável para o Solidariedade e Moscou. Quaisquer que fossem as esperanças quixotescas surgidas dos acordos formais e das promessas de "reforma" política e econômica (mais uma vez) por parte do regime, as sociedades incivis primavam não pela adaptação, mas por encarcerar pessoas, fechar organizações, censurar publicações, desorganizar as produções agrícolas e industriais e descartar reformas. De fato, em 13 de dezembro de 1981, o general Jaruzelski levou a cabo uma imposição especialmente fácil de um "estado de guerra" usando o batalhão de choque (Zomo) e o Exército. (Na Constituição da Polônia faltavam disposições legais para a lei marcial, daí a estranha terminologia.) Em uma operação contra efetivamente 10 milhões de pessoas, levando a 5 mil (talvez 10 mil) prisões, menos de duas dúzias de pessoas foram mortas — um trabalho excepcional da polícia militar segundo qualquer padrão. "Nosso país está à beira de um abismo", proclamou o general pelo rádio naquele gelado amanhecer de inverno, acrescentando "nós queremos uma grande Polônia" e "o único caminho para se atingir esse objetivo é pelo socialismo".[48]

Esse, no entanto, era o primeiro recurso local do bloco à lei marcial, e a impotência política do partido era evidente a todos, tanto na Polônia quanto no exterior. De fato, o caudilho polonês não apenas deteve toda uma rede nacional de oposicionistas, cancelou o tráfego aéreo, interrompeu as viagens ferroviárias intermunicipais e impôs o toque de recolher noturno, mas colocou música marcial no rádio, vestiu os apresentadores de TV com uniformes militares e colocou comissários militares nas fábricas, nas universidades, nos ministérios e em outras instituições. Era uma volta ao exército como um suposto salvador nacional. O Exército da Polônia era o maior do Pacto de Varsóvia depois do da União Soviética, com cerca de 320 mil soldados e 64 mil oficiais (um para cada cinco soldados rasos), incluindo mais de duzentos generais.[49] O general Jaruzelski formou uma junta temporária de 16 generais e cinco coronéis, o Conselho Militar de Salvação Nacional, ou WRON (que sarcasticamente se tornou *wrona*, ou "corvo"; o símbolo nacional era uma águia). Mas a Polônia continuava afundada em dívidas, precisando de, mas lhe faltando, uma ascensão econômica. E embora o Solidariedade viesse a ser declarado ilegal, ele sobreviveu como uma organização clandestina conduzida por aqueles que escaparam à captura. Os poloneses tinham passado os eletrizantes 16 meses desde agosto de 1980 se manifestando em seus locais de trabalho, em casa e em encontros sociais (como em qualquer revolução), discutindo livremente toda e qualquer questão que imaginassem e decidindo algumas — *como se* vivessem em uma sociedade livre, agora em massa. Muitos continuaram tais atos em sermões, músicas, sátiras e samizdats. "Nós temos todos os símbolos", disse um trabalhador polonês, "e eles têm todas as armas e tanques".[50]

Surpresa eleitoral

Já em 25 de agosto de 1980, antes mesmo das concessões do regime polonês nos Acordos de Szczecin e Gdańsk, o politburo soviético formou uma comissão especial para monitorar os acontecimentos na Polônia presidida por Mikhail Suslov (1902-1982), o número dois depois do secretário-geral Brejnev. A "Comissão Suslov" funcionou ao longo da última década de existência da União Soviética, e, como seus presidentes estavam sempre morrendo, seu nome passou a ser, sucessivamente, "Comissão Andropov", "Comissão Chernenko" e, finalmente, "Comissão Gorbachev".[51] A glasnost e a perestroika de Gorbachev foram acompanhadas, na Polônia, com grande esperança, pelas mesmas figuras que haviam imposto "o estado de guerra" em dezembro de 1981: Jaruzelski e seus associados. Em 1988, esses futuros reformadores comunistas poloneses estavam ansiosos para não dificultar as coisas para Gorbachev, já que ele parecia enfrentar oposição interna. Mas o politburo polonês não tinha uma varinha de condão para reverter a debilitante situação econômica. Em maio de 1988, uma nova onda de greves foi organizada por uma geração mais jovem de trabalhadores pós-Solidariedade (cerca de um terço dos operários industriais da Polônia tinha menos de 25 anos). Nesse mesmo mês, um relatório interno confidencial observou que "a lembrança da lei marcial já não detém as pessoas" e que "mudanças profundas na URSS e a retirada das forças soviéticas do Afeganistão são interpretadas pela oposição e por seus instigadores internacionais como um sinal do limitado risco de intervenção externa na Polônia".[52] Mas quando questionados por Jaruzelski sobre o que precisava ser feito, os membros do politburo encaminharam memorandos cheios de "conversas sem sentido" (*bełkot*).[53]

Michnik e outros integrantes da sociedade civil "como se" inspiraram-se na Espanha católica, que tinha conseguido, por meio de processos evolucionários e sem derramamento de sangue, incubar uma transcendência da ditadura antes mesmo de o general Francisco Franco morrer, em 1975. Jaruzelski, o "Franco" da Polônia, começou a se dar conta de que eram necessárias medidas inovadoras para lidar com as deteriorantes condições socioeconômicas e políticas. Em agosto de 1988, novas greves estouraram nos estaleiros de Gdańsk, acompanhadas da exigência de que o Solidariedade fosse novamente legalizado. "Precisamos fazer o impossível para reformar o socialismo", disse Jaruzelski, desesperado, a seus camaradas. "Por quanto tempo pode o poder do povo se sustentar apenas ameaçando os trabalhadores com tanques e cassetetes?"[54] Era essa a questão, quando as conversas sobre a realização de uma mesa-redonda começaram para valer. Em 31 de agosto, o general Czesław Kiszczak se encontrou com Lech Wałęsa na companhia de representantes nomeados pela Igreja. Kiszczak e Jaruzelski eram eles mesmos um pouco "inovadores", profissionais de certa casta, e não apparatchiks de carreira: Jaruzelski, formado em escolas católicas, era um soldado; Kiszczak tinha feito carreira na espionagem e na contraespionagem militar antes de assumir — na noite da lei marcial em 1981 — o cargo de ministro do Interior da polícia central do país. Mas a maior parte da sociedade incivil considerou escandalosa a proposta de reconhecer Wałęsa como um interlocutor oficial (há anos a mídia o tinha chamado, de "um mero indivíduo particular"). Esse reconhecimento agora era feito, apesar dos alaridos dos conservadores do partido e dos funcionários dos sindicatos patrocinados pelo regime, que eram dirigidos por Alfred Miodowicz (1929-), membro do politburo.

As negociações sobre se deveria haver negociações seguiam em círculos, paralisadas pela recusa do regime em permitir que o Solidariedade voltasse à legalidade ou que os "radicais" Jacek Kuroń e Adam Michnik participassem de qualquer mesa-redonda. Mas o auxílio veio de um lugar improvável: de Miodowicz, o mais ferrenho inimigo do Solidariedade. Sedutor inteligente, homem que se fez sozinho e se tinha em alta conta, ele soltou, durante uma entrevista para o principal jornal do partido, *Trybuna Ludu*, que os sindicatos estatais oficiais sob sua liderança estavam protegendo seus trabalhadores com muito mais eficácia do que o Solidariedade jamais poderia proteger e que ele poderia provar isso em um debate com

Wałęsa pela televisão. A entrevista foi publicada em 16 de novembro de 1988, e no dia seguinte Wałęsa aceitou o duelo. Os camaradas de politburo de Miodowicz ficaram atordoados. Sem os consultar, ele tinha criado um importante acontecimento político: a aparição de Wałęsa na televisão nacional. Era o momento Günter Schabowski (o membro do politburo da Alemanha Oriental que estragaria uma coletiva de imprensa e ajudaria a derrubar o Muro de Berlim), da Polônia. Mas Miodowicz insistiu que poderia dar conta de Wałęsa, 14 anos mais jovem que ele, e a sociedade incivil permitiu que o debate ocorresse em 30 de novembro. Muitos acreditavam que Wałęsa derreteria sob as luzes de klieg e se revelaria como um mito. Ele era considerado um mero fantoche de Geremek, e não um homem de pensamento independente. O Solidariedade, enquanto isso, tinha se convencido de que o regime jamais deixaria o sindicato aparecer na TV, e, quando Wałęsa teve permissão de aparecer ao vivo, alguns de seus colegas ficaram receosos do que poderia acontecer e se o regime não teria *algo escondido na manga*.

Wałęsa acabou com Miodowicz. Enquanto o representante da sociedade incivil desfiou uma lenga-lenga sobre os perigos do pluralismo, o representante da sociedade civil, em estilo simples e humorado, disse: "Vamos dar uma chance ao pluralismo; eu confio no povo." Muitos poloneses estavam vendo Wałęsa pela primeira vez — e este era um público de 25 milhões de pessoas (num país de 35 milhões). "A consequência do debate entre Miodowicz e Wałęsa pela televisão é que teremos de enfrentar uma mudança radical na situação interna", advertiu o ministro do Interior Kiszczak no dia seguinte, a portas fechadas. "O estereótipo da personalidade de Wałęsa, mostrado até agora pela propaganda do partido, foi completamente arrasado. [...] Wałęsa mostrou-se um político de grande envergadura, com uma visão clara e convincente do futuro do país. Ele acabou por se mostrar um homem com uma atitude construtiva, motivado pelo desejo real de diálogo e entendimento."[55] Já não fazia sentido fingir que o Solidariedade era irrelevante, especialmente depois de Wałęsa ser convidado a ir à França e ser recebido pelo presidente François Mitterrand, em 10 e 11 de dezembro, como um chefe de Estado. Também era evidente que com um aceno de Wałęsa poderia surgir auxílio econômico do Ocidente.

A arrogância de Miodowicz tinha acidentalmente catalisado, mais uma vez, a paralisada mesa-redonda, mas ninguém sabia como ela prosseguiria. O Solidariedade não estava confiante. O sindicato, novamente legalizado, tinha reconquistado cerca de 1,5 milhão de membros, um número considerável, mas apenas 15% do rol de membros de seu auge, em 1980. Wałęsa mal tinha conseguido convencer trabalhadores em greve a voltar a seus postos como parte do início das negociações. Seu aperto de mãos diante das câmeras com o ministro do Interior, general Kiszczak, na plenária de abertura, em 6 de fevereiro de 1989, foi percebido como um gesto potencialmente comprometedor. Dentro do regime, alguns argumentavam que o país precisava não de uma mesa-redonda, mas de uma mesa cheia de comida. Ainda assim, os que tinham inclinações comunistas reformistas, como o primeiro-ministro (e ex-editor do *Polityka*) Mieczysław Rakowski, se uniram à facção de Jaruzelski na estratégia de cooptar a oposição. Mas o politburo só se mostrou capaz de lançar a mesa-redonda após tensas disputas internas que culminaram no anúncio dos generais Jaruzelski, Kiszczak e do ministro da Defesa, bem como de Rakowski, de que se demitiriam de todos os cargos se sua iniciativa não fosse aprovada. Depois deixaram a reunião. Sua chantagem deu certo. Aleksander Kwaśniewski (1954-), principal negociador da sociedade incivil (e futuro presidente da Polônia pós-comunista), explicou que o partido dirigente acreditava ser suficientemente forte para manter o poder. "Essa ilusão", argumentou Kwaśniewski, "salvou-nos da experiência romena", o que significava uma violenta tentativa, por parte do regime, de se manter. "Se a liderança do partido tivesse se dado conta do quanto estava fraca, jamais teria havido discussões de mesa-redonda e mudanças pacíficas."[56]

A sociedade incivil estava tão excessivamente confiante de seu controle sobre o processo que, mais uma vez, permitiu a cobertura televisiva ao vivo, o que só produziu outro choque ideológico — prisioneiros recentes na tela, com o logotipo do Solidariedade preso a suas lapelas, negociando com o establishment. Assim como Wałęsa tinha ganhado o Prêmio Nobel da Paz em 1983 e tinha sido visitado pelos deputados norte-americanos e tudo que a Zomo podia fazer era tirar fotos de fiscalização, a SB tinha passado três anos vasculhando a clandestinidade para prender Zbigniew Bujak, outro eletricista e presidente do ramo de Varsóvia do Solidariedade, e ele agora estava bem ali, na TV nacional. Nomes e rostos supostamente destinados à lata de lixo da história ressuscitavam milagrosamente, trazidos às salas das pessoas e sendo vistos conversando em linguagem normal sobre os genuínos problemas do país. De fato, os mesmos atores do início dos anos 1980 se confrontavam — Jaruzelski, Kiszczak, Rakowski e tutti quanti, de um lado; Wałęsa, Geremek, Bujak, Kuroń, Mazowiecki e Michnik, do outro. Mas os dois lados tinham aprendido (dolorosamente, no caso de muitos oposicionistas que passaram anos na prisão) que tentar chegar a resoluções unilaterais só produz paralisação. Ainda assim, a mesa-redonda implicava reconhecer a oposição como um parceiro autônomo legítimo, e isso significava que a pretensão histórica de monopólio para encarnar a lógica do progresso histórico e da classe trabalhadora tinha capitulado. Mas esse parecia ser o único caminho para escapar do esquema Ponzi de buscar mais empréstimos no Ocidente para pagar empréstimos do Ocidente.

Ao se sentarem para negociar, os dois lados tinham uma concepção idêntica do que estava em jogo. Bronisław Geremek, a quem Wałęsa colocou à frente das negociações à "mesa pequena" (*stolik*) de reformas políticas, colocou a questão da seguinte maneira: "À mesa-redonda, a divisão do trabalho era clara — Mazowiecki era responsável pelo registro legal do Solidariedade, isto é, para o que devíamos ganhar, e eu devia supervisionar a parte das negociações em que tínhamos um preço político a pagar." O preço era legitimar ostensivamente a autoridade do partido pela participação em eleições semifraudulentas em que o partido tivesse a garantia de ganhar.[57] O establishment, por sua vez, ao conceder a condição de legalidade à oposição, implicaria nisso os assuntos do Estado e sem dividir o poder. Era uma verdadeira negociação de bastidores. Mas cada lado sentia escrúpulos quanto às concessões que tinha de fazer. Depois que o acordo foi feito, Wałęsa não se candidatou a um assento no parlamento com base no pressuposto de que ele precisava permanecer "limpo", para o caso de tudo explodir na cara da oposição. Mas todos eles estavam equivocados. A sociedade incivil parecia não perder nada com a legalização do Solidariedade, e a oposição parecia ganhar pouco. Na verdade, a sociedade incivil perdeu tudo em consequência de eleições de "não confrontação" que ela insistiu em fazer, enquanto a oposição ganhou tudo como resultado das mesmas eleições das quais não queria participar.

Para a câmara baixa do parlamento, o Sejm, com 425 assentos, 65% dos mandatos estavam reservados para a "coalizão" dirigente, isto é, os comunistas e seus "aliados" tradicionais, o Partido Camponês Polaco e o Partido Social-Democrata. Estas organizações eram controladas pelos comunistas desde 1945, permitindo-lhes fingir que governavam em coalizão com "forças progressivas". Os demais 35% da câmara baixa do parlamento deveriam ser disputados livremente — os candidatos de oposição também poderiam se candidatar. Mas durante as negociações, o lado da sociedade incivil de repente sugeriu adicionar uma presidência muito fortalecida, eleita indiretamente (pelo parlamento). Isso deveria acalmar supostas preocupações soviéticas ao garantir que o general Jaruzelski permaneceria como o árbitro supremo. A oposição se recusou a apoiar. Mas Kwaśniewski apresentou um *quid pro quo* — uma segunda câmara com cem assentos, o Senado. Para este Senado — que a oposição não havia solicitado — ele propôs eleições livres, uma sugestão que parece ter sido feita no calor do momento. A oposição concordou. Finalmente, também havia a "lista nacional", 35 vagas para que personalidades importantes do regime pudessem concorrer sem oposição. Pesquisadores de opinião pública da sociedade incivil vinham trabalhando há anos e eles estimavam que o regime podia contar com algo entre um quarto e um terço do eleitorado. De qualquer modo, uma maioria dos assentos parecia preestabelecida para eles. O primeiro turno das eleições foi marcado para 4 de junho, apenas dois meses após a conclusão da mesa-redonda, para dar o mínimo de tempo possível para a oposição fazer campanha.

A eleição acabou por se tornar um referendo sobre uma única questão: Você deseja que o sistema comunista continue na Polônia? Isso já tinha sido sugerido quando a oposição descobriu que não precisava promover seus candidatos antes desconhecidos ao público. Por todo o país, o cartaz era o mesmo: uma fotografia do candidato local, quem quer que fosse, apertando a mão de Wałęsa acima de um logo do Solidariedade. Como Kwaśniewski disse mais tarde numa queixa zombeteira, até uma vaca que se candidatasse pelo Solidariedade teria ganhado. Além disso, a lei eleitoral adotada para essa eleição estipulava um sistema do tipo "o vencedor leva tudo", em vez de uma representação proporcional; isto é, somente o candidato que recebesse a maioria absoluta dos votos (pelo menos 50% mais um voto) seria eleito num primeiro turno. Na ausência desse resultado, num segundo turno, duas semanas depois, o ganhador de uma maioria simples de votos ficaria com o mandato. Lá atrás, em março, o primeiro-ministro Rakowski tinha sido advertido por um mirrado e sábio colega de que sob tal procedimento eleitoral o partido não ganharia um único assento no Senado. Mas o clarividente apenas passou o memorando, sem fazer nada a respeito, porque a lei eleitoral não era seu campo de atividade.[58] No primeiro turno, a oposição ganhou 160 mandatos de um total de 161 a que tinha direito a concorrer no Sejm e 92 dos cem no Senado. A coalizão governante, no primeiro turno, ficou com três vagas no Sejm — das 264 reservadas para ela — e nada no Senado.

Duas semanas depois do fracasso, Rakowski escreveu em seu livro *Diaries* [Diários] que "presumir que um candidato da lista nacional obteria 50% mais um voto foi um erro fundamental. Que todo o establishment do Estado se expusesse a tal teste é simplesmente incompreensível". De fato foi, sr. primeiro-ministro. Ele acrescentou que "outro erro foi o método das eleições para o Senado. Se o sistema proporcional tivesse sido adotado, nós teríamos obtido trinta ou quarenta cadeiras no

Senado".⁵⁹ O mais constrangedor de tudo foi que 33 dos 35 candidatos da "lista nacional" especial — as principais figuras do establishment —, embora se candidatando sem oposição, foram, mesmo assim, eliminados pela maioria dos eleitores. O general Kiszczak ficou extremamente nervoso pelo fato de nas embaixadas da Polônia em todo o mundo — com exceção da Albânia — a lista nacional ter sido derrotada pelo corpo diplomático e pelos funcionários.⁶⁰ "De algum modo, no fundo estávamos convencidos de que venceríamos as eleições", escreveu Rakowski, um membro do partido desde 1946, "porque, afinal de contas, nós sempre havíamos ganhado as eleições".⁶¹ Nas disputas que o Solidariedade não tinha tido permissão para concorrer, ainda havia o segundo turno para garantir as vitórias dos candidatos da sociedade incivil por maioria simples de votos, assegurando, assim, o plano original de um parlamento com maioria do regime, que, por sua vez, elegeria Jaruzelski para a presidência. Mas não havia condições para recuperar as 35 cadeiras das figuras do establishment que concorriam completamente sem oposição: contra quem eles concorreriam num segundo turno? A oposição, receando perder tudo, deixou que o Estado-partido preenchesse essas vagas por meio de um truque processual *post facto*. Os generais ainda tinham o comando sobre o aparelho repressivo, e embora muitos suspeitassem (corretamente) de que a sociedade incivil da Polônia já não tinha estômago para derramar sangue, mais uma vez, por tal sistema em ruínas, os chineses lançaram uma repressão na Praça Tiananmen no dia exato das eleições polonesas.

Na Polônia, todas as personalidades políticas, profundamente desconfiadas umas das outras e que haviam trabalhado de modo diligente para garantir que o outro lado não lhes passasse a perna, ficaram estarrecidas com os resultados de seus esforços conjuntos. Juntos eles haviam escrito um roteiro político que nenhum dos lados havia previsto. A sociedade incivil aceitaria sua derrota, algo que ela havia dito que jamais faria? E o Solidariedade procuraria tomar o poder, algo que havia dito que jamais faria? Em meio às incertezas, em 3 de julho, Michnik — como era do seu estilo — provocou um escândalo. Ele escreveu um editorial no jornal de oposição que editava, o *Gazeta Wyborcza*, intitulado "Presidente seu, primeiro-ministro nosso". Os colegas mais próximos de Michnik caíram em cima dele por defender "prematuramente" um governo do Solidariedade. Um de seus críticos mais eloquentes foi Tadeusz Mazowiecki. Mas acabou que os oportunistas eram oportunistas, pois, quando Wałęsa se aproximou do esquecido Partido Camponês Polaco e do Partido Social-Democrata — os "aliados históricos" dos comunistas governantes —, ambos aceitaram avidamente a oferta do Solidariedade de uma aliança *contra* os comunistas. Wałęsa então sondou seu confiável conselheiro, ex-detido por Kiszczak, para liderar o governo de coalizão; Mazowiecki foi devidamente confirmado como primeiro-ministro da Polônia. Durante seu discurso inaugural, em 12 de setembro de 1989, o primeiro chefe de governo pós-guerra não nomeado pelo regime comunista desmaiou na tribuna do Sejm. Os médicos o levaram para uma breve caminhada no parque, de onde ele retornou para a câmara do parlamento. "Desculpem-me, mas cheguei ao mesmo estado da economia polonesa", gracejou Mazowiecki. "Mas eu me recuperei e espero que a economia também se recupere."[62] Nos anos 1990, metade da dívida externa da Polônia com governos e bancos comerciais ocidentais, então em 45 bilhões de dólares, foi perdoada, o que à época foi o tratamento mais generoso jamais dispensado a um país devedor.

EPÍLOGO

É verdade que quando alcançarmos o comunismo pleno não haverá mais piadas políticas? Sim, exceto esta.

A corrida bancária política que derrubou o Muro de Berlim expôs tudo. A Alemanha Oriental era absolutamente central para a estabilidade da URSS, e qualquer alteração em sua condição só podia ser da mais absoluta importância, como todos compreenderam — pelo menos depois que aconteceu. "Eu não estaria sendo sincero", escreveu Mikhail Gorbachev mais tarde a respeito dos anos 1989-90, "se dissesse que eu havia previsto o curso dos acontecimentos e os problemas que a questão alemã acabaria por criar". Em 1987, o líder soviético, cuja província de origem, Stavropol, tinha estado sob ocupação nazista, enfatizou a duração de dois estados alemães, observando que "o que haverá em cem anos a história decidirá".[1] E então, puf. O final da Segunda Guerra Mundial — uma vitória soviética no maior de todos os conflitos da história — foi reescrito. A Alemanha começou um inevitável processo de reunificação em moldes ocidentais. Centenas de milhares de soldados soviéticos começariam a se retirar para oeste, pelas mesmas estradas usadas por Napoleão durante sua humilhante retirada para oeste de Moscou em 1813. A "perda" da Alemanha Oriental atordoou e desmoralizou a sociedade incivil soviética, especialmente as imensas alas militar e de segurança. A simultânea corrida bancária da Romênia lançou novo alerta: o sistema comunista podia ser condenado em toda parte, até mesmo na URSS. Com a execução de Ceaușescu após um "julgamento" apressado, seguida por pessoas matando ou sendo mortas nas ruas sem nenhum motivo evidente, o caótico exemplo da Romênia preocupou até mesmo os que, na URSS, defendiam o derramamento de sangue para manutenção do controle.

Dito isso, os efeitos multiplicadores da liberação da Polônia foram ainda mais imediatos. Em 23 de agosto de 1989 — cinco dias depois de o primeiro-ministro do Solidariedade assumir o cargo na Polônia —, quase 2 milhões de pessoas ao longo das três repúblicas bálticas soviéticas (com uma população total de apenas 8 milhões) uniram as mãos para formar uma corrente humana com 560 quilômetros de extensão, apelidada de "Cadeia Báltica". A data marcava o quinquagésimo aniversário do Pacto Hitler-Stalin. Lá atrás, em 1918, a Estônia, a Letônia e a Lituânia tinham conseguido se libertar do império czarista, mas em 1940, seguindo a adoção do pacto, os três Estados independentes tinham sido ocupados pela União Soviética. (Eles então tinham caído sob ocupação nazista em 1941, mas em 1944 foram retomados pelos soviéticos.) Inicialmente, as reformas de Gorbachev tinham suscitado clamores por "soberania" nos países bálticos — a Estônia abriu caminho, em 1987, ao desenvolver um programa de "autonomia econômica" total. Mas em março de 1990, os deputados democraticamente eleitos do Soviete Supremo lituano, ou parlamento, proclamaram a "restituição" da *independência* do país. O Kremlin exigiu a revogação deste ato "ilegal" e, depois de brincar com a imposição da lei marcial, impôs um bloqueio econômico. Mas em maio de 1990, o Soviete Supremo letão, também democraticamente eleito, passou sua própria declaração restaurando a independência, a ser precedida, como fachada, por um período de transição de "autonomia". Os três Estados bálticos insistiram que em seu território as leis republicanas substituíam as da União (a Lituânia adotou formalmente uma Constituição "temporária"). Assim como a oposição na Polônia tinha agido *como se* fosse uma sociedade civil autônoma, os Estados bálticos começaram a agir *como se* fossem Estados soberanos.

"Os acontecimentos na Europa Oriental", escreveu Jacques Lévesque, constituíram "o ponto de ruptura entre o sucesso e o fracasso do grande esforço histórico de Gorbachev".[2] Isto é um exagero. O "socialismo com face humana" de Gorbachev foi um amontoado de contradições impossíveis de serem conciliadas. Mas a implosão do bloco acelerou muito a *exposição* dessas contradições e encorajou muita gente, dos estados bálticos à Ucrânia e à Rússia, a buscar o que antes era impensável: a saber, a emancipação total. Gorbachev tinha introduzido — sem qualquer pressão social para isso — eleições pluripartidárias para toda a União e, depois, os Sovietes Supremos republicanos, incentivando novos líderes populares, como Boris Yeltsin, da Rússia (1931-2007). Até esse ponto, a sociedade incivil não tinha mecanismos corretivos próprios. Mas há muito estava sujeita a alguns que não eram de sua criação, como a economia mundial capitalista. Outros importantes fatores foram a constante postura de contenção ocidental — quaisquer que fossem os erros e excessos, um Ocidente unido opunha-se devidamente ao comunismo na Guerra Fria — e o poderoso exemplo da democracia e da prosperidade capitalista após a Segunda Guerra Mundial. A mídia da própria sociedade incivil transmitia informações sobre o mundo capitalista, como também a mídia ocidental, que penetrava as ondas de rádio e TV do governo. Esta última incluía não apenas as transmissões da Alemanha Ocidental para a Alemanha Oriental, que não tinham restrições, mas também a Voz da América, a BBC e outras, que conseguiam driblar as obstruções e as restrições, especialmente durante o conturbado ano de 1989. Então, quando a Europa Oriental estava quase desmoronando, as eleições da URSS deram um impulso adicional à mobilização popular e ao ímpeto por soberania das regiões fronteiriças soviéticas. Mas o que mais facilitou o admirável colapso soviético foi o fato de a União Soviética ser organizada como um conglomerado de Estados nacionais.

As linhas de divisão

Os Estados Unidos nunca tinham reconhecido a anexação soviética dos países bálticos, tornando-os únicos entre as 15 repúblicas da URSS. Vendo os Estados bálticos como bordas de ataque em sua luta contra os linhas-duras, Gorbachev havia instruído as máquinas do partido e o KGB a facilitar a formação de "frentes populares em apoio à perestroika" em cada república báltica. Essa iniciativa do Kremlin, em 1988, cuja intenção era isolar os "extremistas", a princípio foi recebida friamente pelos habitantes locais.[3] Mas em pouco tempo, mais e mais ativistas bálticos compreenderam como usar as novas organizações tutelares para avançar com antigos programas, sendo o principal deles a ecologia. Em 1983, na Estônia, uma pesquisa sociológica havia descoberto que cerca de 90% das pessoas concordavam com a afirmação de que "os problemas ambientais são tão críticos e significativos que era preciso tomar medidas imediatas". Na Lituânia, nesse mesmo ano, o rol de membros da Sociedade de Proteção à Natureza, um organismo oficial, tinha chegado a 320 mil membros, comparados aos 20 mil de 1971. Em abril de 1986, o acidente nuclear em Chernobyl — o pior da história — pareceu confirmar os piores temores de todos, já que milhares de jovens bálticos foram recrutados para um perigoso trabalho de limpeza na Ucrânia, enquanto milhares de aldeões bielorrussos e ucranianos foram transferidos temporariamente para os Estados bálticos. Para o regime, as questões ambientais tinham parecido um modo seguro de despolitizar o ativismo social. Mas agora, uma onda em favor da "soberania da república" voltou-se contra os planos unilaterais de Moscou de implantar uma nova fábrica de fosfato na Estônia, uma estação hidrelétrica na Letônia e um quarto reator na Central Nuclear de Ignalina, ao estilo de Chernobyl. Estudantes secundaristas bálticos começaram a organizar protestos. Como um proeminente ativista letão observou em outubro de 1988, "tudo começou com o movimento para salvar a natureza".[4]

As coisas poderiam ter ficado nisso, não fosse pelas eleições competitivas, um presente de Gorbachev, que inflamaram os habitantes das repúblicas soviéticas a partir da primavera de 1989, antes da queda da Europa Oriental. Então, com a implosão do bloco, em novembro de 1989, um membro da equipe de Gorbachev advertiu que "a União Soviética não permitirá que suas repúblicas bálticas imitem as drásticas reformas políticas da Europa Oriental".[5] Gorbachev então trouxe os linhas-duras de volta ao governo soviético. Em janeiro de 1990, o ministro da Defesa soviético, Dmitri Yazov, entrou com uma repressão de demonstração contra a "frente popular" na república soviética do Azerbaijão. Mas a maior "demonstração" foi, de longe, a notável fuga da Europa Oriental. Mais que isso, a Europa Oriental tornou-se um trampolim contra a URSS. A Polônia — que Gorbachev protegera de nova imposição da lei marcial de dezembro de 1981 — começou a assinar acordos interestatais com sua vizinha Lituânia (que antes havia participado da Comunidade Polaco-Lituana). Adam Michnik, do Solidariedade, então recém-feito parlamentar, liderou uma delegação polonesa a Kiev, em setembro de 1989, para o congresso inaugural do pequeno mas resoluto movimento de independência ucraniana, chamado Rukh. Quando Michnik gritou em ucraniano *"Khai zhyve Ukraina!"* (Vida longa à Ucrânia), os 1.200 delegados explodiram; alguns se sentiram ainda mais encorajados a falar da "ocupação" soviética da Ucrânia. A recompensa de Gorbachev por ter permitido que o povo da Polônia decidisse seu próprio destino foi a intervenção dos poloneses para ajudar a decidir o destino dos bálticos e ucranianos.[6]

Com o apoio dos manifestantes, os establishments comunistas nos Estados bálticos desafiaram Moscou e ajudaram a liderar os esforços por autogoverno, mas foi decididamente depois da conquista do governo pela oposição polonesa, em 1989, que a Lituânia tornou-se a primeira república soviética a declarar não a soberania, mas a independência. E foi na Lituânia que a resposta de Moscou ao desafio báltico ocorreu de modo mais drástico. Em janeiro de 1991, forças no Kremlin puseram em movimento uma repressão em Vilnius, capital da Lituânia (Vilno polonês, Yiddish Vilna), que os soviéticos tinham tomado da Polônia na Segunda Guerra Mundial e dado à Lituânia. As muitas tropas e tanques soviéticos posicionados permanentemente na República Socialista Soviética Lituana tinham sido aumentados, e revistas foram feitas para tomar os vários prédios, enquanto os jovens lituanos andavam carregando paus, prontos para defender sua capital. Então a polícia de choque soviética (conhecida como Omon) investiu contra os prédios e torres de transmissão da TV lituana, onde foram recebidos com uma considerável resistência, resultando na morte de 13 lituanos. "Os Omon", escreveram dois estudiosos simpáticos à causa da independência báltica, "poderiam facilmente ter detectado qualquer resistência que os bálticos pudessem impor".[7] Mas a repressão foi deficiente. Moscou não conseguiu convocar os 2 milhões de russos étnicos dos Estados bálticos — havia menos deles na Lituânia (350 mil) — aos "Comitês de Salvação Nacional" pró-soviéticos. Ao mesmo tempo, as "frentes" bálticas, influenciadas pela Europa Oriental, "exportaram suas revoluções". Isto é, procuraram fortalecer-se ajudando potenciais aliados, visando às repúblicas eslavas da União Soviética, onde encontraram um público pequeno mas receptivo, cujo impacto foi amplamente aumentado pela estrutura interna da União Soviética.

Isso não era um fogo de palha nacionalista. Em 21 de janeiro de 1990, cerca de 250 mil ucranianos organizaram sua própria corrente humana ao estilo dos países bálticos, indo do oeste de Lviv até Kiev, e em julho de 1990, o Soviete Supremo ucraniano (ou Verkhovna Rada) declarou "soberania". Embora significativo, o número de participantes era drasticamente menor, em termos per capita, do que nos países bálticos (um vinte avos contra um quarto). Além disso, todas as repúblicas soviéticas declaravam sua "soberania" e o próprio termo era ambíguo: na Ucrânia, a soberania igualmente teve origem na ecologia, mas também envolveu greves em massa de mineiros, na Ucrânia oriental "russificada" de 1989.[8] A Ucrânia tinha o maior movimento dissidente nacionalista da URSS, mas ele nunca tinha passado das 950 pessoas (das 50 milhões da república). Os nacionalistas ucranianos há muito estavam desesperados, afirmando que a cultura ucraniana tinha sido destruída; eles próprios foram dizimados pelas várias levas de encarceramento (1965-66, 1972-73, 1976-80) e forçados a cumprir algumas das sentenças mais longas da era pós-Stalin — Levko Lukyanenko (1928-) passou 25 anos no gulag por interpretar que Lenin apoiava a independência ucraniana.[9] A Ucrânia tinha todo um establishment de oficiais ucranianos soviéticos antinacionalistas, e a república ainda estava sob o controle do chefe do partido ucraniano da era Brejnev até bem tarde em 1989. Isso foi quando o Rukh foi fundado como a "Frente Popular de Apoio à Perestroika" da Ucrânia. Mas, apesar de, no final das contas, o Rukh imitar as "frentes" bálticas na busca pela independência, a elite política pró-independência veio da sociedade incivil, e veio muito tarde: quando a autoridade central se desintegrou totalmente em Moscou, o establishment da Ucrânia se readaptou como "comunistas nacionais" favorecendo a independência.[10]

Contudo, os impérios caem não na periferia, mas no centro. A declaração de soberania da Ucrânia tinha acontecido no mês seguinte à declaração de soberania da Rússia em relação a Moscou. Foi o movimento da Rússia que abalou a União Soviética. Lá atrás, em 1983, o estudioso americano John Dunlop havia advertido os estrategistas políticos norte-americanos a acrescentar a Rússia à lista de "nações cativas" dentro da União Soviética.[11] O governo estadunidense não deu atenção, mas o governo da República Russa, sob o comando de Boris Yeltsin, seguiria exatamente essa estratégia, tocando no sentimento russo de que eles estavam vivendo pior em seu próprio império do que os outros povos. Yeltsin condenou a repressão soviética no Azerbaijão, em janeiro de 1990 ("É um erro enviar tropas e suprimir problemas étnicos por meio da força armada", disse ele), e, em junho de 1990, como presidente eleito do novo parlamento da República Russa, ele esteve à frente da Rússia no furo ao bloqueio contra a Lituânia. No início de julho, ele enviou comunicados diplomáticos interestatais às três repúblicas bálticas.[12] Em junho de 1991, em oposição à "ditadura de centro", isto é, Moscou, Yeltsin foi eleito para o novo cargo de presidente da República Russa. Em agosto, Kryuchkov — o chefe do KGB soviético que tinha sido enviado para parabenizar o primeiro-ministro Mazowiecki na Polônia, em 1989 — organizou um golpe. Mas o golpe conduzido pelo KGB para salvar o Estado soviético foi malfeito; o presidente da União Soviética (Gorbachev) foi preso, mas não os presidentes das repúblicas (Yeltsin ou seu homólogo ucraniano). O golpe conseguiu o resultado oposto ao que pretendia: todas as repúblicas da União que ainda não tinham declarado sua independência da URSS o fizeram, incluindo a Rússia. A sociedade incivil soviética em Moscou também abandonou a mutilada União pelas estruturas de estado republicanas. As corridas bancárias que começaram no bloco encontraram seu término em Moscou.

Mesmo sob as peculiaridades do monopólio totalitário, a não sancionada mobilização social em massa não constituiu exatamente a desintegração estatal. As mobilizações bálticas em torno da ecologia, e depois em torno do aniversário do Pacto Hitler-Stalin, influenciaram os acontecimentos em outras repúblicas soviéticas, mas o sine qua non de seu impacto foi a estrutura estatal etnoterritorial da União Soviética.[13] Mark Beissinger argumentou que o "nacionalismo" permitia mobilizações muito rápidas, sem organização social.[14] Mas um grande número da população de etnia russa na Letônia, na Lituânia, na Estônia e na Ucrânia também foi para as ruas apoiar a soberania e, finalmente, a independência dessas repúblicas diante da União Soviética. Na Sibéria, mineiros entraram em greves em massa em 1989 e clamaram por "soberania" — menos para a Sibéria, que não possuía estrutura etnoterritorial; as exigências dos mineiros logo foram absorvidas nos clamores por soberania da República Russa. Em outras palavras, os nacionalismos nem sempre eram fortes (como na

Ucrânia e na Rússia), mas, decididamente, o Estado soviético era organizado como um grupo de Estados nacionais. Até as "frentes populares de apoio à perestroika" eram nacionais; não havia uma frente popular "da União".[15] A estrutura interna da "nação titular" da URSS era tão radical que com frequência não levava em conta as minorias étnicas. Os grupos étnicos que mantinham suas próprias repúblicas na União — como era o caso da Rússia — tinham negados seus próprios enclaves "autônomos" em outras repúblicas da União, mesmo onde formavam minorias consideráveis. Mas, apesar de haver mais de 10 milhões de russos étnicos na Ucrânia (20% da população), não havia dentro dela uma República Autônoma para os russos. Entretanto, a Ucrânia, que estava longe de ser 100% ucraniana em sua composição, era 100% ucraniana em termos de sua estrutura de Estado. Também não havia entidades russas autônomas na Lituânia (quase 10% russa), na Estônia (33% russa), ou na Letônia (quase 40% russa). Resumindo, com algumas exceções — o emaranhado Cáucaso e na própria República Russa —, as repúblicas da União eram estruturalmente estados-nação únicos, qualquer que fosse sua composição. Essas estruturas de estado-nação tornaram-se as linhas de divisão essenciais após as explosões na Europa Oriental. Foi assim que o repúdio ao comunismo também se transformou na dissolução da União Soviética.

As mentiras

Antes de Gorbachev chegar ao poder em 1985, o bloco não estava em convulsão — nem mesmo na Polônia, onde em 1980-81 o sistema estivera clinicamente morto por 16 meses até ser reanimado pela lei marcial. O novo secretário-geral soviético causou a desestabilização. Subjacente a ela havia importantes mudanças estruturais. A importante passagem da Alemanha e do Japão da Grande Depressão e de um rígido militarismo à prosperidade da classe média e à democracia, seguida da reentrada de cerca de 400 milhões de chineses na economia do mundo capitalista a partir de 1978, foi chocante. O socialismo de matriz soviética — o suposto antídoto ao capitalismo — não deteriorou; ele foi esmagado numa disputa que era sua razão de ser. As sociedades incivis começaram a perder a coragem de suas convicções. A verdade é que em 1989 os líderes das sociedades incivis não estavam desistindo: nem Erich Honecker e o regime alemão oriental, nem Nicolae Ceauşescu e o regime romeno, e, pelo menos inicialmente, nem Wojciech Jaruzelski e o establishment na Polônia. Jaruzelski, que havia instituído a lei marcial em 1981, viu-se oito anos depois atolado no mesmo lugar, mas dessa vez receoso de usar a força. Honecker tentou a repressão em 1989, mas fracassou por falta de coragem, por procedimentos confusos e por resistência local, e também por marcar passo. Na Romênia, repressões sangrentas em 1989 produziram mais manifestantes, e depois o ministro da Defesa cometeu suicídio; isso, somado às multidões reunidas, rompeu a liderança do Exército que estava sob pressão. Nos três casos, o fator de rompimento foi o duplo golpe de Gorbachev e do contexto internacional: o mundo capitalista transformado. Todas as sociedades incivis tinham policiamento suficiente e legalistas, mas nenhuma conseguiu encontrar — diante do desafio capitalista do pós-guerra — um equilíbrio estável entre a esclerose e a dissolução. A reforma era desestabilizadora; a ausência de reforma, uma cilada para si própria. Ambas eram previstas na ideologia socialista para a economia, o que significava a rejeição do mercado. No final, o colapso do comunismo foi um colapso dos establishments, e o colapso dos establishments estava enraizado na conjuntura mundial — o sucesso do capitalismo e o fracasso do socialismo.

O resultado poderia ter sido diferente? Adam Michnik gosta de comparar o comunismo a uma cueca velha: você a coloca na máquina de lavar e ela sai limpa, mas destruída. O impulso para reformar, no entanto, estava longe de ser arbitrário. Antes, os impulsos de reforma eram gerados constantemente pelo próprio sistema, derivando das comparações com o Ocidente e do aperfeiçoamento social inerente ao marxismo-leninismo. Os avisos dos conservadores de que a reforma seria uma autoliquidação estavam corretos, mas eles também não tinham resposta para a concorrência com o capitalismo pós-Segunda Guerra Mundial. Eles impuseram maior disciplina e um aperfeiçoamento do planejamento, jogando dinheiro em panaceias como a tecnologia, mas em boa parte os conservadores se aguentaram, esperando que o Ocidente afundasse novamente, como nos anos 1930. Mas as tendências no mundo exterior, especialmente na Ásia Oriental, foram contrárias aos conservadores. Os asiáticos do Leste ajudaram a derrotar os fabricantes do bloco do Leste, minando o quixotesco jogo de empréstimo e exportação que Gierek, na Polônia, e Ulbricht, na Alemanha Oriental, tinham lançado no início dos anos 1970 e que outros, como Ceauşescu, na Romênia, haviam imitado. O consequente "mal polonês" — uma imensa dívida em moeda convertível — foi agravado por déficits na legitimidade política. Ao mesmo tempo, no entanto, foi a Ásia Oriental que pareceu encontrar a cura. A persistência dos regimes comunistas até bem depois de 1989 na China e no Vietnã (para não mencionar a Coreia do Norte) mostrou que o "leninismo de mercado" podia salvar o partido. E, no entanto, mesmo que as sociedades incivis do bloco do Leste percebessem que economias de mercado de Estado policial poderiam funcionar, elas eram ideologicamente opostas. Além disso, essa estratégia estava absolutamente fora de questão para a Alemanha Oriental, tendo em vista a existência da Alemanha Ocidental (a Coreia do Norte, enfrentando a Coreia do Sul, hesitou em seguir o curso de mercantilização da China e do Vietnã). Tenha-se em mente também que o leninismo de mercado da China baseava-se na integração à ordem global capitalista, o que exigia a aceitação do domínio de poder norte-americano. Ao contrário da China, a União Soviética era uma ordem global alternativa, uma condição da qual ela não podia simplesmente se afastar. E o destino da URSS estava intimamente atrelado à disposição de seus países-satélite de regime idêntico formados na esteira da Segunda Guerra Mundial. O vínculo era praticamente total.

O fim poderia ter sido catastrófico. Impulsionado por uma crença idealista na viabilidade do socialismo, apesar de tudo, Gorbachev procurou democratizar o sistema soviético, ajudando a derrubá-lo pacificamente. Claro, os regimes leninistas eram ditaduras, e a sobrevivência de ditaduras depende da percepção de que elas estão sempre preparadas e capazes de "mostrar os dentes". No momento em que deixam de demonstrar força quando desafiadas, seus súditos podem começar a perder o medo, e uma "competição" política com o sistema pode disparar exponencialmente. Nos casos leninistas, o monopólio desaparece, pondo fim ao sistema quase da noite para o dia. Foi assim na Hungria em 1956. E foi assim na Alemanha

Oriental e na Romênia em 1989. Quanto à Polônia, a maioria dos observadores há muito tinha compreendido que o país era diferente; ele tinha um campesinato com terras próprias, igrejas que controlavam os espaços públicos, uma população devota para quem a autoridade significava o padre local e o papa polonês, uma classe trabalhadora com suas próprias formas organizacionais e uma oposição diversificada que se tornou a única contraelite do bloco do Leste. Mas na Polônia, em 1989, o que motivou a sociedade incivil a convidar a oposição para a mesa-redonda foi exatamente o mesmo que em todas as outras partes do bloco: uma espiral insolúvel de dívidas em virtude da falência política. Possivelmente, as consequentes eleições na Polônia também tenham se constituído em algo como uma corrida bancária, com as cabines de votação substituindo as manifestações de rua. No caso, a sociedade incivil polonesa passou o fardo de governar para a imaginada "sociedade civil" numa negociação pacífica que concedeu ao establishment comunista uma espécie de imunidade. O desfecho relativamente não catastrófico foi providencial, mesmo que o resultado na Polônia, como na Romênia, viesse a provocar acusações de uma "revolução roubada". O povo ficou furioso ao ver os regimes comunistas cederem da mesma forma como tinham originalmente se desenvolvido: isto é, num acesso de redistribuição de bens e propriedades.

Após 1989, havia basicamente três caminhos para a sociedade incivil: seus membros podiam ser amplamente demitidos e aposentados numa incruenta purgação em massa (Alemanha Oriental); podiam basicamente sobreviver em posições de poder (Romênia); ou podiam ser obrigados a concorrer com uma contraelite da oposição (Polônia). Assim, com exceção da Alemanha Oriental, as redes de sociedade incivil e informação privilegiada provaram-se de grande valor nas novas circunstâncias.[16] Nenhuma surpresa aí. Todas as revoluções são, em alguma medida, revoluções de suplentes, que de repente aproveitam uma abertura. No caso dos oportunistas do bloco comunista, alguns analistas sugeriram uma diferenciação entre os tecnocratas mais "modernos" e os picaretas políticos (*apparatchiks*), argumentando que foram os primeiros que floresceram depois de 1989 por causa de suas habilidades técnicas (particularmente no caso húngaro).[17] Essa visão retrospectiva era um eco da teoria da modernização dos anos 1950-1960: um desses teóricos tinha imaginado que "embora as decisões vitais continuem a ser um monopólio dos líderes do partido, a crescente importância dos problemas técnicos no governo do Estado forçou uma divisão informal do poder com os cientistas, engenheiros [...] e outros funcionários essenciais tecnicamente habilitados", porque eram essas as exigências de sociedades modernas "complexas".[18] Na mesma linha, dois intelectuais húngaros, György Konrád e Iván Szelényi, argumentaram em *Intellectuals on the Road to Class Power* [Intelectuais a caminho do poder de classe] (1979), que os partocratas podiam compartilhar o poder com uma elite supostamente profissional — intelectuais tecnocráticos e humanistas — e com isso produzir um socialismo racional. Besteira. Não havia "tecnocracia" comunista à custa da dominação do partido. O próprio Konrád escreveu mordazmente, cinco anos depois: "O comunismo sancionou um sistema no qual os mais estúpidos lideram os mais inteligentes, porque ele fez da confiabilidade política uma exigência de trabalho mais importante do que a competência."[19] Mesmo assim, em 1989 houve uma mudança estrutural — o fim da propriedade e da administração total da economia por parte do Estado. A conquista da propriedade privada legal beneficiou grandes parcelas das sociedades incivis, frequentemente os piores entre os piores, mas, como a correspondente conquista do pluralismo político aberto, a privatização alterou as possibilidades também para o resto da sociedade.

Os sistemas comunistas associaram uma ideia abrangente (um novo mundo que transcendia o capitalismo) a uma nova organização (o monopólio sobre a economia e a vida pública) — uma inebriante mistura que detinha um poder incrível, mas que se desintegrou com uma velocidade excepcional. Seu aspecto mais vulnerável era a mentira endêmica, que aumentou o poder da Igreja Luterana em Leipzig, da Igreja Reformada (Calvinista) em Timişoara e da Igreja Católica na Polônia. Os paradigmas da sociedade incivil podem ser desprezados por suas prevaricações e casuística, bem como, em muitos casos, por sua devoção à causa mesmo após seu encarceramento por crimes inexistentes (Gomułka, Nagy, Kádár, Husák). Teresa Torańska (1944-), jornalista polonesa, usou o avanço do Solidariedade em 1980 para entrevistar e desacreditar cinco dos maiores oficiais sobreviventes da era stalinista na Polônia (1945-56). Exemplar nessa sua lista era Jakub Berman, cujo pai judeu tinha morrido em Treblinka e que tinha se tornado parte da troica dirigente na Polônia, juntamente com o chefe da economia Hilary Minc e o chefe do partido Bolesław Bierut. Berman reinou sobre a cultura polonesa como supervisor da segurança do Estado do politburo, com um escritório que possuía uma linha direta para Stalin. Mas em 1956, após o ataque cardíaco fulminante de Bierut (umas duas semanas após o discurso secreto de Khrushchev), Berman foi deposto da liderança e, no ano seguinte, do partido por causa de "distorções e erros". Ele arranjou um emprego humilde numa editora, solicitou reintegração ao partido, foi rejeitado duas vezes, e desistiu de pedir — mas evidentemente sem acreditar. Berman reconheceu para Torańska que "essas coisas não são simples", mas insistiu que depois que os soviéticos expulsaram os alemães da Polônia "nós queríamos impulsionar este país, dar-lhe um novo alento; todas as nossas esperanças estavam ligadas ao novo modelo de Polônia, que não tinha precedente histórico e era a única chance que o país tinha ao longo de milhares de anos de história". E, concluiu Berman, "fomos bem-sucedidos. Em todo caso, estávamos destinados a ter sucesso, porque estávamos certos. [...] A história estava do nosso lado".[20] Só que não estava, e eles fracassaram.

Notas

Prefácio

1. Tismăneanu, Vladimir (org.). *The Revolutions of 1989*. Nova York: Routledge, 1999.
2. Kramer, Mark. "The Collapse of East European Communism and the Repercussions within the Soviet Union". *Journal of Cold War Studies*, 5/4 (2003): 178-256, 6/4 (2004): 3-64, 7/1 (2005): 3-96.
3. Lohmann, Susanne. "Dynamics of Informational Cascades: The Monday Demonstrations in Leipzig, East Germany, 1989-91". *World Politics*. 47(1): 42-101, 1994. Fazer generalizações sobre os movimentos sociais da experiência comunista pode ser perigoso por causa da natureza do Estado comunista.
4. O subalterno, general Vitaly Pavlov, acrescentou que "as posições de Andropov Iu. V. relativas à Polônia eram, em grande medida, decisivas, especialmente nos anos de crise". Pavlov, V. G. *Rukovoditeli Pol'shi glazami razvedchika: krizisnye 1973-1984 gody.* Moscou: Terra, 1998, p. 330. Na transcrição de uma sessão do politburo soviético, em 10 de dezembro de 1981 — três dias antes de o general Jaruzelski, da Polônia, introduzir a lei marcial — há um momento irresistível em que Andropov argumenta contra qualquer possibilidade de intervenção militar soviética na Polônia, aconteça o que acontecer. Essa posição encontra eco nas memórias do analista-chefe do KGB. Kramer, Mark. "Soviet Deliberations during the Polish Crisis, 1980-1981". Cold War International History Project, Special Working Paper No. 1. Washington, D.C., 1999. p. 164-5. Disponível em: www.wilsoncenter.org/topics/pubs/ACF56F.PDF; Leonov, Nikolai. *Likholet'e*. Moscou: Mezhdunarodnye Otnosheniia, 1995, p. 212.
5. Um dos autores do presente volume escreveu um de tais livros: Kotkin, Stephen. *Armageddon Averted: The Soviet Collapse, 1970-2000*. ed. atualizada. Nova York: Oxford University Press, 2008.

Corrida bancária

1. "Muito curiosamente, o momento em que as pessoas no Ocidente finalmente acharam que havia uma revolução foi quando viram imagens televisivas da Romênia: multidões, tanques, tiroteios, sangue nas ruas. Disseram: 'Isto nós sabemos que é uma revolução', e, é claro, a piada é que foi a única que não foi [sic]". Ash, Timothy Garton. "Conclusions". In: Antohi, Sorin; Tismăneanu, Vladimir (orgs.). *Between Past and Present*. Budapeste: Central European University, 2000, p. 395. Sobre a tese da revolução roubada, veja Gallagher, Tom. *Modern Romania: The End of Communism, the Failure of Democratic Reform, and the Theft of a Nation*. Nova York: New York University, 2005. Veja também Tismăneanu, Vladimir. "The Quasi-Revolution and its Discontents: Emerging Political Pluralism in Post-Ceauşescu Romania". *East European Politics and Societies*, 7(2): 309-48, 1993.
2. Przeworski, Adam. "The Man of Iron and Men of Power in Poland". *Political Science*, 15: 18-31, 1982. Przeworski criticou — antecipadamente — a miríade de estudiosos que "escreverão milhares de livros e artigos correlacionando as condições de fundo com as consequências em cada país do 'Leste Europeu', mas [...] estarão perdendo seu tempo, pois o acontecimento todo foi uma única bola de neve". Przeworski, Adam. *Democracy and the Market: Political and Economic Reforms in Eastern Europe and Latin America*. Nova York: Cambridge University, 1991, p. 3.
3. Civil Society, em Miller, D. *The Blackwell Encyclopedia of Political Thought* Oxford, Inglaterra: Basil Blackwell, 1987, p. 77; Keane, John (org.). *Civil Society and the State: New European Perspectives*. Londres: Verso, 1988; Rau, Zbigniew (org.). *The Reemergence of Civil Society in Eastern Europe and the Soviet Union* (Boulder, Colorado: Westview, 1991; Ekiert, Grzegorz; Kubik, Jan. *Rebellious Civil Society: Popular Protest and Democratic Consolidation in Poland, 1989-1993*. Ann Arbor: University of Michigan, 1999. Pollack, Detlef; Wielgohs, Jan (orgs.). *Dissent and Opposition in Communist Eastern Europe: Origins of Civil Society and Democratic Transition*. Burlington, Vt.: Ashgate, 2004). O paradigma da sociedade civil continua muito influente, mas alguns analistas têm questionado "a generalização comum de que uma sociedade civil ativa é necessariamente boa para a democracia", observando a notável exclusão de exemplos antiliberais e antidemocráticos. Veja Kopecký, Petr; Mudde, Cas (orgs.). *Uncivil Society? Contentious Politics in Post-Communist Europe*. Nova York: Routledge, 2003, p. xvi.
4. Carothers, Thomas. "Think Again Civil Society". *Foreign Policy*, 18-29, 1999-2000; e "The End of the Transition Paradigm". *Journal of Democracy*,

13(1): 5-21, 2002. Na comunidade de auxílio internacional, a noção de "sociedade civil" tornou-se extraordinariamente difundida, mas geralmente tem se reduzido a um sinônimo de organização não governamental (ONG).
5. A inestimável metáfora "corrida bancária" foi elaborada para o caso soviético por Steven L. Solnick, *Stealing the State: Control and Collapse in Communist Institutions*. Cambridge, Mass.: Harvard University, 1999.
6. Jacques Rupnik compreendeu o rompimento polonês com a estratégia de reformar o comunismo, mas o principal disseminador do conceito de sociedade civil para a Europa Oriental foi Andrew Arato. Para Arato e outros da esquerda, a "sociedade civil" supostamente oferecia um modo de organização sociopolítica que contrariava o que eles viam como o domínio e consumismo burocráticos das sociedades de mercado. Rupnik, "Dissent in Polland, 1968-1978. The End of Revisionism and the Rebirth of Civil Society". In: Tőkés, Rudolf (org.). *Opposition in Eastern Europe*. Baltimore: Johns Hopkins University, 1979, p. 60-112; Arato. "Civil Society against the State: Polland, 1980-81. *Telos*, 47: 23-47, 1981"; e Cohen, Jean L.; Arato, Andrew. *Civil Society and Political Theory*. Cambridge, Mass.: MIT, 1992.
7. Um exemplo: Kennedy, Michael D. "The Intelligentsia in the Constitution of Civil Societies and Post-Communist Regimes in Hungary and Poland". *Theory and Society*, 21(1): 29-76, 1992.
8. Kumar, Krishan. "Civil Society: An Inquiry into the Usefulness of an Historical Term". *British Journal of Sociology*, 44(3): 375-95, 1993. Veja também Kopecký, Petr e Barnfield, E. "Charting the Decline of Civil Society: Explaining the Changing Roles and Conceptions of Civil Society in East Central Europe". In: Grugel, Jean (org.). *Democracy without Borders: State and Non-state Actors in Eastern Europe, Africa and Latin America*. Londres: Routledge, 1999, p. 76-91.
9. Geremek, entrevistado por Piotr Kosicki em 2 de julho de 2007. Depois de 1989, escreveu Geremek, "devemos perguntar se a ideia de uma sociedade civil — por mais eficaz que tenha sido para ajudar a derrubar o comunismo — não acabará por se tornar inútil na construção de uma democracia". Geremek. "Civil Society in Historical Context". In: Geremek et al. *The Idea of a Civil Society*. Research Triangle Park, N.C.: National Humanities Center, 1992, p. 11-18 (citação à página 18).
10. Konrád. *Antipolitics: An Essay*. San Diego: Harcourt Brace Jovanovich, 1984, p. 82.
11. "O Novo Fórum não queria ser um partido", escreveu Charles Maier. "Nisso ele foi bem-sucedido." Maier, Charles S. *Dissolution: The Crisis of Communism and the End of East Germany*. Princeton, N.J.: Princeton University, 1997, p. 169.

12. Thompson, Mark R. "Why and How East Germans Rebelled". *Theory and Society*, 25(2): 263-99 (na 276), 1996, citando Jan Urban, "The Powerlessness of the Powerful", original inédito (Praga, novembro de 1992). O tamanho estimado da oposição organizada na Tchecoslováquia seria maior se fossem incluídos todos os 1.883 signatários da Carta 77, o documento de apelo aos direitos humanos, cerca de 12 anos antes. Bradley, John F. N. *Czechoslovakia's Velvet Revolution: A Political Analysis*. Boulder, Colo.: East European Monographs, 1992, p. 21.
13. A China comunista em 1989 é outro exemplo ilustrativo que expõe as limitações do paradigma da sociedade civil. Veja, por exemplo, os fantasmagóricos ensaios de David Strand: "Prostest in Beijing: Civil Society and the Public Sphere in China". *Problems of Communism*, 39: 1-19, 1990; e Sullivan, Larry. "The Emergence of Civil Society in China, Spring 1989". In: Saich, Tony (org.). *The Chinese People's Movement: Perspectives on Spring 1989*. Armonk, N.Y.: M. E. Sharpe, 1990, p. 126-44.
14. O que parece decisivo, conforme acrescentou Sájo, foi que já em 1988 "as dificuldades econômicas da Hungria tinham aumentado a tal ponto que mesmo os comunistas tinham de reconhecê-las". Sájo, András. "The Roundtable Talks in Hungary". In: Elster, John (org.). *The Roundtable Talks and the Breakdown of Communism*. Chicago: University of Chicago, 1996, p. 69-98. Veja também Tőlkés, Rudolf L. *Hungary's Negotiated Revolution: Economic Reform, Social Change, and Political Succession, 1957-1990*. Nova York: Cambridge University, 1996; e Bozóki, András (org.). *The Roundtable Talks of 1989: The Genesis of Hungarian Democracy*. Budapeste: Central European University, 2002. Sobre as analogias entre a Polônia e a Hungria, veja Frentzel-Zagorska, Janina. "Civil Society in Poland and Hungary". *Soviet Studies*, 42(4): 759-77, 1990.
15. Szelényi, Iván. *Socialist Entrepreneurs*. Nova York: Cambridge University, 1988); Hankiss, Elemér. "What the Hungarians Saw First". In: Prins, Gwyn (org.). *Spring in Winter: The 1989 Revolutions*. Manchester: Manchester University, 1990, p. 13-36 (na 31); Stark, David. "Privatization in Hungary: From Plan to Market of from Plan to Clan?" *East European Politics and Societies*, 4(3): 351-92, 1990. Mas cf. Hann, C. M. "Second Economy and Civil Society". *Journal of Communist Studies*, 6(2): 21-44, 1990; e Hann (org.). *Market Economy and Civil Society in Hungary*. Londres: Frank Cass, 1990.
16. Brzezinski, Zbigniew. *The Grand Failure; The Birth and Death of Communism in the Twentieth Century*. Nova York: Scribner, 1989, p. 2-3.
17. Welsh, Helga A. "The Elite Conundrum in the GDR: Lessons from the Distric Level". *German Studies Review*, 24(1): 19-33, 2001. Connelly, John. "In-

ternal Bolshevisation? Elite Social Science Training in Stalinist Poland". *Minerva*, 34(4): 323-46 (esp. 344), 1996; Angelescu, Ioana. "A Few Features of the Nomenklatura in Romania". Radio Free Europe/Radio Liberty, Background Report (1983). Boldur-Latescu, Gheorghe. *The Communist Genocide in Romania*. Nova York: Nova, 2005, p. 55-60.
18. Lebow, Katherine Anne. "Nowa Huta,1949-1957: Stalinism and the Transformation of Everyday Life in Poland's 'First Socialist City'". 2002. Tese (Doutorado) — Columbia University, Nova York; Dowling, Timothy. "Stanistadt/Eisenhüttenstadt: A Model for (Socialist) Life in the German Democratic Republic, 1950-1968". 1999. Tese (Doutorado), Tulane University, Nova Orleães. Em Eisenhüttenstadt, mais de 50 mil artefatos da cultura material da República Democrática Alemã foram preservados no Centro de Documentação da Cultura Cotidiana da Alemanha Oriental.
19. Elemér Hankiss, que deu origem à ideia, acabou por concluir que de maneira geral não havia uma "segunda sociedade", apenas uma "terra de ninguém" em vez de uma completa alternativa à sociedade oficial ou "primeira sociedade". Hankiss, Elemér. "The 'Second Society': Is There na Alternative Social Model Emerging in Hungary?". *Social Research*, 55(1-2): 13-42, 1988. Reimpresso em Fehér, Ference e Arato, Andrew (orgs.). *Crisis and Reform in Eastern Europe*. New Brunswick, N.J.: Transaction, 1991, p. 303-34; e Hankiss. *East European Aleternatives*. Oxford, Inglaterra: Clarendon, 1990.
20. Em aprovação a Rudolf Bahro, *The Alternative in Eastern Europe: An Analysis of Actually-Existing Socialism*. Londres: Verso, 1978; original alemão, 1977.
21. Veja também Szelényi, Iván. "The Position of the Intelligentsia in the Class Structure of State Socialist Societies". *Critique*, 10-11: 51-76, 1978; Konrád, Győrgy e Szelényi, Iván. *The Intellectuals on the Road to Class Power*. Brighton, Sussex: Harvester, 1979.
22. Dolgoff, Sam (org.). *Bakunin Anarchy*. Nova York: Knopf, 1973. p. 319; Trotski, Leon. *A revolução traída*. São Paulo: Centauro, 2007.
23. Kuroń, Jacek e Modzelewski, Karol. *List otwarty do partii*. Paris: Instytut Literacki, 1966, p. 76-89. Outros analistas observariam que a nova classe — às vezes chamada de *nomenklatura* (isto é, as "listas" de funcionários-chave do regime) — cuidava atentamente de seus filhos, vetando o acesso aos melhores institutos educacionais aos outros e com isso formando uma casta. Veja Volensky, Michael. *Nomenklatura: The Soviet Ruling Class, an Insider's Report*. Nova York: Doubleday, 1984. A ideia da "nova classe" deu um salto para a América e depois para o mundo todo. Veja Bazelon, David. *Power in America:*

The Politics of the New Class. Nova York: New American Library, 1967; e Gouldner, Alvin. *The Future of Intellectuals and the Rise of the New Class*. Nova York: Seabury, 1979. Mas cf. Bruce-Briggs, B. (org.). *The New Class?* Nova York: McGraw-Hill,1981.

24. Djilas, Milovan. *The Unperfect Society: Beyond the New Class*. Nova York: Harcourt: Brace & World, 1969.
25. Gross, Jan T. "Thirty years of Crisis Management in Poland". In: Rakowska-Harmstone, Teresa (org.). *Perspectives for Change in Communist Societies*. Boulder, Colo.: Westview, 1979, p. 145-67.
26. "Até a efetiva deflagração da revolução", escreveu um estudioso sobre a Hungria, em 1956, "o movimento da oposição e a agitação por reforma tinham o caráter de um assunto interno de família dentro do próprio partido". Keckskeméti, Paul. *Unexpected Revolution: Social Forces in the Hungarian Uprising*. Stanford, Calif.: Stanford University, 1961, p. 1-2. Mesmo o célebre Círculo Petőfi de intelectuais foi montado (em março de 1956) pelo regime como uma esperada válvula de segurança para as queixas.
27. Kenez, Peter. *Hungary from the Nazis to the Soviets: The Establishment of the Communist Regime in Hungary, 1944-1948*. Nova York: Cambridge University, 2006. p. 157.
28. Medvedev, Roi. *Neizvestnyi Andropov: politicheskaia biografiia Iuria Andropova*. Moscou: Prava Cheloveka,1999, p. 33.
29. Zinner, Paul E. *National Communism and Popular Revolt in Eastern Europe*. Nova York: Columbia University, 1956, p. 429, 454. Békés, Csaba et al. (orgs.). *The 1956 Hungarian Revolution: A Hstory in Documents*. Budapeste: Central European University, 2002, p. 290-1.
30. Medvedev, *Neizvestnyi Andropov*, p. 46-7.
31. Djilas. "Hungary and Yugoslavia". In: Király, Béla et al. (orgs.). *The First War between Socialist States: The Hungarian Revolution of 1956 and Its Impact*. Nova York: Brooklin College, 1984, p. 92-3. Muitos socialistas conseguiram engolir a repressão na Hungria à época por causa da retórica nacionalista da rebelião e do fato de que a Hungria tinha se aliado à Alemanha nazista apenas 12 anos antes. Essa desculpa esquerdista não ficaria evidente durante a supressão da Primavera de Praga. Mikhail Gorbachev e Zdeněk Mlynář. *Conversations with Gorbachev: On Perestroika, the Prague Spring, and the Crossroads of Socialism*. Nova York: Columbia University, 2002.
32. Sinko, Katalin. Political Rituals: The Raising and Demolition of Monuments. In: Gyorgy, Peter e Tura Hedgiv (orgs.). *Art and Society in the Age of Stalin*. Budapeste: Corvina, 1992, p. 81. Veja também Ekiert, Gregorz.*The State

against Society: Political Crisis and Their Aftermath in East Central Europe. Princeton, N.J.: Princeton University, 1996, esp. p. 95-8.
33. Um estudioso que captou tanto a centralidade da ideologia quanto sua crucial ligação com a geopolítica foi Brzezinski, Zbigniew. *The Soviet Bloc: Unity and Conflict.* Cambridge, Mass.: Harvard University, 1960, 1967.
34. Kramer, Mark. "Soviet Union and the 1956 Crisis in Hungary and Poland: A Reassessment and New Findings". *Journal of Contemporary History*, 33(2): 163-214, 1998 (citações às p. 173, 191). Veja também: Weiner, Amir. "The Empires Pay a Visit: Gulag Returnees, East European Rebellions, and Soviet Frontier Politics". *Journal of Modern History*, 78(2): 333-76, 2006.
35. Gati, Charles. *Failed Illusions: Moscow, Washington, Budapest, and the 1956 Hungarian Revolution.* Stanford, Calif.: Stanford University, 2006, p. 12; Békés. *The 1956 Hungarian Revolution*, p. 375. Gati observa que, contrariamente ao mito, nem todo húngaro apoiou a rebelião de 1956; muitos se sentiram incomodados por ela.
36. Lendvai, Paul. *Hungary: The Art of Survival.* Londres: I. B.Tauris,1988, p. 127-55. (As muitas faces de Károly Grósz.)
37. Havel, Václav. "The Power of the Powerless" (1978). Stokes, Gale (org.). *From Stalinism to Pluralism.* Nova York: Oxford University, 1996, p. 168-74. Muitos dissidentes não estavam apenas pessimistas, mas desesperados; por exemplo, o húngaro Miklós Haraszti (1945-), que teve de admitir que a liberdade não era uma condição essencial da produção cultural e que mesmo o advento de algum pluralismo parecia fortalecer a mão do Estado. Haraszti, Miklós. *The Velvet Prison: Artists under State Socialism.* Nova York: Basic, 1987. O texto foi originalmente publicado pelo autor na clandestinidade húngara, em 1986.
38. Michnik, Adam. "A New Evolutionism" (1976). In: *Letters from Prison and Other Essays.* Berkeley: University of California, 1985, p. 135-148.
39. Tarrow, Sidney. "'Aiming at a Moving Target'": Social Science and the Recent Rebellions in Eastern Europe". *PS: Political Science and Politics*, 34: 12, 1991. Na Tchecoslováquia, em meados de novembro de 1989, durante imensos protestos de rua, Jan Urban, um ativista de visibilidade, sugeriu que o Fórum Cívico buscasse discutir eleições — para junho de 1991. Mesmo essa humilde sugestão foi considerada irrealista por alguns dos colegas de Urban. Kuran, Timur. "'Now Out of Nowhere'": The Element of Surprise in the East European Revolutions in 1989". *World Politics*, 44(1): 7-48 (na 13), 1991.
40. Ash, Timothy Garton. *The Magic Lantern: The Revolution of '89 Witnessed in Warsaw, Budapest, Berlin, and Prague.* Nova York: Random House, 1990, p. 25.

41. Bilak, *Paměti Vasila Bilak*. Praga: Agentura Cesty, 1991. Originalmente serializadas no jornal do partido comunista eslovaco, as memórias de Bilak foram suspensas após dois episódios por serem reveladoras demais. Ele estava preocupado com o papel que teve em 1968 ("1968 deixou uma cicatriz tão profunda em meu pensamento, no meu coração e na minha memória que devo continuamente me voltar a ele" [I: 5].
42. Mlynář, Zdeněk. *Nightfrost in Prague: The End of Humane Socialism*. Nova York: Karz, 1980, p. 1-2.
43. Igor Lukes argumenta que, em 1948, a traição da Tchecoslováquia pelas potências da Europa Oriental em Munique, em 1938, ainda estava viva na mente das pessoas. Também havia a ilusão de que os soviéticos iriam permitir que os tchecoslovacos desenvolvessem sua própria versão do socialismo. Lukes, Igor. "The Czech Road to Communism". In: Naimark, Normal e Gibianskii, Leonid (orgs.). *The Establishment of Communist Regimes in Eastern Europa, 1944-1949*. Boulder, Colo.: Westview, 1997, p. 243-65; Lockhart, Robert Bruce. *My Europe*. Londres: Putnam, 1952, p. 125.
44. Williams, Kieran. *The Prague Spring and Its Aftermath*. Cambridge, Inglaterra: Cambridge University, 1997, p. 5.
45. Kovály, Heda Margolius. *Under a Cruel Star: A Life in Prague, 1941-1968*. Cambridge, Mass.: Plunkett Lake, 1986, p. 62, 25. Os julgamentos políticos da Tchecoslováquia da era stalinista resultaram em mais mortes do que no resto do bloco *somado*. Centenas de pessoas foram executadas entre 1948 e 1955 (algumas centenas mais foram baleadas ao tentarem cruzar a fronteira); outras 3 mil pessoas morreram em campos e prisões. Os prisioneiros políticos tchecos atingiram um pico de 16 mil em 1953. Em comparação, nos cinco anos após 1968, 1.142 pessoas foram presas. Williams, Kieran e Deletant, Dennis. *Security Intelligence Services in New Democracies: The Czech Republic, Slovakia and Romania*. Houndmills, Inglaterra: Palgrave, 2001, p. 25-6.
46. Citado em Shawcross, William. *Dubcek*. Londres: Weidenfeld and Nicholson, 1973, p. 63. O pai de Dubček, um operário, tinha se filiado ao partido comunista e nos anos 1920 imigrou para a União Soviética. Em consequência disso, dos 4 aos 17 anos Dubček frequentou escolas soviéticas, retornando à Eslováquia em 1938 e tornando-se operário de fábrica e ele próprio comunista. Ele foi ferido duas vezes na rebelião eslovaca de 1944 (seu irmão foi morto). Entre os anos 1955-58, isto é, os anos do discurso secreto e do degelo, Dubček foi enviado para formação na Escola Superior do Partido em Moscou. Portanto, em 1968, ele havia passado 16 de seus 47 anos na União Soviética. Ainda assim, Gordon Skilling concluiu que "Não havia nada nas origens de Dubček

que o distinguisse como pessoa de ponto de vista incomum, mesmo em relação às questões eslovacas". Shilling, H. Gordon. *Czechoslovakia's Interrupted Revolution*. Princeton, N.J.: Princeton University, 1976, p. 185.
47. Meio milhão de comunistas tchecoslovacos foi expulso do partido nos anos 1945-50. Após a Primavera de Praga, no início dos anos 1970, outros 327 mil comunistas foram expulsos do partido, enquanto 150 mil o abandonaram voluntariamente, cortando em um terço o rol de membros. Tal redução era inédita no mundo comunista do período pós-Segunda Guerra Mundial fora da catastrófica Revolução Cultural de Mao. Contando todos os expulsos, um quarto da população adulta tcheca esteve nas fileiras comunistas em um momento ou outro. Rupnik, Jacques. "The Roots of the Czech Stalinism". In: Samuel, Raphael e Stedman-Jones, Gareth (orgs.). *Culture, Ideology, and Politics: Essays for Eric Hobsbawm*. Londres: Routledge & Kegan Paul, 1982, p. 302-20 (em 30).
48. Rupnik, "The Roots of the Czech Stalinism", p. 312; Williams, *The Prague Spring*, p. 5-6.
49. Williams e Deletant, *Security Intelligence Services*, p. 32. Nessa altura, a Státní Bezpečnost ("Segurança de Estado", StB) da Tchecoslováquia empregava cerca de 9 mil pessoas para uma população de cerca de 15 milhões, o que significava que a polícia política trabalhava numa razão de um para 1.200 a 1.700 habitantes (mais tarde subindo a um para cada 867). Dois terços tinham entrado para as fileiras da segurança antes de 1956, isto é, antes de Stalin ser denunciado por Khrushchev. Observe-se que cerca de 30 milhões de cartas cruzavam a fronteira todos os dias, e a StB não dava conta de sua função de observação. Metade dos aparelhos de escuta que eles plantavam em embaixadas estrangeiras nem ao menos funcionava (e nem entravam em todas as embaixadas, para começo de conversa). O maior grupo de pessoas sob investigação por crimes contra o Estado eram trabalhadores braçais insatisfeitos. Williams, *The Prague Spring*, p. 214-5. A StB tinha aproximadamente uma dúzia de contatos no KGB, que estavam inteirados de todas as informações e análises internas.
50. Dubček, Alexander. *Hope Dies Last: The Autobiography of Alexander Dubček*. Nova York: Kodansha, 1993, p. 112.
51. Navratíl, Jaromír et al. (orgs.). *The Prague Spring 1968*. Budapeste: Central European University, 1998, p. 92-5.
52. Remington, Robin Alison (org.). *Winter in Prague: Documents on Czechoslovak Communism in Crisis*. Cambridge, Mass.: MIT, 1969, p. 252-3.
53. Zeman, Z. A. B. *Prague Spring: A Report on Czechoslovakia 1968*. Londres: Penguin, 1969, p. 112-3.

54. Mlynář, *Nightfrost in Prague*, p. 199.
55. "Vasil Bilak, the Grey Eminence" e "Pytor Shelest, Diary and Interview". In: Kun, Miklós. *Prague Spring — Prague Fall: Blank Spots of 1968*. Budapeste: Akademiai Kiado, 1999, p. 69-98, 99-133 (esp. 89,127). Veja também Kramer, Mark (org.). "Ukraine and the Soviet-Czechoslovak Crisis of 1968, Part 1: New Evidence from the Diary of Petro Shelest". *Cold War International History Project Bulletin*, 10: 234-247, 1998; e Shelest, P. Iu. *Da ne sudimy budete: dnevnikovye zapisi, vospominaiia chlena Politbiuro TsK KPSS*. Moscou: Edition q., 1995.
56. Mlynář afirma ter advertido a liderança soviética de que, a menos que o grupo tchecoslovaco sequestrado pudesse retornar ao poder, "a Tchecoslováquia rapidamente se tornará burguesa". Como citado em Williams, *The Prague Spring*, p. 134. Veja também Navratíl, *The Prague Spring 1968,* p. 465-86. Depois de agosto de 1968, as fronteiras ficaram abertas por cerca de 13 meses e dezenas de milhares de tchecoslovacos emigraram, especialmente jovens e profissionais.
57. Kovalev, S. Suverenitet i internatsional'nye obiazannosti sotsialisticheskikh stran. *Pravda*, 26 set. 1968. Em novembro de 1968, Brejnev disse ao V Congresso do Partido dos Trabalhadores Unidos Poloneses (i.e., os comunistas) que "quando forças internas e externas hostis ao socialismo ameaçam levar um país socialista de volta ao capitalismo, isso se torna um problema e uma preocupação comuns a todos os países socialistas". Veja Navratíl, *The Prague Spring 1968,* p. 547-54; Skilling, *Czechoslovakia's Interrupted Revolution*, p. 663-4 (citando Bilak); Ouimet, Matthew J. *The Rise and Fall of the Brezhnev Doctrine in Soviet Foreign Policy*. Chapel Hill/ Londres: University of North Carolina, 2003; e "My spasli sotsializm v etoi strane: iz zapisi peregovorov delegatsii TsK KPSS s delegatsici ital'ianskoi kompartii". *Istochnik*, 5: 77-86, 1994.
58. Kun, *Prague Spring*, p. 28-31, 74-5. Em 1986, 12 dos 14 membros do Presidium comunista tchecoslovaco já tinham estado no poder desde 1971, bem como nove dos 11 membros do Presidium eslovaco. No ano seguinte, quando o idoso e doente Husák foi posto de lado como secretário-geral (mas não como chefe de Estado), Bilak tornou-se o número dois do partido. Ele permaneceu como secretário do Comitê Central e membro do Presidium tchecoslovaco até dezembro de 1988 e como membro da Assembleia Nacional até 1989. Em dezembro de 1989, Bilak foi suspenso do partido após uma investigação sobre sua participação nos eventos de 1968.

59. Por "interferência estrangeira" Bilak entendia não a União Soviética, claro, mas "as forças imperialistas".
60. Citado em Mlynář, *Nightfrost in Prague*, p. 143.
61. Boa parte da literatura acadêmica atribui o relativo atraso da Europa Oriental ao atraso soviético. Em contrapartida, Iván Berend argumentou que a Europa Oriental do século XX produziu duas revoltas contra o Ocidente por se sentir humilhada: uma rebelião antiliberal de direita, nos anos entre as guerras, e uma rebelião antiliberal de esquerda, nos anos pós-guerra, ambas motivadas pelo "atraso econômico e pela crescente lacuna que os separava do avançado núcleo ocidental". Berend, Iván T. *Central and Eastern Europe, 1944-1993: Detour from the Periphery to the Periphery.* Nova York: Cambridge University, 1996. p. x.
62. Gati, Charles. *The Bloc That Failed: Soviet-East European Relations in Transition.* Bloomington: Indiana University, 1990. p. 119; Marer, Paul. "Has Eastern Europe Become a Liability to the Soviet Union? III. The Economic Aspect". In: Gati, Charles (org.). *The International Politics of Eastern Europe.* Nova York: Praeger, 1976, p. 59-81 (em 70). A Romênia importava petróleo da URSS, mas não a preços subsidiados.
63. Lorinc, Hajna Istvanffy. "Foreign Debt, Debt Management Policy, and Implications for Hungary's Development". *Soviet Studies*, 44(6): 997-1013, 1992.; Vanous, J. "East European Economic Slowdown". *Problems of Communism*, 31(4): 1-19, 1982; Gati, *The Bloc That Failed.* p. 108-9; Verdery, Katherine. "What Was Socialism, and Why Did It Fail?". In: Tismăneanu, *The Revolutions of 1989,* p. 63-85 (em 81).
64. Aldcroft, Derek H. e Morewood, Steven. *Economic Change in Eastern Europe since 1918.* Aldershot, Inglaterra: Edward Elgar, 1995, p. 170. Bunce, Valerie. "The Empire Strikes Back: The Evolution of the Eastern Bloc from a Soviet Asset to a Soviet Liability". *International Organization.* 39(1): 1-46 (em 39), 1985.
65. Aldcroft e Morewood, *Economic Change in Eastern Europe*, p. 137. Para uma estimativa máxima (87 bilhões) dos subsídios comerciais soviéticos à Europa Oriental entre 1960 e 1980, veja Marrese, Michael e Vanous, J. *Soviet Subsidization of Trade with Eastern Europe.* Berkeley: University of California, 1983.
66. Valerie Bunce sugeriu que a escolha tinha se reduzido a duas opções desagradáveis: liberalizar e, com isso, destruir o sistema ou adiar reformas e adquirir estabilidade de curto prazo, mas ruína no longo prazo. Jeffrey Kopstein escreveu que "os líderes por todo o bloco enfrentavam duas alternativas: ou

recolher-se a um imobilismo conservador ou seguir o caminho da gradual restauração capitalista". Bunce, *Subversive Institutions: The Design and Destruction of Socialism and the State*. Nova York: Cambridge University, 1999, p. 37; Kopstein, Jeffrey. *The Politics of Economic Decline in East Germany, 1945-1989*. Chapel Hill: University of North Carolina, 1997. p. 46.

Em 1966, um "Partido Comunista Polonês" pró-chinês em exílio foi anunciado na Albânia, defendendo o retorno à ortodoxia (stalinismo) em casa e uma política mais revolucionária no exterior, contra o "revisionismo" e a alegada "renúncia às conquistas socialistas" de Gomułka.

67. Dickson, Bruce J. *Democratization in China and Taiwan: The Adaptability of Leninist Parties*. Oxford, Inglaterra: Clarendon, 1998.
68. McDonald, Jason. "Transition to Utopia: A Reinterpretation of Economics, Ideas, and Politics in Hungary, 1984 to 1990". *East Eropean Politics and Societies*, 7(2): 203-39, 1993 (citação de Kádár à p. 214).
69. Hankiss, *East European Alternatives*, p. 203; McDonald, "Transition to Utopia", p. 217-28; Tőkés, *Hungary's Negotiated Revolution*, p. 197-8.
70. Kramer, "The Collapse of East European Communism", p. 192-200.
71. Konrád, *Antipolitics*, p. 84-5.

Sem saída

1. *1980 World Bank Atlas: Population, Per Capita Product, and Growth Rates*. Washington, D.C.: World Bank, 1980, p. 16.
2. Kopstein, Jeffrey. *The Politics of Economic Decline in East Germany, 1945-1989*. Chapel Hill/Londres: University of North Carolina, 1997.
3. Mesmo antes de sua formação como Estado, o território da futura RDA recebeu cabos para poder receber a programação ocidental. A Alemanha Oriental nunca adotou a abordagem da Coreia do Norte de proibir a fabricação de rádios e televisões capazes de receber sinais ocidentais. Os alemães orientais também podiam conversar com milhões de visitantes do Ocidente, parte da détente Oriente-Ocidente. Um estudioso argumentou que a escassez, na RDA, "de publicações independentes refletia a disponibilidade aos dissidentes da RDA da esfera pública sucedânea da República Federal". Torpey, John. *Intellectuals, Socialism and Dissent: The East German Opposition and Its Legacy*. Minneapolis: University of Minnesota, 1995, p. 97. Sobre a televisão na Alemanha Oriental, veja Funder, Anna. *Stasiland: Stories from behind the Berlin Wall*. Londres, 2003, p. 121-38.

4. Joppke, Christian. *East German Dissidents and the Revolution of 1989*. Nova York: New York University, 1995. Esp. cap. 6 ("Why Was There No 'Dissidence' in East Germany"?).
5. Reich, Jens. "Reflections on Becoming an East German Dissident, on Losing the Wall and a Country". In: Prins, Gwyn (org.). *Spring in Winter: The 1989 Revolutions*. Manchester/Nova York: Manchester University, 1990, p. 65-98 (em 68).
6. Bric, Michael, citado em Pfaff, Steven. *Exit-Voice Dynamics and the Collapse of East Germany: The Crisis of Leninism and the Revolution of 1989*. Durham, N.C.: Duke University, 2006, p. 235.
7. Em contrapartida, Adam Michnik, da Polônia, escreveu: "Na minha opinião, uma luta incessante pela [...] expansão das liberdades civis e pelos direitos humanos é o único caminho que os dissidentes do Leste Europeu podem tomar". *Letters from Prison and Other Essays*. Berkeley: University of California, 1985, p. 142.
8. "Um mês antes da derrubada do Muro de Berlim, a maioria dos alemães orientais estava ocupada com suas próprias vidas", sugeriu Kopstein. "Nas províncias industriais, os pouquíssimos protestos que ocorreram foram em grande parte apolíticos, voltados contra as inconveniências de se adquirirem os gêneros de primeira necessidade sob o socialismo" — por exemplo, no dia 6 de outubro de 1989, trabalhadores em Altenburg exigiram frutas, geleias e pão. Kopstein, *Politics of Economic Decline*, p. 1.
9. Enquanto Albert Hischmann argumenta que a opção da saída (emigração) tinha diminuído a voz (protestos), Pfaff afirma que o primeiro acentuou o segundo: na primavera e no outono de 1989, a emigração (saída) ajudou os protestos (voz), mas isso também minou a possibilidade do socialismo reformado. Pfaff, *Exit-Voice Dynamics*, p. 32, 252; Hirschmann. "Exit, Voice and the Fate of the German Democratic Republic". *World Politics*, 45(2): 173-202, 1993 (em 176). Cf. Dale, Gareth. *Popular Protest in East Germany, 1945-1989*. Londres/Nova York: Routledge, 2005, p. 156-61, 180. Charles Maier também sugeriu que a saída promoveu a voz: "A crescente fuga impulsionou os que estavam despreparados para [ou não queriam] partir a exigir reformas que justificassem sua permanência." Maier, Charles S. *Dissolution: The Crisis of Communism and the End of East Germany*. Princeton, N.J.: Princeton University, 1997, p. 131, 136.
10. Apesar de toda a homenagem de seu livro à "agência" e de seu desejo de creditar ao povo, de prestigiar o povo de alguma forma, Charles Maier argumenta que o sistema rachou porque os "guardiães do socialismo o descartaram". Ele

levanta uma pergunta-chave: "Como a determinação de dirigir vacila entre a elite dirigente de um sistema imperial?" Maier, *Dissolution*, p. 58, 34, 38.

11. Kopstein, *Politics of Economic Decline*, p. 13. Apesar de se esforçar para defender a existência de "uma emergente, embora limitada 'sociedade civil'", Mary Fulbrook ressalta o importante ponto de que "o regime da Alemanha Oriental talvez tenha sido sustentado, em grande medida, por uma difundida participação em suas estruturas e em seu funcionamento". Essa circunstância ajuda a compreender tanto a relativa estabilidade da RDA quanto seu súbito colapso. Fulbrook, *Anatomy of a Dictatorship: Inside the GDR, 1949-1989*. Nova York: Oxford University, 1995, p. 202, 276.

12. Segundo Günter Schabowski, conforme citado em Dale, *Popular Protest in East Germany*, p. 121.

13. Naimark, Norman. *The Russians in Germany: A History of the Soviet Occupation Zone, 1945-1949*. Cambridge, Mass.: Harvard University, 1995, p. 181.

14. Chase, John L. The Development of the Morgenthau Plan through the Quebec Conference. *Journal of Politics*, 16(2): 324-59, 1954.

15. Melvin Leffler argumenta, muito acertadamente, que o primeiro movimento dos Estados Unidos foi no sentido de dividir em caráter formal a Alemanha, mas ele não admite que este movimento tenha acarretado o adequado reconhecimento de realidades políticas. Como observou Mark Kramer, "o avanço progressivo rumo à formação de um exército alemão oriental estava em andamento muito antes de a RDA ser formalmente criada". Leffler, "The Struggle for Germany and the Origins of the Cold War". German Historical Institute. Washington, D.C., *Occasional Paper*, n. 16, 1996; Kramer, "The Soviet Union and the Founding of the German Democratic Republic: Fifty Years Later — A Review Article". *Europe-Asia Studies*, 51(6): 1092-1106, 1999 (em 1102).

16. Naimark, *Russians in Germany*, p. 467.

17. Pritchard, Gareth. *The Making of the GDR, 1945-53: From Antifascism to Stalinism*. Manchester: Manchester University, 2000, p. 129.

18. Koestler, Arthur. *The Invisible Writing: An Autobiography*. Boston: Beacon, 1954, p. 154-5.

19. Weitz, Eric. *Creating German Communism, 1890-1990: From Popular Protest to Socialist State*. Princeton, N.J.: Princeton University, 1996.

20. Ostermann, Christian F. (org.). *Uprising in East Germany, 1953: The Cold War, the German Question and the First Major Upheaval behind the Iron Curtain*. Budapeste: Central European University, 2003; Bruce, Gary. *Resistance with the People Repression and Resistance in Eastern, 1945-1955*. Lanham, Md.: Rowman & Littlefield, 2003. Kramer mostra que a acusação de que Lavrenty

Beria queria abandonar a Alemanha Oriental foi uma invenção da luta pelo poder no Kremlin. Kramer, Mark. "The Early Post-Stalin Succession Struggle and Upheavals in East-Central Europe: Internal-External Linkages in Soviet Policy Making". *Journal of Cold War Studies*, 1(1): 3-55, 1999; 1(2): 3-38, 1999; 1(3): 3-66, 1999; comentários de James Richter e Gerhard Wettig sobre Kramer (www.fas.harvard.edu/-hpcws/comment11.htm, www.fas.harvard.edu/-hpcws/comment10.htm).

21. Alan Nothnagle, *Building the East German Myth: Historical Mythology and Youth Propaganda in the German Democratic Republic, 1945-1989*. Ann Argor: University of Michigan, 1999; Rodden, John. *Repairing the Little Red Schoolhouse: A History of Eastern German Education, 1945-1995*. Nova York: Oxford University, 2002; Satjukow, Silke e Gries, Rainer (orgs.). *Sozialistiche Helden: eine Kulturgeschichte von Propagandafiguren in Osteuropa und der DDR*. Berlim: Links, 2002. Os comunistas alemães — não menos que a administração militar soviética (ou que os comunistas em toda parte) — desenvolveram um imoderado interesse pelos assuntos culturais. Veja Pike, David. *The Politics of Culture in Soviet-Occupied Germany, 1945-1949*. Stanford, Calif.: Stanford University, 1992.

22. *What Is Life Like in the GDR? The Way of Life and Standard of Living under Socialism*. Berlim Oriental: Panorama DDR, 1977, p. 17.

23. Sobre a vida supostamente normal na RDA, veja Allinson, Mark. *Politics and Popular Opinion in East Germany, 1945-68*. Manchester: Manchester University, 2000; e Fulbrook, Mary. *The People's State: East German Society from Hitler to Honecker*. New Haven, Conn.: Yale University, 2005. Mas cf. Jarausch, Konrad H. (org.). *Dictatorship as Experience: Towards a Socio-Cultural History of the GDR*. Nova York: Berghan, 1999; e McAdams, A. James. *East Germany and Détente: Building Authority after the Wall*. Nova York: Cambridge University, 1985.

24. Pence, Katherine e Betts, Paul (orgs.). *Socialist Modern: East German Everyday Culture and Politics*. Ann Arbor: University of Michigan, 2008; e Grix, Jonathan e Cooke, Paul (orgs.). *East German Distinctiveness in a Unified Germany*. Birmingham, Inglaterra: University of Birmingham, 2002.

25. Mesmo a cibernética, a ciência dos sistemas complexos, foi considerada ameaçadora, porque não deixava espaço suficiente para a vanguarda política. Caldwell, Peter C. *Dictatorship, State Planning, and Social Theory in the German Democratic Republic*. Nova York: Cambridge University, 2003.

26. Kopstein, *Politics of Economic Decline*, p. 64, 66. Ackermann, cujo ponto alto político tinha ficado bem para trás, pode ter escrito a carta como um esforço

para voltar a cair nas boas graças de Ulbricht e a um cargo de autoridade. Weitz, Eric, comunicação pessoal, setembro de 2008.
27. Como citado em Kopstein, *Politics of Economic Decline*, p. 43-4. Entre 1949 e 1990, aproximadamente 2,7 milhões de pessoas cruzaram permanentemente da Alemanha Oriental para a Alemanha Ocidental, quase todas antes de 1961; cerca de 200 mil pessoas cruzaram no sentido oposto.
28. Harrison, Hope M. *Driving the Soviets up the Wall: Soviet-East German Relations, 1953-1961*. Prince, N.J.: Princeton University, 2003. Em 1963, numa visita a Moscou, Ulbricht observou que "mesmo após o fechamento das fronteiras do estado, o alto padrão de vida [na Alemanha Ocidental] afeta intensamente a população da RDA e suas atitudes políticas". Kopstein, *Politics of Economic Decline*, p. 48.
29. Kopstein, *Politics of Economic Decline*, p. 68-9.
30. Steiner, André. *Von Plan zu Plan: eine Wirtschaftsgeschichte der DDR*. Munique: Deutsche Verlags-Anstalt, 2004, p. 190.
31. Kopstein argumenta que o regime *era* sensível à sociedade: ele buscava a paz no trabalho e subornava a classe operária, pagando um preço. Mas ele exagera a causalidade do medo por parte do regime de uma reprise da revolta de junho de 1953 por condenar a RDA à baixa produtividade. Os regimes de matriz soviética *em toda parte* estavam empacados com a baixa produtividade no trabalho. Kopstein, *Politics of Economic Decline*, p. 37. Veja também Klodt, H. "Industrial Policy and the East German Productivity Puzzle". *German Economic Review*, 1(3): 315-33, 2000.
32. Kopstein, *Politics of Economic Decline*, p. 93-4.
33. Schürer culpou o Oitavo Congresso do Partido de 1971, quando Honecker tinha assumido, de decidir que a RDA deveria garantir uma sociedade de consumo e estado de bem-estar. Maier, *Dissolution*, p. 60.
34. Niethammer, Lutz et al. *Die volkseigene Erfahrung: eine Archäologie des Lebens in der Industrieprovinz der DDR. 30 biografische Eröffnungen*. Berlim: Rowohlt, 1991; Wierling, Dorothee. *Geboren im Jahr eins: der Jahrgang 1949 in der DDR. Versuch einer Kollektivbiographie*. Berlim: Links, 2002.
35. Stiner, *Von Plan zu Plan*, p. 165-96; Bryson, Philip J. "East German Traditional Centralism: An Alternative Route to Economic Reconstruction". *Annals of the American Academy of Political and Social Science*, 507: 133-41, 1990.
36. "As contradições do planejamento central", escreveu Kopstein, "justificaram e deram sentido à sua existência". Kopstein, *Politics of Economic Decline*, p. 153. Sobre a eletrônica e a computação na Alemanha Oriental, veja Stokes, Raymond G. *Constructing Socialism: Technology and Change in East Germany, 1945-1990*. Baltimore: Johns Hopkins University, 2000, p. 177-94.

37. O principal proponente desta visão, Peter Ludz, observou a esclerose no topo. Ludz, Peter C. *The Changing Party Elite in East Germany.* Cambridge, Mass.: MIT, 1972; original alemão, 1968. Veja também Baylis, Thomas Arthur, *The Technical Intelligentsia and the East German Elite.* Berkeley: University of California, 1974. Em 1979, Norman Naimark questionou a visão de que a RDA era um sucesso. Naimark. "Is It True What They're Saying about East Germany"? *Orbis*, 3: 549-77, 1979.
38. Steger, Thomas e Lang Rainhart. Career Paths of the Former GDR Combinates during the Postsocialist Transformation Process. *Journal of World Business*, 38(3): 168-81, 2003; Best, Heinrich. "Cadres into Managers: Structural Changes of East German Economic Elites before and after Reunification". *Historical Social Research*, 30(2): 6-24, 2005.
39. Kopstein argumenta que "em muitos aspectos, a estrutura de autoridade na Alemanha Oriental tornou-se mais ideológica e menos tecnocrática com o tempo". Kopstein, *Politics of Economic Decline*, p. 111. Veja também Ross, Corey. *Constructing Socialism at the Grass-Roots: The Transformation of East Germany, 1945-65.* Nova York: St. Martin's, 2000. p. 3.
40. Como Kopstein observou, "as estruturas leninistas reproduziam regularmente as mesmas culturas burocráticas e as consequências desenvolvimentistas em contextos culturais significativamente diferentes". Kopstein, *Politics of Economic Decline*, p. 9.
41. McAdams, A. James. "GDR Oral History Project". *AAASS Nesletter*, p. 5, mar. 1994. Sobre a paralisia do topo, veja também Dale, *Popular Protest in East Germany*, p. 142.
42. Em 1944, na Alemanha propriamente dita e nos crescentes territórios ocupados pelos nazistas, a Gestapo tinha se espalhado rapidamente para 31 mil. Epstein, Catherine. "The Stasi: New Research on the East German Ministry of State Security". *Kritika* 5(2): 321-48, 2004.
43. Childs, David e Popplewell, Richard. *The Stasi: The East German Intelligence and Security Service.* Nova York: New York University, 1996. p. 82.
44. Maier, *Dissolution*, p. 173.
45. "Até certo nível", observou um oficial do Stasi em 1991, "os líderes viviam afastados da realidade"; e acrescentou que "muito do que lhes informávamos era colocado de lado". Citado em Childs e Popplewell, *The Stasi*, p. 174.
46. Em março de 1978, depois de dois pastores se imolarem, o regime alemão oriental tinha assinado um acordo com a União de Igrejas Evangélicas (Luteranas). As igrejas renegaram a oposição em troca do direito de se reunirem e publicarem seus próprios materiais, bem como receberem financiamento esta-

tal. Isso produziu, nas palavras do acordo, "a Igreja dentro do socialismo". Mas muitos pastores, especialmente os mais jovens, mobilizavam seus paroquianos em favor da paz, do meio ambiente e dos direitos das mulheres. A repressão de ações que iam longe demais — por exemplo, lamentar não apenas os mísseis da Otan, mas também os soviéticos, com frequência levava os manifestantes a radicalizar. Ainda assim, os pastores variavam. Uma série deles era pressionada ou recrutada para se tornarem informantes do Stasi. Sobre a Igreja, veja Rock, David (org.). *Voices in Times of Change: The Role of Writers, Opposition Movements, and Churches in the Transformation of East Germany*. Nova York e Oxford: Berghahn, 2000, especialmente o cap. 2. Apesar de um censo religioso de 1965 ter registrado que quase 80% da população da RDA declaravam pertencer à Igreja Evangélica (Luterana), na década de 1980 a Alemanha Oriental era profundamente secularizada.

47. Bartee, Wayne. *A Time to Speak Out: The Leipzig Citizen Protests and the Fall of East Germany*. Westport, Conn.: Praeger, 2000. p. 11-4, 121-3; Tezner, Reiner. *Leipziger Ring: Aufzeichnungen eines Montagsdemonstranten, Oktober 1989 bis 1. Mai 1990*. Frankfurt: Luchterhand Literaturverlag, 1990.

48. Pfaff, *Exit-Voice Dynamics*, p. 79.

49. Maier, *Dissolution*, p. 126.

50. O governo húngaro havia passado uma nova lei de emigração em 1988 e declarado publicamente que a cerca de 240 quilômetros estava "ultrapassada", prometendo removê-la por completo até o fim de 1990 (o governo austríaco acolheu bem o anúncio, mesmo temendo uma inundação de europeus orientais). De qualquer modo, para melhorar a qualidade do sistema eletrônico obsoleto, a Hungria teria de começar a importar peças ocidentais, pagas em moeda forte, já que os soviéticos tinham parado de produzi-las. Também havia o custo com os guardas da fronteira húngara (que tinham de checar os documentos de cerca de 50 milhões de pessoas visitando ou transitando pela Hungria através de 66 pontos de fronteira por estradas, ferrovias, rios e aeroportos).

51. Ash, Timothy Garton. *In Europe's Name: Germany and the Divided Continent* (Nova York: Random House, 1993), 371, 600n; Maier, *Dissolution*, p. 129.

52. Horn, um dos sete filhos de um comunista que tinha sido preso pelos nazistas e morto a caminho de um campo de concentração, conseguiu se formar em uma instituição de ensino superior na União Soviética durante os últimos anos do governo de Stalin. Em 2006, ele diria ao *Die Welt*, um jornal alemão: "Quero deixar claro que 1956 não foi uma luta contra o comunismo. Nem os rebeldes queriam eliminá-lo." Um jornalista americano dramatizou absur-

damente a decisão de "abrir" a fronteira como uma decisão solitária de Horn, feita na privacidade de sua casa em Budapeste ("Depois de uma noite insone, andando para cima e para baixo em sua sala de estar, o ministro do Exterior de 57 anos tomou sua decisão. Decidiu abolir o tratado com Berlim Oriental e deixar os refugiados partirem.") Michael Dobbs, *Down with Big Brother*, p. 277-8. Horn, por sua vez, admitiu que tinha agido juntamente com o primeiro-ministro da Hungria, Miklós Németh, e com o ministro do Interior, István Horváth. "First Person, Gyula Horn", *Time*, disponível em: <www.time.com/europe50/hor.html>; e Zsolt Estefán, "Who Let the East Germans Out of the Country?" (2008). Disponível em: <www.hetivalasz.hu/index.php?eng&page=pages/cikk&englishcikk_id=31>.

53. Zwahr, Hartmut. *Das Ende einer Selbstzerstörung: Leipzig und die Revolution in der DDR*. Göttingen, Alemanha: Vandenhoeck & Ruprecht, 1993. p. 23-102; Mueller, Carol. "Claim 'Radicalization'? The 1989 Protest Cycle in the GDR", *Social Problems* 46(4): 528-47, 1999. Entre setembro de 1989 e março de 1990, cerca de 400 mil pessoas — quase 3% da população — emigraram, enquanto o Estado registrava mais de 1.500 protestos públicos. "Se não houvesse essas pessoas prontas para sair", recordou um oficial da RDA em 1990, "ainda estaríamos sentados aqui e nos preparando para o aniversário de 41 anos" da RDA. Maier, *Dissolution*, 125.

54. Bartee, *A Time to Speak Out*, p. 21. O superintendente recusou educadamente os convites para participar das celebrações do 40º aniversário da RDA.

55. Childs e Popplewell, *The Stasi*, p. 188. Na noite da celebração de seu 40º aniversário, Honecker precisou salvar as aparências com relação aos 2.500 alemães orientais na embaixada da Alemanha Ocidental em Praga: eles tiveram permissão para sair, mas somente através da RDA — em trens trancados para evitar que outros escalassem e entrassem.

56. Pond, Elizabeth. *Beyond the Wall: Germany's Road to Unification*. Washington, D.C.: Brookings Institution, 1993. p. 111-29; Pfaff, *Exit-Voice Dynamics*, p. 123-7; Philipsen, Derek. *We Were the People: Voices from East Germany's Revolutionary Autumn of 1989*. Durham, N. C.: Universidade Duke, 1993, p. 354; Zwahr, *Das Ende einer Selbstzerstörung*, p. 76-96. Uma declaração no principal jornal de Leipzig, no dia 6 de outubro, dizia: "A lei e a ordem seriam restauradas de uma vez por todas."

57. Maier, *Dissolution*, p. 145; Sobre as instruções de Honecker aos chefes do partido distritais, em 22 de setembro, veja Pfaff, *Exit-Voice Dynamics*, p. 170.

58. Fulbrook, *Anatomy of a Dictatorship*, p. 252-7. Em 8 de outubro, o embaixador soviético tinha advertido Egon Krenz de que "o mais importante é evitar

derramamento de sangue". Pfaff, *Exit-Voice Dynamics*, p. 171. Zelikow, Philip D.; Rice, Condoleezza. *Germany Unified and Europe Transformed: a Study in Statecraft*. Cambridge, Mass.: Universidade de Harvard, 1995, p. 84-5.
59. O comandante da milícia acrescentou: "Não estávamos lá para começar a atirar; estávamos lá para dissolver grupos contrarrevolucionários. Somente se eles nos provocassem, somente nesse caso [nós atiraríamos]." Pfaff, *Exit-Voice Dynamics*, p. 174-5. Pelo menos um comandante aparentemente informou seus superiores de que ele e seus homens não estavam dispostos a lutar, se assim fossem ordenados. Algumas milícias do partido talvez tenham deixado de se reunir.
60. O secretário do partido do distrito de Leipzig, Kurt Meyer, explicou, duas semanas depois, que: "Nós já tínhamos experimentado o 7 e 8 de outubro e sabíamos que havia um perigo real de as coisas ganharem proporção. Nós, comunistas, não queríamos isso, mas as forças de segurança eram independentes de nós, e estavam preparadas para uma provocação." Pfaff, *Exit-Voice Dynamics*, p. 183-4.
61. Pfaff, *Exit-Voice Dynamics*, p. 128.
62. Embora a polícia tivesse acabado de ser justificada pelas supostas amenidades antes de ser ordenada a entrar em ação, dizem que alguns dos que foram exortados a agir choraram. Pond, *Beyond the Wall*, p. 112. Pfaff escreveu: "O povo de Leipzig foi valente em 9 de outubro, mas dificilmente foi imprudente." Pfaff, *Exit-Voice Dynamics*, p. 174-5.
63. Childs e Popplewell, *The Stasi*, p. 189.
64. Pfaff, *Exit-Voice Dynamics*, p. 172.
65. Segundo uma pesquisa profissional com 1.300 pessoas em Leipzig, feita no fim de 1990, cerca de 67% se juntaram através de nichos. Opp, Karl-Dieter; et al., *Origins of a Spontaneous Revolution: East Germany, 1989*. Ann Arbor: Universidade de Michigan, 1995. Pfaff afirma que não tomar as ruas teria sido visto como uma traição do próprio "nicho".
66. Müller, Jan Werner. *Another Country: German Intellectuals, Unification, and National Identity*. New Haven, Conn., e Londres: Universidade de Yale, 2000, p. 69. Essa estratégia era a própria "antipolítica" defendida por György Konrád, o intelectual húngaro, que enfatizava a "rede de amigos" e concluiu: "Que o governo fique no topo" e "nós viveremos nossas próprias vidas debaixo dele". Konrád, George [György] Konrád. *Antipolitics: An Essay*. San Diego: Harcourt Brace Jovanovich, 1984.
67. "Nós tínhamos nossa pequena datcha, e era lá que conversávamos, reclamávamos e ficávamos bravos", lembrou-se uma mulher alemã oriental, acrescentando que "era exatamente assim que todos os outros cidadãos da RDA também

faziam. Todo mundo tinha um nicho onde se sentar, silenciosamente, e reclamar". Philipsen, Derek. *We Were the People: Voices from East Germany's Revolutionary Autumn of 1989*. Durham, N. C.: Universidade Duke, 1993, p. 117. Somente cerca de 15% da população alemã oriental possuía datchas, mas a maioria conhecia alguém que tinha uma.
68. Quanto à "oposição" organizada, ela tinha muito poucos contatos por toda a sociedade para poder organizar manifestações. Em Leipzig, o Stasi grampeava cerca de mil telefones e abria umas 2 mil cartas por dia (invariavelmente, as que continham dinheiro não eram entregues, tornando-se bônus autoconcedidos para os funcionários do Stasi). Childs e Popplewell, *The Stasi*, p. 189. "Durante toda a revolução, a oposição permaneceu marginal, fraca e dividida." Pfaff, *Exit-Voice Dynamics*, p. 4.
69. Nielsen, Niels C. *Revolutions in Eastern Europe: The Religious Roots*. Maryknoll, N. Y.: Orbis, 1991, p. 27.
70. Dale, *Popular Protest in East Germany*, p. 179. Quando informado de que os ânimos nas fábricas eram "uma questão muito complicada neste momento", Mielke retorquiu: "A questão é muito simples. É uma questão de poder." Pfaff, *Exit-Voice Dynamics*, p. 151. Em 1988, 80% dos estudantes universitários da RDA eram filhos de empregados de colarinho branco; apenas 10% eram filhos da classe operária.
71. Dennis, Mike. *The Rise and Fall of the German Democratic Republic, 1945-1990*. Harlow, Inglaterra e Nova York: Longman, 2000, p. 278.
72. Conforme citado em Davie, Trish. "Leipzig, 9 October 1989: When the Church Led a Peaceful Revolution", sermão na All Hallows Church, Leeds, Inglaterra, 13 out. 2002.
73. Childs e Popplewell, *The Stasi*, p. 81, 190-1. "Nosso maior problema", disse um oficial do Stasi, "era que tentávamos solucionar problemas políticos com métodos policiais, problemas que nós, como organização, não éramos capazes de resolver". Childs e Popplewell, *The Stasi*, p. 192.
74. Stent, Angela E. *Germany and Russia Reborn: Unification, the Soviet Collapse, and the New Europe* (Princeton, N. J.: Universidade de Princeton, 1999), p. 94-6; Tusa, Ann. "A Fatal Error", *Media Studies Journal*, 13(3): 26-9, 1999; Pond, *Beyond the Wall*, p. 1-3, 130-4.
75. Citado em Kramer, Mark. "The Soviet Union and the Founding of the German Democratic Republic: 50 Years Later — A Review Article", *Europe-Asia Studies*, 51(6): 1093-1106 (na 1100), 1999.

76. Com base em suas próprias observações na segunda-feira, 21 de novembro, Garton Ash escreveu que os clamores por unificação já tinham começado a dominar as procissões após o serviço religioso. Ash, Timothy Garton. *The Magic Lantern: The Revolution of '89 Witnessed in Warsaw, Budapest, Berlin, and Prague*. Nova York: Vintage, 1990, 1993, p. 71-2.
77. Pfaff, *Exit-Voice Dynamics*, p. 197.
78. Mielke acrescentou: "Eu sempre penso no que nós passamos. Eu não podia comer e comprar bananas." Childs e Popplewell, *The Stasi*, p. 187. Como o planejador chefe Gerhard Schürer disse ao politburo alemão oriental em 1989, "existem países mais pobres que a RDA com uma oferta muito mais abundante de produtos nas lojas", acrescentando que "quando as pessoas têm muito dinheiro e não podem comprar os produtos que querem, elas maldizem o socialismo". Kopstein, *Politics of Economic Decline*, p. 192.
79. Kopstein assinalou que "a liderança alemã oriental estava paralisada por sua rejeição à ideologia de mercado". É verdade. Mas, como o próprio Kopstein acrescenta, o problema era ainda mais profundo: "Quem, afinal de contas, precisava de uma segunda Alemanha capitalista, uma vez que ela já era tão bem-sucedida?" Kopstein, *Politics of Economic Decline*, p. 95, 103.
80. Pfaff, *Exit-Voice Dynamics*, p. 222. Childs e Popplewell, *The Stasi*, p. 174.
81. Maier argumenta que a liderança alemã oriental podia ter buscado uma reforma gradual, misturando mercado e planejamento. Mas havia um equilíbrio estável em tal reforma mista? Onde ela funcionou? Maier também sugere muito diretamente que a liderança da RDA "não sabia como se desembaraçar ou projetar reformas decisivas". Maier, *Dissolution*, p. 79, 57.
82. Berend, Iván T. *The Hungarian Economic Reforms, 1953-1988* (Nova York: Universidade de Cambridge, 1990); Berend, *Central and Eastern Europe, 1944-1993*, p. 151-2; Stark, David. "Privatization in Hungary: From Plan to Market or from Plant to Clan?", *East European Politics and Societies*, 4(3): 351-92, 1990.

Avanço

1. Jackson, Marvin R. "Romania's Debt Crisis, Its Causes and Consequences". In: *East European Economies: Slow Growth in the 1980's*. Washington D.C.: U.S. Government Printing Office, 1986, III, p. 489-542; Gilberg, Trind. "Romania's Growing Difficulties". *Current History* 83, n. 496: 375-9, 389-93, 1984; anon. "Birth and Death in Romania". *The New York Review of Books*, 23 out. 1986; ver também Hitchins, Keith. "Historiography of the Countries of Eastern Europe: Romania". *American Historical Review*, 97(4): 1064-83,

1992; Papacostea, Serban. "Captive Clio: Romanian Historiography under Communist Rule". *European History Quarterly*, 26(2): 181-208, 1996.
2. Kligman, Gail. "The Politics of Reproduction in Ceauşescu 's Romania: A Case Study in Political Culture". *Eastern European Politics and Societies*, 6(3): 364-418, 1992.
3. Ionescu, Dan. "The Fourteenth RCP Congress", *RFE Research*, SR/9, 14 dez. 1989. No dia seguinte ao fim do congresso do partido, Dennis Deletant, um dos mais notáveis especialistas no regime romeno, escreveu que Ceauşescu "continuará a dominar seu país, porque as condições para mudança no resto da Europa Oriental [...] não se aplicam ao caso da Romênia". *The Times*, Londres: 25 nov. 1989.
4. Siani-Davies, Peter. *The Romanian Revolution of December 1989*. Ithaca, N.Y.: Universidade Cornell, 2005, p. 56. Siani-Davies, assim como Steven Pfaff para a RDA, está lidando com o mesmo problema, a saber, como explicar a mobilização da sociedade sem uma sociedade organizada (oposição). Mas enquanto os registros na RDA são extensos e acessíveis, na Romênia há poucas fontes comparáveis.
5. Livezeanu, Irina. *Cultural Politics in Greater Romania: Regionalism, Nation Building, and Ethnic Struggle*. Ithaca, N.Y.: Universidade Cornell, 1995. Veja também o filme de Lucian Pintilie, *Um verão inesquecível* (1994), passado na Romênia Maior no ano de 1925.
6. King, Robert R. *History of the Romanian Communist Party*. Stanford, Califórnia: Hoover Institution, 1980, p. 64. Tismăneanu, *Stalinism*, p. 87.
7. Roberts, Henry L. *Rumania: Political Problems of an Agrarian State*. New Haven, Conn.: Universidade Yale, 1951, p. 259-66. Hugh Seton-Watson estabeleceu um influente modelo esquemático das aquisições comunistas na Europa Oriental que passava por três estágios: genuína coalizão (incluindo comunistas), falsa coalizão, monopólio comunista. Outros observaram o fator adicional de como a guerra tinha rompido com a ordem anterior. Seton-Watson. *The Eastern European Revolution*. 3. ed. Nova York: Praeger, 1956, p. 161-71; Hammond, Thomas T. (Ed.). *The Anatomy of Communist Takeovers*. New Haven, Conn.: Universidade Yale, 1975; Gross, Jan T. War as Revolution. In: Naimark, Norman; Gibianskii, Leonid (orgs.). *The Establishment of Communist Regimes in Eastern Europe, 1944-1949*. Boulder, Colorado: Westview, 1997, p. 17-41.
8. Os números internos oficiais para 1933 indicaram que o rol de membros do Partido Comunista romeno era composto por 26,68% de pessoas de etnia húngara, 22,65% de etnia romena e 18,12% de judeus. Sem dúvida o número

de judeus era mais alto, chegando, talvez, a 50%, já que muitos dos que estavam relacionados como húngaros tinham origens judaicas. Em uma reunião do partido no outono de 1945, Vasile Luca disse: "Que desastre tivemos na Moldávia. O partido era composto apenas de judeus; as várias organizações, a polícia e o aparelho administrativo eram todos judeus. E então as pessoas começaram a perguntar: 'O que está acontecendo aqui? Será este um estado judaico ou romeno?' E isso continua a acontecer em muitos lugares." Levy, Robert. *Ana Pauker: The Rise and Fall of a Jewish Communist*. Berkeley: Universidade da Califórnia, 2001, p. 5, 236-7. Ao observar a preponderância de judeus, húngaros e outros não romenos no partido comunista da Romênia no período entreguerras, Richard Voyles Burks sublinhou a "tendência de todo comunismo no poder tornar-se comunismo nacional". Também destacou que nos anos 1920, o voto comunista "era significativo apenas em países eslavos". Burks, R. V. *The Dynamics of Communism in Eastern Europe*. Princeton: N.J.: Universidade Princeton, 1961, p. XXV, 78.

9. Luca morreu na prisão; Pauker foi salva de um julgamento de fachada pela morte de Stalin, mas foi politicamente marginalizada, juntamente com Teohari Georgescu, de etnia romena. Emil Bodnariuc, conhecido como Bodnăraş (1904-76) — nascido na Bucovina Habsburgo, filho de pai ucraniano e mãe alemã, e, como chefe da inteligência secreta, tinha ajudado a orquestrar a tomada comunista — foi um não romeno de visibilidade que sobreviveria a Dej.

10. King, Robert R. Rumania and the Sino-Soviet Conflict. *Studies in Comparative Communism*. n. 4: 373-93, 1972.

11. Deletant, Dennis. *Communist Terror in Romania: Gheorghiu-Dej and the Police State 1948-1965*. Nova York: St. Martin's, 1999, p. ix.

12. Antes mesmo da morte de Dej, Ghiţă Ionescu tinha previsto a provável sucessão de Ceauşescu. Ionescu. *Communism in Romania, 1944-1962*. Nova York: Universidade de Oxford, 1964, p. 351.

13. Veja, por exemplo, as recordações de Ion Iliescu, que sucedeu Ceauşescu após a revolução de 1989 e que tinha acompanhado o ditador na viagem à Ásia, em 1971. Galloway, George; Wylie, Bob. *Downfall: The Ceauşescus and the Romanian Revolution*. Londres: Futura, 1991, p. 88-9.

14. O patriarca da Romênia inseria os aniversários dos Ceauşescu no calendário da Igreja e até concordou com a demolição de umas duas dúzias de igrejas ortodoxas só em Bucareste. Sobre a manipulação de funcionários por Ceauşescu, veja Fischer, Mary Ellen. *Nicolae Ceauşescu: A Study in Political Leadership*. Boulder, Colorado: Lynne Riener, 1989. A organização dinástica

e a concomitante corrupção eram caçoadas como "socialismo em uma família". Tismăneanu, *Stanilism*, p. 206-7.
15. Shafir, Michael. *Romania: Politics, Economics, and Society*. Londres: Pinter, 1985, p. 168. Como escreveu uma acadêmica: "Nenhum dos poucos intelectuais que efetivamente protestaram contra o regime no fim dos anos 1980 teve participação importante no fim do regime." Petrescu, Cristina. "Romania". In: Pollack Detlef; Wieloghs, Jan (org.). *Dissent and Opposition in Communist Eastern Europe: Origins of Civil Society and Democratic Transition*. Burlington, Vt.: Ashgate, 2004, p. 141-60 (na 152).
16. Botez, Mihai. *Romania: A Case of Dynastic Communism*. Nova York: Freedom House, 1989, p. 43. Ceauşescu deu mais um brilho a sua imagem ao permitir que judeus emigrassem — e por isso recebeu resgates e um país mais ortodoxo romeno, sem mencionar as muitas casas e empregos a redistribuir. Também concedeu certo grau de autonomia aos judeus que permaneceram na Romênia. Shafir, *Romania*, p. 157; Pacepa, Ion Mihai. *Red Horizons: Chronicles of a Communist Spy Chief*. Washington D.C.: Regnery Gateway, 1987, p. 73; Deletant, Dennis. *Ceauşescu and the Securitate: Coercion and Dissent in Romania, 1965-1989*. Armonk, N.Y.: M. E. Sharpe, 1996, p. 206-10.
17. Tismăneanu, *Stanilism*, p. 233.
18. "Uma novíssima elite surgiu", escreveu o sociólogo Daniel Chirot, "com seus próprios interesses, suas próprias divisões internas, e um maior senso de segurança do que possuía alguns anos antes". Chirot. "Social Change in Communist Romania". In: *Social Forces*, 57(2): 457-99, 1978.
19. Georgescu, Vlad. *The Romanians: A History*. Columbus: Ohio State University, 1991, p. 272.
20. Pacepa, *Red Horizons*, p. 155-60.
21. Brucan, Silviu. *The Wasted Generation: Memoirs of a Romanian Journey from Capitalism to Socialism and Back*. Bouder, Colorado: Westview, 1993, p. 82, 84. As memórias contêm revelações (algumas talvez verdadeiras) sobre várias conspirações não realizadas para depor Ceauşescu (1976, 1984). Brucan também transmite uma forte afeição por seu mentor, o stalinista Dej, e uma adquirida adesão a um panorama comunista reformado. Ele não reclamou nenhum crédito pelos acontecimentos de 1989.

Manea, Norman. *On Clowns: The Dictator and the Artist*. Nova York: Grove, 1992, p. 140, 147-8. Czeław Miłosz, em *A mente cativa* (Osasco: Novo Século, 2010), analisou quatro intelectuais que permaneceram na Polônia sob o sistema comunista: Alfa, o Moralista; Beta, o Amante Frustrado; Gama, o Escravo da História; e Delta, o Trovador. Miłosz não os identificou, mas são

reconhecíveis como Jerzy Andrzejewski (Ala), Tadeusz Borowski (Beta), Jerzy Putrament (Gama) e Konstanty Ildefons Gałczyński (Delta).
22. É discutível se o nacionalismo acabou por desacreditar o marxismo-leninismo e a legitimidade do partido. O argumento de Katherine Verdery de que o "discurso" nacionalista, promovido pelo partido, tornou-se "um elemento importante na destruição da legitimidade do Partido" precisa ser colocado ao lado da catástrofe econômica, do contexto internacional em mudança radical e do registro do partido no poder. Verdery. *National Ideology under Socialism: Identity and Cultural Politics in Ceaușescu's Romania*. Berkeley: Universidade da Califórnia, 1991, p. 4. O livro foi para a gráfica em novembro de 1989.
23. King, *History of the Romanian Communist Party*, p. 64. Por origem social, as categorias mais amplas eram os "operários" e "outros", não significando nem trabalhador nem camponês, mas colarinhos brancos e intelligentsia. O partido tinha muitos camponeses, mas os camponeses eram pouco representados, se comparados com sua proporção na população como um todo.
24. Manea rejeitava as legiões comunistas da Romênia, zombando que "teria sido difícil encontrar mil crentes verdadeiros". Manea, Norman. "Blasphemy and Carnival". *World Policy Journal*. 13(1): 71-82 (na 76), 1996.
25. King, *History of the Romanian Communist Party*, p. 117-8.
26. Granick, David. *Enterprise Guidance in Eastern Europe: A Comparison of Four Socialist Economies*. Princeton, N.J.: Universidade de Princeton, 1975. Segundo um acadêmico, a economia romena estava entre as mais centralizadas e menos flexíveis no bloco. Anderson, Evan E. "Central Planning and Production Instabilities in Eastern Europe". *Slavic Review*, 42(2): 221-9 (na 226), 1983. Sobre a formação da economia da Romênia comunista, ver Montias, John Michael. *Economic Development in Communist Romania*. Cambridge: Mass.: MIT, 1967.
27. Tismăneanu argumenta ainda que os intelectuais da Romênia, que estavam próximos às suas contrapartes na França, permaneceram, no entanto, grandemente imunes à paixão por ideias de esquerda. Ele escreve sobre "uma cultura política baseada no medo, na desconfiança, na legitimidade problemática, no internacionalismo espúrio, na manipulação populista de símbolos nacionais, na descarada personalização do poder e na mania de perseguição". Tismăneanu, Vladimir. *Stalinism for All Seasons: A Political History of Romanian Communism*. Berkeley: Universidade da Califórnia, 2003, p. 5.
28. A carta, que foi lida pela BBC, também afirmava que "a Romênia é e continua a ser um país europeu. [...] Vocês começaram a modificar a geografia das regiões rurais, mas não podem levar a Romênia para a África". Veja o texto em

Brucan, *The Wasted Generation*, p. 153-5. Ver também Tismăneanu, Vladimir. "The Rebellion of the Old Guard". *East European Reporter*. 3(4): 23-4, 1989. Veja também Siani-Davies, *The Romanian Revolution*, p. 27-8.

29. "Avançar", escreveu Kenneth Jowitt, "significa a decisiva alteração ou destruição de valores, estruturas e comportamentos que são percebidos por uma elite revolucionária como compreendendo ou contribuindo para a efetiva ou potencial existência de centros alternativos de poder político". Jowitt. *Revolutionary Breackthroughs and National Development: The Case of Romania, 1944-1965*. Berkeley: Universidade da Califórnia, 1971, p. 7.

30. Roberts, *Romania: Political Problems*, p. 329.

31. Kaser, Michael. *Comecon: Integration Problems of the Planned Economies*. 2. ed. Londres: Royal Institute of International Affairs, 1967, p. 201-23.

32. Crowther, William E. "Romanian Politics and the International Economy". *Orbis*, n. 28: 533-74, 1984; Crowther. *The Political Economy of Romanian Socialism*. Nova York: Praeger, 1988; Turnock, David. *The Romanian Economy in the Twentieth Century*. Londres: Croom Helm, 1986; Tsantis, Andreas C.; Pepper, Roy. *Romania, the Industrialization of an Agrarian Economy under Socialist Planning: Report of a Mission sent to Romania by the Workd Bank*. Washington, D.C.: World Bank, 1979.

33. Deletant, *Ceauşescu and the Securitate*, p. 339.

34. Ibid., p. 233-4.

35. Tőkés, conforme contado a Porter, David. *With God, for the People: The Autobiography of Laszlo Tőkés*. Londres: Hodder and Stoughton, 1990; Shafir, Michael. "The Revolution: An Initial Assessment". *Report in Eastern Europe*. 1(4): 34-42, 26 jan. 1990; Socor, Vladimir. "Pastor Tőkés and the Outbreak of the Revolution in Timişoara". *Report in Eastern Europe*. 1(5): 19-26, 2 fev. 1990. Sobre a ira popular pelas políticas de destruição do regime, veja Guirescu, Dinu C.. *The Razing of Romania's Past*. Washington, D.C.: United States Committee, International Council on Monuments and Sites, 1989.

36. Em 1977, a região de Timişoara tinha se tornado 71% romena contra 13% húngara e 12% alemã, e "entre os detidos", escreveu Siani-Davies, "cada grupo étnico foi representado mais ou menos na proporção de seus números na cidade como um todo". Siani-Davies, *The Romanian Revolution*, p. 55.

37. Sobre como a miséria partilhada levou a certa quantidade de solidariedade na Romênia, veja Sampson, Steven L. "Regime and Society in Romania". *International Journal of Rumanian Studies*. 4(1): 41-51 (na 44), 1984-6.

38. Siani-Davies, *The Romanian Revolution*, p. 44.

39. Galloway; Wylie, *Downfall*, p. 109.

40. *The Times*, Londres, 20 dez. 1989.
41. Hall, Richard Andrew. "Theories of Collective Action and Revolution: Evidence frome the 1989 Romanian Transition". *Europe-Asia Studies*. 52(6): 1069-93, 2000.
42. Entrevista com o general Ștefan Gușă feita pelo coronel Valeriu Pricina, em 20 de março de 1990.
43. Socor, Vladimir. "The Workers' Protest in Brașov: Assessment and Aftermath". Reportagem clandestina RAD, n. 231, 4 dez. 1987. Deletant, Dennis; Ionescu, Mihail, "Romania and the Warsaw Pact: 1955-1989". Cold War International History Project. Washington D.C.: Working Paper n. 43, 2004.
44. Silviu Brucan ousou dar uma declaração à imprensa estrangeira (transmitida para a Romênia pela rádio estrangeira) sobre Brașov, advertindo que "a situação dos trabalhadores deteriorou e a explosão em Brașov é um sinal de que a raiva chegou ao seu limite e que a classe trabalhadora já não está preparada para ser tratada como um servo obediente". Brucan foi colocado brevemente em prisão domiciliar. Brucan, *Wasted Generation*.
45. Um analista afirmou que os protestos irromperam não onde a miséria era maior, mas sim a vergonha. Siani-Davies, *The Romanian Revolution*, p. 56.
46. "A televisão foi o fator decisivo da revolução", escreveu Brucan. "Todos os atos importantes, desde o levante popular na Praça do Palácio até o julgamento e execução de Ceaușescu, foram vistos ao vivo." Brucan, *Wasted Generation*, p. 171.
47. A maioria dos territórios romenos da Valáquia e da Moldávia, no entanto, permaneceu calma. Apenas em Timișoara (no Banato) e em Cluj (na Transilvânia) a maior parte das mortes em 1989 ocorreu antes do dia 22 de dezembro.
48. Morris, Harvey. "When the Workers of Romania Said No". *The Independent*, 13 jan. 1990, citando Viktor Carausu, da Frente de Salvação de Brașov, cujo chefe, Ion Flora, comandante local, foi o homem que alegadamente recebeu o telex.
49. *Le Monde*, 26 abr. 1990, p. 5. O coronel Dumitru Pavelescu, do Securitate, embora não fosse o chefe maior do Securitate, talvez tenha ordenado por conta própria que suas tropas se retirassem. Siani-Davies, *The Romanian Revolution*, p. 91-2. Em certo ponto, o alto-comando do exército também tirou o arquivo operacional do partido de dentro do prédio do Comitê Central.
50. Deletant, *Ceaușescu and the Securitate*, p. 353-9.
51. Segundo o correspondente da TASS, da União Soviética, em *The Current Digest of the Societ Press*, 41(51): 14, 1989.

52. Siani-Davies, *The Romanian Revolution*, p. 92. Ver também Hall. "Romania in December 1989", p. 1085 ("A arbitrária [sic] e anárquica deserção do exército foi a chave para o colapso do regime.") Para um relato mais amplo, veja Tilly, Charles. *From Mobilization to Revolution*. Nova York: Random House, 1978. p. 214-6.
53. Siani-Davies, *The Romanian Revolution*, p. 37; Williams, Kieran; Deletant, Dennis. *Security Intelligence Services in New Democracies: The Czech Republic, Slovakia and Romania*. Houndmills, Inglaterra: Palgrave, 2001. p. 198, 216.
54. Deletant, *Ceaușescu and the Securitate*, p. 393.
55. Tismăneanu. "The Tragicomedy of Romanian Communism". *Eastern European Politics and Societies*. 3(2): 329-76 (na 320), 1989.
56. Brucan observou asperamente: "Se a assim chamada conspiração organizada pela frente e pelo exército fosse verdadeira, nós, seus líderes, teríamos tido todas as razões para nos gabar dela [...] Para que ser tão modesto e não reivindicar tão grande realização histórica? [...] A verdade é que tal plano nunca existiu. Sob o estado policial de Ceaușescu, projetar tal plano teria sido impossível. A vigilância era tão eficaz que nenhum grupo político poderia tomar forma dentro do partido ou fora dele, e menos ainda envolver os militares." Brucan, na Rádio Bucareste, conforme citado em Shafir, Michael. "Ceaușescu Overthrow: Popular Uprising or Moscow-Guided Conspiracy"? *Reports on Eastern Europe*, 1(3), 19 jan. 1990: 15-9 (na 17), 1990.
57. Segundo Brucan, após os acontecimentos de 1987 em Brașov, Ceaușescu havia formado unidades de luta urbana que receberam as chaves das provisões de armas e alimentos, uniformes e mapas dos túneis e casamatas sob os edifícios governamentais e foram esses homens misteriosos os responsáveis pelos tiros e matanças, a maioria dos quais aconteceu após a fuga de Ceaușescu da capital. Brucan, *The Wasted Generation*, p. 183-4.
58. No entanto, Siani-Davies ressalta a "falta de organização formal" nas manifestações. Siani-Davies, *The Romanian Revolution*, p. 44-5.
59. Brucan, um membro proeminente da Frente, contou a um repórter americano em 1999 que "nosso único mérito foi que estávamos na estação ferroviária quando o trem da revolução chegou". McNeil Jr., Donald G. "Romania's Revolution of 1989: And Endurign Enigma". *The New York Times*, 31 dez. 1999.
60. *The Guardian*, 5 jun. 1998.
61. Cullen, Robert. "Report from Romania". *The New Yorker*. 2 abr. 1990, p. 100, 104.
62. Cullen. "Report from Romania", p. 112.

Como se

1. Paczkowski, Andrzej. *Adobycie wladzy, 1945-1947*. Varsóvia: Wydawnictwa Szkolne I Pedagogiczne, 1993. p. 5. Garlicki, Andrzej. *Boleslaw Bierut*. Varsóvia: Wydawnictwa Szkolne i Pedagogiczne, 1994, p. 43.
2. Nos anos 1960, um sociólogo polonês começou a discutir que, por causa das circunstâncias incomuns do país, o Partido Comunista da Polônia efetivamente governava via hegemonia, e não pelo monopólio. Wiatr, Jerzy J. "The Hegemonic Party System in Poland". In: Wiatr, Jerzy J. (org.). *Studies in Polish Political System*. Wroclaw: Ossolineum, 1967, p. 108-23. Sobre o "pluralism" na Polônia comunista, veja Ehrlich, Stanistaw. *Oblicza pluralizmów*. 2. ed. Varsóvia: PWN, 1985.
3. Korbonski, Andrzej. *The Politics of Socialist Agriculture, 1945-1960*. Nova York: Columbia University, 1965. Veja também Dobieszewski, Adolf. *Kolektywizacja wsi polskiej, 1948-1956*. Varsóvia: Fundacja im. Kazimierza Kelles-Krauza, 1993; e Gryciuka, Franciszka (org.). *Opór chlopów przeciw kolektywizacji wsi polskiej: 1948-1956*. Siedlce, Polônia: IH WSRP, 1997.
4. Friszke, Andrzej. *Polska: Losy panstwa i narodu,1939-1989*. Varsóvia: Iskry, 2003, p. 352. Sobre as características distintivas do ambiente universitário na era comunista na Polônia, veja Connelly, John. *Captive University: The Sovietization of East German Czech, and Poligh Higher Education, 1945-1956*. Chapel Hill: University of North Carolina, 2000. Sobre a estrutura organizacional da Igreja Católica na Polônia, veja Raina, Peter. *Kościól w Polsce 1981-1984*. Londres: Veritas, 1985. Cap. 6. A Polônia da era comunista tinha apenas 400 mil ortodoxos e 150 mil protestantes (predominantemente da denominação evangélica de Augsburg) e apenas vários milhares de judeus sobreviventes ou que retornaram. Na Hungria, 65% da população era católica; muito menos do que os que frequentavam a igreja regularmente na Polônia.
5. Friszke, *Polska*, p. 219. As estimativas sobre os números de fatalidades em Poznań variam; algumas são mais baixas.
6. A literatura sobre os trabalhadores é excepcionalmente rica, dando uma visão da produção: Laba, Roman. *The Roots os Solidarity: A Political Sociology of Poland's Working Class Democratization*. Princeton, N.J.: Princeton University, 1991. Ost, David. *Solidarity and the Politics of Anti-Politics: Opposition and Reform in Poland since 1968*. Filadélfia: Temple University, 1990. Chmiel, Beata; Kaczyńska (orgs.). *Postulaty: Materialy do dziejów wystapien pracowniczych w Iatach 1970/71 i 1980*. Varsóvia: Warsaw University, 1988. As greves de ocupação e os comitês de greve interfábricas tinham sido elementos importantes de militância dos trabalhadores na Polônia entreguerras.

7. Lipski, Jan Józef. *KOR: A History of the Workers' Defense Committee in Poland, 1976-1981*. Berkeley: University of California, 1985. Lipski foi um dos fundadores do KOR.
8. Ash, Timothy Garton. *The Polish Revolution: Solidarity.* 3. ed. New Haven, Conn.: Yale University, 2002; edição original 1984, p. 26.
9. Lipski, *KOR*, p. 339-40.
10. As rebeliões inspiraram grande material literário, vastas coleções de histórias de família e uma Grande Emigração — poloneses patrióticos que tinham fugido para o exterior cultivaram uma tradição de lutas por liberdade e transmitiram essas mensagens de volta à pátria. *A Mazurka de Dabrowski*, composta em 1797 e adotada como hino nacional em 1926, recapitula essa história toda vez que é tocada ante um público polonês. Dois poetas nacionais, Adam Mickewicz (1798-1855) e Juliusz Slowack (1809-1849), fizeram parte da Grande Emigração. Assim, um cânone de virtudes patrióticas, de fácil memorização — incluindo uma injunção a se levantar "pela sua e pela nossa liberdade" —, é absorvido pelos filhos e filhas da intelligentsia tão logo eles aprendem a ler.
11. Schell, Jonathan. Reflections. *The New Yorker*, 3 fev. 1986, reimpresso como "Introdução" em Michnik, Adam. *Letters from Prison and Other Essays*. Berkeley: University of Caliornia, 1985. p. xvii-xlii (em x-xi).
12. McGregor, James P. "Economic Reform and Polish Public Opinion". *Soviet Studies*, 41(2): 215-27, 1989.
13. Karski, Jan. *Story of a Secret State*. Boston: Houghton Mifflin, 1944. O livro, cujo autor era um mensageiro da resistência polonesa, foi lançado no Waldorf-Astoria em outubro de 1944 e tornou-se um best-seller nos Estados Unidos. Jan Karski (1914-2000), cujo nome de nascimento era Jan Kozielewski, levou provas diretas a Churchill e Roosevelt de que os nazistas estavam exterminando judeus europeus. Durante as viagens de promoção do livro, o Departamento de Estado lhe disse para não mencionar o envolvimento da União Soviética (um aliado-chave dos Estados Unidos em tempo de guerra) no massacre de Katyń. Veja também Gross, Jan T. *Polish Society under German Occupation: The Generalgouvernement, 1939-1944*. Princeton, N.J.: Princeton University, 1979; e Gross, *Revolution from Abroad: The Soviet Conquest of Poland's Western Ukraine and Western Belosrussia*. Princeton, N.J.: Princeton University, 2003.
14. No documento aparecem as assinaturas de Stalin, Vyacheslav Molotov, Kliment Voroshilov e Anastas Mikoyan. Cienciala, Anna et al. (orgs.). *Katyn: A Crime Without Punishment*. New Haven, Conn.: Yale University, 2007, p. 26, 28, 29, 30, 31; *Katyn — Dokumenty ludobojstwa. Dokumenty i materialy archiwalne przekazane Polsce 14 pazdziernika 1992 r.* Varsóvia: Instytut Nauk

Politycznych PAN, 1992, p. 34-46. Em 1990, o presidente soviético Gorbachev finalmente fez uma admissão tácita da responsabilidade soviética. Em 1992, o presidente russo Yeltsin passou ao presidente Lech Wałęsa cópias da ordem de execução dadas pelo politburo em 1940.
15. "Khrushchev's Second Secret Speech" (apresentado e editado por L. W. Gluchowski). *Cold War International History Project Bulletin*, 10: 44-9, 1998.
16. No período entre 1946-70, 359 autorizações foram emitidas para construção ou reforma de igrejas. Dessas, 270 autorizações foram disponibilizadas imediatamente após outubro de 1956. Friszke, *Polska*, p. 352. Sobre a construção de igrejas, veja também Lopatka, Adam. Zsady polityki wyznaniowej w Polsce. *Nowe drogi*, 4(407): 14-25, abr. 1982.
17. Wyszyński, Stefan. *A Freedom Within: The Prison Notes of Stefan Cardinal Wyszyński*. San Diego: Harcourt Brace Jovanovich, 1983, p. 246-7.
18. Em 1962, a socióloga Anna Rudzinska foi condenada à prisão por traduzir um livro para o emigrado Institut Littéraire (em polonês: Instytut Literacki) em Paris, que publicava o periódico mensal *Kultura*. Rudzinska e seus três advogados de defesa — Aniela Steinsbergowa, Ludwik Cohn (ambos seriam membros-fundadores do KOR em 1976) e Jan Olszewski — eram membros ativos do Crooked Circle. Jerzy Giedroyc (1906-2000) fundou o Institut Littéraire e editava *Kultura*, que não apenas manteve vivas as tradições literárias não comunistas da Polônia em publicações contrabandeadas para a Polônia, mas promoveu um fórum para contatos com escritores e pensadores independentes ucranianos, russos e lituanos. Outra instituição emigrada de qualidade destacada e talvez única era a seção polonesa da Radio Free Europe, sob a administração de seu diretor, Jan Nowak-Jeziorański (1914-2005), um ex-mensageiro clandestino durante a guerra.
19. Kemp-Welch, Tony. "Dethroning Stalin: Poland 1956 and Its Legacy". *Europe-Asia Studies*, 58(8): 1261-84 (na 1263), 2006.
20. Malia, Martin. "Poland's Eternal Return". *The New York Review of Books*, p. 18-27, 29 set. 1983; Osa, Maryjane. *Solidarity and Contention: Networks of Polish Opposition*. Minneapolis: University of Minnesota, 2003, p. 67-75; Micewski, Andrzej. *Cardinal Wyszyński: A Biography*. San Diego: Harcourt Brace Jovanovich, 1984, p. 157-70.
21. Foi atribuída à pintura sagrada a milagrosa proteção do santuário quando ele foi sitiado por suecos protestantes durante uma guerra do século XVII, com isso salvando a Polônia do "Dilúvio Sueco". Em gratidão, a Virgem Negra foi então "coroada" pelo rei polonês Jan II Kazimierz como Rainha e Protetora da Polônia. A história foi popularizada por Henryk Sienkiewcs no romance, sucesso de vendas, *The Deluge* [O dilúvio] (1891).

22. Bernhard, Michael H. *The Origins of Democratization in Poland: Workers, Intellectuals, and Oppositional Politics, 1976-1980*. Nova York: Columbia University, 1993, p. 77.
23. Michnik, Adam. *Kosciól, lewica, dialog*. Paris: Instytut Literacki, 1977; traduzido para o inglês como *The Church and the Left*. Chicago: University of Chicago, 1993.
24. Como palestrante, Kołakowski foi acompanhado ao evento por um colega mais jovem, Krzysztof Pomian. Ambos perderam seus empregos dois anos depois, em 1970, após serem afastados juntamente com um grupo de professores universitários de quem o regime queria se livrar na esteira dos protestos estudantis de março de 1968. Pomian assumiu uma carreira acadêmica na França, Kołakowski, nos Estados Unidos e na Inglaterra. Em 1976-78, Kołakowski publicou seu monumental estudo crítico sobre o marxismo em polonês com o Institut Littéraire em Paris. A tradução inglesa é *Main Currents of Marxism: Its Rise, Growth and Dissolution*. 3 v. Oxford: Clarendon, 1978.
25. Os comunistas poloneses sempre se esforçaram por obter credulidade como supostos verdadeiros patriotas e defensores do interesse nacional, uma razão pela qual Gomułka lançou a campanha antissemítica de 1967-68. Mas o general Mieczysław Moczar (1913-86), o temido ministro do Interior e diretor da Associação de Veteranos, também a queria para promover a si mesmo e seus "partidários" (muitos deles empregados de carreira da polícia de segurança) como "verdadeiros patriotas". No caso, Gomułka conseguiu afastar o desafio de Moczar a seu cargo, mas milhares de pessoas perderam suas funções. Então houve a última onda de emigração "judaica" da Polônia, mais de 15 mil, a maioria composta por pessoas que tinham sido completamente assimiladas, incluindo inúmeros profissionas de alto grau de instrução e estudantes universitários. Veja Lendvai, Paul. *Anti-Semitism without Jews: Communist Eastern Europe* (Garden City, N.Y.: Doubleday, 1971). Um dos autores deste livro, Jan Gross, foi expulso da Universidade de Varsóvia em consequência dos acontecimentos de março de 1968 e preso por cinco meses antes de emigrar para os Estados Unidos com seus pais, em 1969.
26. Friszke, *Polska*, p. 300-2.
27. Esses entendimentos da oposição polonesa acabariam por reverberar na historiografia anglófona: Gross, Jan. "A Note on the Nature of Soviet Totalitarianism". *Soviet Studies*, 34(3): 367-76, 1982.
28. Poznanski, Kazimierz Z. *Poland's Protracted Transition: Institutional Change and Economic Growth, 1970-1994*. Nova York: Cambridge University, 1996, p. 3-4. Veja também Brus, Wlodzimierz. "Economics and Politics: The Fatal

Link". In: Brumberg, Abraham (org.). *Poland: Genesis of a Revolution*. Nova York: Vintage, 1983, p. 26-41; e Pravda, Alex. Poland 1980: From "Premature Consumerism" to Labour Solidarity. *Soviet Studies*, 34(3): 167-99, 1982.

29. Michnik, Adam. "A New Evolutionism" (1976). In: *Letters from Prison and Other Essays*. Berkeley: University of California, 1985, p. 135-44 (em 144). Kołakowski, Leszek. "Hope and Hopelessness" *Survey*, 17(3): 42-8, 1971. Michnik também foi influenciado pelo ensaio de Jacek Kuroń, "Political Opposition in Poland" [Oposição política na Polônia], publicado em *Kultura*, em 1974, no qual Kuroń renuncia à sua abordagem anterior de escrever "uma carta aberta ao partido" em favor de se dirigir à sociedade. Veja Ost, *Solidarity*, 58-73. Compare a defesa geral do "incrementalismo" na tomada pública de decisões de Lindblom, Charles E. "The Science of Muddling Through". *Public Administration Review*, 19: 79-88, 1959.

30. Schell, Reflections, p. xxx.

31. Micewski, *Cardinal Wyszyński*, p. 265-6.

32. Stasiuk, Andrzej, *Fado*. Wolowiec, Polônia: Wydawnictwo Czarne, 2006, p. 141-5.

33. Michnik, "A Lesson in Dignity". In: *Letters from Prison*, p. 163, 166.

34. Osa, *Solidarity and Contention*, p. 143-5; Ost, *Solidarity*, p. 79-80.

35. Sterlingow, Marek. "Wałęsa, ty zes przegral", terceiro segmento de uma série de publicações em sete partes, Siedem wyborow Walesy. *Gazeta Wyborcza*, 2 jul. 2008. O papel do KOR tinha sido definido por Lipski. "Às vezes ouvimos a opinião de que o KOR organizava as greves", escreveu. "Isto não é verdade. Se fosse, eu certamente enfatizaria este fato." Lipski acrescentou, no entanto, que o KOR oferecia um indispensável serviço de informação para uso dos grevistas. Lipski, KOR, p. 423-4.

36. Em Gdańsk, um monumento permanente logo foi erigido: três grandes cruzes de aço ligadas no topo com uma âncora, nos portões do estaleiro, e um verso do poeta ganhador do Prêmio Nobel, Czesław Miłosz gravado no pedestal (Miłosz, *Collected Poems*. Hopewell, N.J.: Ecco, 1988. p. 106. Jankowski, superintendente com muito tempo de serviço em Sta. Brígida, em Gdańsk, e confessor de Wałęsa, tornou-se capelão do Solidariedade. Em 1997, ele foi suspenso de pregar por um ano por fazer observações antissemíticas.

37. Paczkowski, Andrzej; Byrne, Malcom (orgs.). *From Solidarity to Martial Law: The Polish Crisis of 1980-1981. A Documentary History*. Budapeste/ Nova York: Central European University, 2007, p. 66-80; Ost, *Solidarity*, p. 80-90.

38. Sobre os trabalhadores na Hungria — seu poderoso sentido de consciência de classe, suas estratégias de auto-organização na base, e sua absoluta desmobili-

zação política — veja Burawoy, Michael; Lukács, János. *The Radiant Past: Ideology and Reality in Hungary's Road to Capitalism*. Chicago: University of Chicago, 1992.
39. Laba, Roman. *The Roots of Solidarity*. Veja também Goodwyn, Lawrence. *Breaking the Barrier: The Rise of Solidarity in Poland*. Nova York: Oxford University, 1991. Os trabalhadores tinham exigido um sindicato livre no início de 1970 e insistido nele em 1980, enquanto alguns intelectuais, como Kuroń e Michnik, consideravam tal exigência radical demais; o segundo foi preso em Varsóvia e não conseguiu chegar a Gdańsk. Ash, Garton. *The Polish Revolution: Solidarity*, p. 364-66. Michael Bernhard sugeriu que não havia nem trabalhadores nem intelectuais, mas "oposicionistas". Ainda assim, concluiu num eco a Laba, "a oposição polonesa dos anos 1970 e 1980 foi única porque, ao contrário de suas contrapartes no resto do Centro-Leste Europeu, ela incluía um grande número de operários industriais". Bernhard, *The Origins of Democratization in Poland*, p. 151.
40. Malia, Martin. Poland's Eternal Return. *The New York Review of Books*, 29 set. 1983. Sobre o programa do Solidariedade, veja Raina, Peter, *Poland, 1981: Towards Social Renewal*. Londres: Allen & Unwin, 1985, p. 326-47.
41. Osa, *Solidarity and Contention*, p. 175-9. Veja também Civic, Christopher. "The Church". In: Brumberg, Abraham (org.). *Poland: Genesis of a Revolution*. Nova York: Vintage, 1983, p. 92-108.
42. Como sempre, a liderança soviética não queria intervir, se pudesse evitá-lo. Sobre o atormentado caminho da Polônia para a lei marcial, veja Paczkowski e Byrne. *From Solidarity to Martial Law*; Kramer, Mark. "Soviet Deliberations during the Polish Crisis, 1980-1981". Special Working Paper Nº 1, Cold War International History Project. Washington, DC., 1999. Disponível em <www.wilsoncenter.org/topics/pubs/ACF56F.PDF>; Kania, Stanisław com Urbańczyk, Andrzej. *Zatrzymać konfrontacje*. Varsóvia: BGW, 1992.
43. Arendt, Hannah. *On Revolution*. Nova York: Penguin, 1965, p. 119.
44. Para uma transcrição inglesa dos anais do congresso do Solidariedade, veja Sanford, George (org.). *The Solidarity Congress, 1981: The Great Debate*. Houndmills, Inglaterra: Macmillan, 1990.
45. Staniszkis, Jadwiga. *Poland's Self-Limiting Revolution*. Ed. Jan T. Gross. Princeton, N.J.: Princeton University, 1984. Mas o Congresso do Solidariedade, em setembro de 1981, convocou formalmente outros países do bloco do Leste a reconhecer sindicatos independentes (não comunistas), o que enfureceu o politburo soviético em 10 de setembro de 1981 ("estão zombando de nós").
46. Wiatr, Jerzy J. "Mobilization of Non-Participants during the Political Crisis in Poland, 1980-1981". *Internation Political Science Review*, 5(3): 233-44, 1984.

47. Sanford, George. *Polish Communism in Crisis*. New York: St. Martin's, 1983.
48. Para uma versão publicada de seu discurso, ver *Jaruzelki, Prime Minister of Poland: Selected Speeches*. Oxford, Inglaterra/Nova York: Pergamon, 1985, p. 28-35. Sobre seus subsequentes esforços para justificar a lei marcial, ver Jaruzelski, Wojciech; Jaworski, Marek; Loziński, Włodzimierz. *Stan wojenny dlaczego*. Varsóvia: BGW, 1992; e especialmente Jaruzelski, *Les chaînes et le refuge: mémoires*. Paris: Jean-Claude Lattes, 1992, que inclui um diálogo esclarecedor com Michnik. Veja também Kramer, Mark. Jaruzelski, the Soviet Union, and the Imposition of Martial Law in Poland: New Light on the Mystery of Dezember 1981; e Jaruzelski, W. Commentary. *Cold War International History Project Bulletin*, 11: 5-31, 32-9, 1998; e Paczkowski, Andrzej. *Wojna polsko--jaruzelka: stan wojenny w Polsce 13 VII 1981-22 VII 1983*. Varsóvia: Prószyński I S-ka, 2006. Outros no regime, como Mieczysław Rakowski, principal negociador do regime com Wałęsa e o Solidariedade em 1980, acreditava firmemente que a União Soviética jamais permitiria que a Polônia se fosse e assim interviria militarmente se necessário.
49. Sanford, George. *Military Rule in Poland: The Rebuilding of Communist Power, 1981-1983*. Nova York: St. Martin's, 1986, p. 67-8. Sobre o exército deslocando o partido, ver Johnson, A. Ross. *Poland in Crisis*. Santa Monica, Calif.: Rand, 1982.
50. Laba, *The Roots of Solidarity*, p. 148. Mais amplamente, ver Kubik, Jan. *The Power of Symbols against the Symbols of Power: The Rise of Solidarity and the Fall of State Socialism in Poland*. University Park: Pennsylvania State University, 1994. Veja também Labedz, Leopold (org.). *Poland under Jaruzelski: A Comprehensive Sourcebook on Poland during and after Martial Law*. Nova York: Scribner, 1984.
51. *Wejdą nie wejdą Polska 1980-1982: wewnętrzny kryzys, międzynarodowe uwarunkowania. Konferencja w Jachrance, listopad 1997*. Londres: Aneks, 1999, p. 191.
52. Graças a Piotr Kosicki, comunicação pessoal, citando Archiwum Akt Nowych KC PZPR V/409.
53. Rakowski, Mieczysław F. *Dzienniki polityczne*, 10 v. Varsóvia: Iskry, 2005, X: 186. Os pais de Rakowski tinham sido executados pelos nazistas. Seus registros de diário envolvem mais de quarenta anos.
54. Rakowski, *Dzienniki*, X: p. 222.
55. Ibid., p. 303, 306.
56. Osiatynski, Wiktor. "The Roundtable Talks in Poland". In: Elster, Jan (org.). *The Roundtable Talks and the Breakdown of Communism*. Chicago: University of Chicago, 1996, p. 21-68 (em 26).

57. *Geremek opowiada, Zakowski pyta. Rok 1989.* Varsóvia: Plejada, 1990, p. 23, 75, 14.
58. Rakowski, *Dzienniki*, X: p. 395.
59. Ibid, p. 452.
60. "Afinal", escreveu Kiszczac, "somente os diplomatas experientes e ativistas confiáveis do PUWP [Partido dos Trabalhadores Unidos Polonês, isto é, o Partido Comunista] e dos partidos aliados pró-regime eram empregados ali". Prawda wedlug Kiszczaka. Dokument, 1988 rok. Relacja generala Czestawa Kiszczaka. *Gazeta Wyborcza*, 22 ago. 2008.
61. Rakowski, *Dzienniki*, X: p. 452.
62. Tagliabue, John. "Poles Approve Solidarity-Led Cabinet". *The New York Times*, 13 set. 1898.

Epílogo

1. Gorbachev, Mikhail. *Memoirs*. Nova York: Doubleday, 1996, p. 516. Gorbachev, *Perestroika: New Thinking for Our Country and the World*. Nova York: Harper and Row, 1988, p. 200. Veja também Lévesque, Jacques. *The Enigma of 1989: The USSR and the Liberation of Eastern Europe*. Berkeley: University of California, 1997, p. 37-99, 144-6; e Stent, Angela, *Russia and Germany Reborn: Unification, the Soviet Collapse, and the New Europe* (Princeton, N.J.: Princeton University, 2000. Observe que em abril de 1989, Vyacheslav Dashichev, um especialista soviético na Alemanha, próximo ao Kremlin de Gorbachev, tinha escrito um memorando interno proclamando a vitória inequívoca da Alemanha Ocidental sobre a Alemanha Oriental em "padrão de vida, segurança social, desenvolvimento de instituições democráticas, direitos e liberdades [de seus cidadãos], mas também na possibilidade de novos desenvolvimentos dinâmicos". Gedmin, Jeffrey. *The Hidden Hand: Gorbachev and the Collapse of East Germany.* Washington, D.C., American Enterprise Institute, 1992, p. 50-1. Dashichev tinha passado dois anos como professor visitante na Alemanha Ocidental.
2. Lévesque, *The Enigma of 1989*, p. 1.
3. Gerner, Kristian; Hedlund, Stefan. *The Baltic States and the End of the Soviet Empire*. Londres, Routledge, 1993, p. 80.
4. Muiznieks, Nils Raymond. "The Baltic Popular Movement and the Disintegration of the Soviet Union". 1993, p. 150-1, 162-70. Tese (Doutorado) — University of California, Berkeley. Na Central Nuclear de Ignalina, as unidades três e quatro nunca foram concluídas, enquanto a unidade um foi finalmente fechada em 2004, como uma condição para a entrada da Lituânia

na União Europeia, e a unidade dois fechou em 31 de dezembro de 2009. Com isso encerrou-se finalmente a existência da Central.
5. Kramer, Mark. "The Collapse of East European Communism and the Repercussions within the Soviet Union". *Journal of Cold War Studies*, 5(4): 178-256 (em 209), 2003. Para Lévesque, a "'permissividade' da URSS deve, portanto, ser considerada o grande enigma de 1989". Ele acrescenta que "raramente testemunhamos, na história, a política de uma grande potência continuar, em meio a tantas dificuldades e alterações, a se guiar por uma visão tão idealista do mundo". Lévesque, *The Enigma*, p. 5, 252.
6. Kramer, "The Collapse", p. 155-6. Dmitri Volkogonov, o general soviético e historiador do exército, disse a Kramer: "O alcance e a intensidade da desilusão ideológica aumentaram drasticamente em consequência dos acontecimentos na Europa Oriental." Kramer, "The Collapse of East European Communism and the Repercussions within the Soviet Union". *Journal of Cold War Studies*, 6(4): 3-64 (em 8), 2004. Na primavera de 1990, Lech Wałęsa enviou uma carta protestando contra o bloqueio econômico soviético da Lituânia.
7. Gerner e Hedlund, *The Baltic States,* p. 151. Para um retrato não sentimental de nacionalistas bálticos (especialmente lituanos) feito por uma testemunha ocular, veja Lieven Anatol. *The Baltic Revolution: Estonia, Latvia, Lithuania and the Path to Independence.* New Haven, Conn./Londres: Yale University, 1993.
8. Marples, David R. *Ukraine under Perestroika: Ecology, Economics and the Workers' Revolt.* Nova York: St. Martin's, 1991.
9. Em 1959, Lukyanenko e outros dois organizaram um sindicato clandestino de trabalhadores e camponeses ucranianos para preservar o direito da Ucrânia a separar-se da União (como especificado na Constituição soviética de 1936); ele foi preso em 1961 e recebeu pena de morte, que foi comutada para 15 anos de prisão. Assim que Lukyanenko saiu, foi preso novamente, em 1977, e condenado a mais dez anos nos campos de detenção. Wilson, Andrew. *Ukrainian Nationalism in the 1990s: A Minority Faith.* Nova York: Cambridge University, 1996. Sobre as origens da resistência nacionalista da Ucrânia pós-Segunda Guerra Mundial, veja Shumuk, Danylo. *Life Sentence: Memoirs of a Ukrainian Political Prisoner.* Edmonton: Canadian Institute of Ukrainian Studies, University of Alberta, 1984.
10. "A independência ucraniana", escreveu Andrew Wilson, "chegou tanto por acidente como por desígnio, e em grande parte como consequência de fatos que estavam ocorrendo em outras partes". Wilson, *The Ukrainians: Unexpected Nation.* 2. ed. New Haven, Conn.: Yale University, 2002, p. 152-72 (em

172). Veja também Szporluk, Roman. "National Building in Ukraine: Problems and Prospects". In: Szporluk, *Russia, Ikraine and the Breakup of the Soviet Union.* Stanford, Calif.: Hoover Institution, 2000. p. 315-26. Sobre o chefe do partido na era Brejnev na Ucrânia, sobre o altamente competente Volodymyr Shcherbytsky e sobre o nacionalista tardio Leonid Kravchuk, veja Nahaylo, Boydan. *Ukrainian Resurgence.* Toronto: University of Toronto, 1999.
11. Dunlop, John B. *The Faces of Contemporary Russian Nationalism.* Princeton, N.J.: Princeton University, 1983, p. 286-7. Veja também Brudny, Yitzhak M. *Reinventing Russia: Russian Nationalism and the Soviet State, 1953-1991.* Cambridge, Mass.: Harvard University, 1998.
12. Dunlop, John B. *The Rise of Russia and the Fall of the Soviet Union.* Princeton, N.J.: Princeton University, 1993.
13. Como Nils Raymond Muiznieks escreveu: "O regime soviético institucionalizou a etnicidade, depois a usou como um importante critério na distribuição de registros e oportunidades econômicos, políticos e sociais". E acrescentou que "mesmo questões ostensivamente não étnicas, como a importantíssima ecologia e a ânsia por 'soberania', foram *estruturadas* em termos étnicos". Muiznieks, "The Baltic Popular Movements", p. 2, 99. Mais amplamente, Joseph Rothschild discutiu "uma tendência geral de outras linhas de conflito serem deslocadas para conflitos étnicos". Rothschild. *Ethnopolitics: A Conceptual Framework.* Nova York: Columbia University, 1981, p. 4.
14. Beissinger, Mark. *Nationalist Mobilization and the Collapse of the Soviet State.* Nova York: Cambridge University, 2002. Beissinger codifica praticamente toda ação como "nacionalismo", mas para explicar o colapso ele também tem de apresentar a questão da psicologia do establishment, que, como ele corretamente observa, foi abalada pela "reforma fracassada" (p. 40).
15. Ao discutir os laços entre as várias frentes populares republicanas, o cofundador e líder da Frente Popular Estoniana, Marju Lauristin, observou em uma conferência em Nova York, em maio de 1990, que "nossa posição de princípio é a de não criar uma frente popular nacional. Seria um desastre, como foi o partido comunista nacional". *Nationalities Papers,* 18(1): 77, 1990.
16. Diewald, Martin et al. (orgs.). *After the Fall of the Wall: Life Courses in the Transformation of East Germany.* Stanford, Calif.: Stanford University, 2006; Wasilewski, Jacek. *Communist Nomenklatura in Post-Communist Eastern Europe Winners or Losers of Transformation?* Varsóvia: Polish Academy of Sciences, 1995; Gallagher, Tom. *Modern Romania: The End of Communism, the Failure of Democratic Reform, and the Theft of a Nation.* Nova York: New York Univer-

sity, 2005. Gallagher argumenta que o domínio e a pilhagem pós-1989 pelas ex-elites comunistas da Romênia foram "consolidados" na adesão da Romênia à União Europeia. De passagem, ele sugere que a Romênia, embora membro da UE, seja comparada não à Polônia ou à Eslováquia, mas a Angola ou aos países da Ásia Central (p. 16). Veja também Oprea, Marius. "The Fifth Power: Transition of the Romanian Securitate from Communism to Nato". *New Europe College Yearbook*, 11: 151-72, 2003-4. Disponível em <www.ceeol.com>.

17. Szalai, Erzsebet. "The Power Structure in Hungary after the Political Transition". In: Bryant, Christopher G.A.; Mokrzycki, Edmund (orgs.). *The New Great Transformation? Change and Continuity in East-Central Europe.* Londres/Nova York: Routledge, 1994. Walder, Andrew G. Career Mobility and the Communist Political Order. *American Sociological Review*, 60: 309-28, 1995; Hanley, Eric et al. The Making of Post-Communist Elites in Eastern Europe, documentos do projeto de pesquisa Social Trends, abr. 1998. Disponível em: <www.soc.cas.cz/articles/en/5/1134/Hanley-Eric-a-Petr-Mateju-Klara-Vlachova-Jindrich-Krejci-1998-.--The-Making-of-Post-Communist-Elites-in-Eastern-Europe-Sociologicky-ustav-AV-CR-Praha-.-Working-Papers-of-the-Project-Social-Trends-1998-5.html>; Hanley, Eric; Treiman, Donald J. Recruitment into the East European Elite: Dual Career Paths. *Research in Social Stratification and Mobility*, 23: 35-66, 2005. Veja também Staniszkis, Jadwiga. *The Dynamics of Breakthrough in Eastern Europe.* Berkeley: University of California, 1991.

18. Inkeles, Alex. Social Stratification and the Modernization of Russia. In: Black, Cyril (org.). *The Transformation of Russian Society.* Cambridge, Mass.: Harvard University, 1960, p. 338-50 (em 346).

19. Konrád, *Antipolitics*, p. 134. O coautor de Konrád também repudiou convincentemente seus argumentos anteriores. Veja Szelényi. "The Prospects and Limits of the East European New Class Project: An Autocritical Reflection on 'The Intellectuals on the Road to Class Power'". *Politics and Society*, 15(2): 103-44, 1986-7; e Szelényi, "An Outline of the Social History of Socialism or an Auto-critique of an Auto-critique". *Research in Social Stratification and Mobility*, 19: 39-65, 2002. Esta mesma questão foi frisada por Zbigniew Brzezinski em *Ideology and Power in Soviet Politics.* Nova York: Praeger, 1962, p. 71-82.

20. Torańska, Teresa. *Them: Stalin's Polish Puppets.* Nova York: Harper and Row, 1987, p. 139, 257; as entrevistas foram publicadas primeiro na clandestinidade polonesa. Somente um dos cinco entrevistados renunciou ao marxismo-leninismo. A propósito, nos anos 2000, o partido comunista eslovaco foi chefiado por Jozef Ševc, genro de Vasil Bilak.

Guia de Leituras Adicionais

Na Alemanha Oriental, em 1989, os livros de destaque incluem: *The Politics of Economic Decline in East Germany, 1945-1989*, de Jeffrey Kopstein (Chapel Hill: Universidade da Carolina do Norte, 1997); *Dissolution: The Crisis of Communism and the End of East Germany*, de Charles S. Maier (Princeton, Nova Jersey: Universidade de Princeton, 1997); *Creating German Communism, 1890-1990: From Popular Protest to Socialist State*, de Eric Weitz (Princeton, Nova Jersey: Universidade de Princeton, 1996); *Exit-Voice Dynamics and the Collapse of East Germany: The Crisis of Leninism and the Revolution of 1989*, de Steven Pfaff (Durham, N. C.: Duke University, 2006). Para a Romênia, os trabalhos principais incluem: *Revolutionary Breakthroughs and National Development: The Case of Romania, 1944-1965*, de Kenneth Jowitt (Berkeley: Universidade da Califórnia, 1971); *Ceauşescu and the Securitate: Coercion and Dissent in Romania, 1965-1989*, de Dennis Deletant (Armonk, Nova York: M. E. Sharpe, 1996); *Stalinism for All Seasons: A Political History of Romanian Communism*, de Vladimir Tismăneanu (Berkeley: Universidade da Califórnia, 2003); *The Romanian Revolution of December 1989*, de Peter Siani-Davies (Ithaca, Nova York:

Cornell University, 2005). Para a Polônia, os textos-chave incluem: "Poland's Eternal Return", de Martin Malia, em *The New York Review of Books*, p. 18-27, 29 set. 1983; *KOR: a History of the Worker's Defense Committee in Poland, 1976-1981*, de Jan Józef Lipski (Berkeley: Universidade da Califórnia, 1985); *The Roots of Solidarity: A Political Sociology of Poland's Working--Class Democratization*, de Roman Laba (Princeton, Nova Jersey: Universidade de Princeton, 1991); e *Military Rule in Poland: The Rebuilding of Communist Power, 1981-1993*, de George Sanford (Nova York: St. Martin's, 1986). Para as repúblicas da União Soviética, estudos importantes incluem: "The Baltic Popular Movements and the Disintegration of the Soviet Union", de Nils Raymond Muiznieks (dissertação de mestrado, Universidade da Califórnia, Berkeley, 1993); *The Ukrainians: Unexpected Nation*, de Andrew Wilson (2. ed. New Haven, Conn.: Universidade de Yale, 2002); e *The Rise of Russia and the Fall of the Soviet Union*, de John B. Dunlop (Princeton, Nova Jersey: Universidade de Princeton, 1993).

Estudos gerais fora do comum sobre a derrocada do comunismo incluem: *Stealing the State: Control and Collapse in Communist Institutions*, de Steven L. Solnick (Cambridge, Mass.: Universidade de Harvard, 1999); e "The Collapse of Eastern European Communism and the Repercussions within the Soviet Union", de Mark Kramer, em *Journal of Cold War Studies*, 5/4 (2003): p. 178-256, 6/4 (2004): p. 3-64, 7/1 (2005): p. 3-96. Também valiosa é a obra *Revolutions in Eastern Europe: The Religious Roots*, de Niels C. Nielsen (Maryknoll, Nova York: Orbis, 1991). Muitas análises clássicas permanecem em destaque, nomeadamente: *The Soviet Bloc: Unity and Conflict*, de Zbigniew Brzezinski (Cambridge, Mass.: Universidade de Harvard, 1960, 1967), e "Has Eastern

Europe Become a Liability to the Soviet Union? III. The Economic Aspect", de Paul Marer, em Charles Gati (org.), *The International Politics of Eastern Europe* (Nova York, Praeger, 1976): p. 59-81. Também pode ser feita menção às contribuições do próprio autor, como "Thirty Years of Crisis Management in Poland", de Jan T. Gross, em Teresa Rakowska-Harmstone (org.), *Perspectives for Change in Communist Societies* (Boulder, Colorado: Westview, 1979), p. 145-167; e *Armageddon Averted: The Soviet Collapse, 1970-2000*, de Stephen Kotkin, edição atualizada (Nova York: Universidade de Oxford, 2008). Para conhecimento do caso iugoslavo e mais, ver *Subversive Institutions: The Design and Destruction of Socialism and the State*, de Valerie Bunce (Nova York: Universidade de Cambridge, 1999); e *The Myth of Ethnic War: Serbia and Croatia in the 1990s* (Ithaca, Nova York: Universidade Cornell, 2004).

Dentro da vasta literatura dissidente ou oposicionista, entre os textos mais importantes estão: *Mente cativa*, de Czesław Miłosz (Osasco: Novo Século, 2010); *A nova classe: Análise do sistema comunista*, de Milovan Djilas (São Paulo: Círculo do Livro, 1984); "Hope and Hopelessness", de Leszek Kołakowski, em *Survey*, 17/3 (1971); "A New Evolutionism" (1976), de Adam Michnik, em *Letters from Prison and Other Essays* (Berkeley: Universidade da Califórnia, 1985), p. 135--148; "The Power of the Powerless" (1978), de Václav Havel, em Gale Stokes (org.), *From Stalinism to Pluralism* (Nova York: Universidade de Oxford, 1996), p. 168-174; e *Antipolitics: An Essay*, de George Konrád (San Diego: Harcourt Brace Jovanovich, 1984). Memórias notáveis incluem: *Nightfrost in Prague: The End of Humane Socialism*, de Zdeněk Mlynář (Nova York, Karz, 1980); *Conversations with Gorbachev: On Perestroika, the Prague Spring, and the Crossroads of Socialism*

(Nova York: Universidade de Columbia, 2002); *With God, for the People: The Autobiography of Laszlo Tőkés*, conforme narrado a David Porter por Laszlo Tőkés (Londres: Hodder and Stoughton, 1990); *The Wasted Generation: Memoirs of a Romanian Journey from Capitalism to Socialism and Back*, de Silviu Brucan (Boulder, Colorado: Westview, 1993); *A Freedom Within: The Prison Notes of Stefan Cardinal Wyszýnski*, de Stefan Wyszýnski (San Diego: Harcourt Brace Jovanovich, 1983). Algumas coleções de entrevistas valiosas são: *Prague Spring — Prague Fall: Blank Spots of 1968*, de Miklós Kun (Budapeste: Akadèmiai Kiado, 1999); *We Were the People: Voices from East Germany's Revolutionary Autumn of 1989*, de Derek Philipsen (Durham, N. C.: Duke University, 1993); e *"Them": Stalin's Polish Puppets*, de Teresa Torańska (Nova York: Harper and Row, 1987).

ÍNDICE REMISSIVO

A leste de Bucareste (A fost sau n-a fost?) (filme), 31
Academia de Ciências Sociais, Alemanha Oriental, Academia Teológica Católica polonesa, 160
Ackermann, Anton, 89, 239n
Acordo de Gdańsk (1980) 187, 190, 193
Acordo de Helsinque (1975) 37
Acordo de Szczecin (1980) 186-187, 193
Adeus, Lenin! (filme), 87
Afeganistão, 16, 194
Albânia, 69, 76, 202, 236n
Alemanha, República de Weimar, 75, 82
Alemanha imperial, 76
Alemanha nazista, 98, 230n
    derrota da, 80
    Segunda Guerra Mundial, 80
Alemanha, República Democrática da (Alemanha oriental), 11-14, 32, 56, 65, 72, 75-103, 108-116, 236n, 238-247n
    "Apelo dos Seis de Leipzig" e, 107, 109
    colapso da Alemanha Oriental e, 152
    colapso da, 79
    coletiva de imprensa sobre a questão das viagens e, 111
    comício em Berlim oriental na, 143
    como Prússia Vermelha, 75, 97
    competição do Ocidente com, 90
    criação da, 75
    crises de petróleo e, 178
    dívida externa da, 93-94
    e desmilitarização da fronteira austro-húngara, 11
    economia de mercado da China e, 69
    economia do Extremo-Oriente e, 61, 66
    economia socialista planejada da, 44
    elites governantes da, 45
    emigração da, 76
    estilo de vida da Alemanha Ocidental e, 90-91
    estilo de vida da Alemanha Oriental e, 75-76, 80
    falência econômica da, 66, 67
    falta de sanções policiais severas na, 75, 80
    ideologia comunista na, 131
    Igreja Evangélica (Luterana) na, 41, 104, 109
    imprensa ocidental e, 214
    incompetência e corrupção na, 96
    Kultur alemã e, 85
    manifestações de Dresden na, 104-106
    manifestações de oração pela paz em Leipzig na, 100-105
    modelo econômico soviético e, 88
    monopólios industriais na, 102
    nacionalismo na, 61
    Novo Fórum da, 37, 155
    Novo Sistema Econômico da, 88
    oposição na, 61
    "paz" como política oficial da, 133
    política da, 75
    prosperidade econômica da, 16
    reunificação e, 207
    Revolta de 1953 na, 84, 92, 105, 109, 160
    sovietização da, 39

subsídios na, 178
tomada de decisões na, 45-46
União Soviética e colapso da,
Alemanha, República Federal da
(Alemanha Ocidental), 210, 218
América Latina, 63, 65
Andreescu, Gabriel, 156
Andropov, Yuri, 14-15, 47-48, 189, 225n
Revolução Húngara de 1956 e, 48, 49
Antonescu, Ion, 123
"Apelo dos Seis de Leipzig", 107, 109
Arato, Andrew, 227n
Arendt, Hannah, 189
Ásia, 18, 60, 92, 93
Áustria, 11, 23, 101, 110n
Azerbaijão, 211, 214
desmilitarização da fronteira da
Hungria com a, 102

Bach, Johann Sebastian, 85, 99
Baibakov, Nikolai, 93
Bakunin, Mikhail, 42
Banco Mundial, 75
BBC, 132, 148, 186, 209, 250n
Beethoven, Ludwig van, 85
Beissinger, Mark, 215, 263n
Berend, Iván, 235n, 246n
Beria, Lavrenty, 238-239n
Berman, Jakub, Bessarábia, 172, 222-223
Bielorrússia, 189
Bierut, Bolesław, 170, 172
Bilak, Vasil, 52-55, 57-58, 68, 70, 232-235n, 264n
Bismarck, Otto von, 86
Bloqueio de Berlim, 82
Borusewicz, Bogdan, 184
Brejnev, Leonid, 14, 57, 91, 93, 148, 193, 234n
Brigadas Internacionais, 131
Brucan, Silviu, 128-129, 249n, 251-253n
Brzezinski, Zbigniew, 40, 228n, 231n, 264n, 266n
Bujak, Zbigniew, 191, 198
Bunce, Valerie, 235n, 267n
Burks, Richard Voyles, 248n
Bush, George H. W., 102

"Cadeia Báltica", 208
caminho da servidão, O (von Hayek), 42
Caritas (organização de assistência social), 169
Carta 77 (movimento de direitos), 38, 127, 228n
"Carta Aberta ao Partido" (Kuroń e Modzelewski), 42, 258n
Carta do Atlântico, 159
Carta dos Direitos dos Trabalhadores, 162
Cartas da prisão (Michnik), 51
"Cartas dos Seis", 132
Ceauşescu, Elena, 155
Ceauşescu, Nicolae, 31, 65, 119, 120, 121, 125-130, 132, 135, 138-150, 152, 156, 247n, 251n
culto de, 126
dívida estrangeira e, 151
em viagem ao Irã, 145
experiência de, 125-126
julgamento e execução de, 207
prática de rotatividade no núcleo de treinamento de pessoal militar, 128-129
protestos de Timişoara e, 136-144
reeleição de 1989, 120
sistematização de povoados e, 135, 139-140
Ceauşescu, Nicu, 131, 135
Chirot, Daniel, 11, 249n
Chojecki, Mirosław, 162
Church, the Left, The: A Dialogue (Michnik), 174
Churchill, Winston, 81, 159, 255n
Coastal Worker, 184
Comitê de Defesa dos Trabalhadores, *ver* KOR
Comitê de Greve Interfábricas, *Communiqué*, 176, 186, 187
Complexo Metalúrgico Joseph Stalin, comunismo nacional, 161
comunismo:
competição ocidental com o, 62
Konrád no, 72
mentira endêmica e, 222
nacional, 62-64
romeno, 120

Conferência de Teerã (1943), 159
Conferência de Yalta (1945), 159
Conselho de Coordenação Nacional, 191
Conselho Militar de Salvação Nacional
    (WRON), 193
Conselho para Assistência Econômica
    Mútua (Comecon), 133, 178, 251n
Conselho Soviético de Ministros, Copa do
    Mundo, 138
Coreia, República da (Coreia do Sul), 76
Coreia, República Popular Democrática da
    (Coreia do Norte), 76
Cornea, Doina, 127
crise financeira de 2008, crises de petróleo
    Alemanha oriental e, 18
    de 1973, 178
    de 1979, 60
    Polônia e, 63, 93, 178
    Romênia e, 134
    União Soviética e, 60
Crooked Circle, 170, 172, 256n

Dacia (automóvel), 133
Dej, Gheorghe, *ver* Gheorghiu-Dej,
    Gheorghe
Deletant, Dennis, 232n
Deng Xiaoping, 113
Departamento de Estado, EUA, 81, 255n
desastre nuclear de Chernobyl, 210
détente, 62, 69, 236n
Deutsche Welle, 148
Dia da Revolução Bolchevique, 49
Dinescu, Mircea, 155
Direitos Humanos, 37, 77, 127, 156,
    228n, 237n
Divisões Motorizadas da Milícia dos
    Cidadãos, *ver* Zomo
Djilas, Milovan, 42-43, 49
Doutrina de Brejnev, 14, 17, 20, 22, 58, 72
Dubček, Alexander, 54-55, 58, 232n
Dunlop, John, 214

Empréstimo e Arrendamento, 81
Enzensberger, Hans Magnus, 116
Escola do Securitate, 40
Escola Partidária Stefan Gheorghiu, 40
Escola Superior para as Ciências Sociais,
    Polônia, 40
Esenin-Volpin, Aleksander, 37
Eslováquia, 52, 56, 232n
Espanha, 123, 134, 194
Essay on the History of Civil Society
    (Ferguson), 35
Estados Unidos, 17, 60, 63-64, 75, 80-81,
    113, 126, 210, 238n
    crise financeira de 2008 e, 18
    economia de mercado da China e, 113,
        114
    na era pós-Segunda Guerra Mundial,
        64
    Revolução Húngara de 1956 e, 76
    visita de Deng aos, 113
    zona de ocupação alemã dos, 85
Estaleiro Lenin, 176, 184
Estônia, 76, 208, 210-211
    questão ambiental e a, 215-216
Europa Oriental, 11-18, 33-34, 44, 53-54,
    58-61, 64, 68-70, 80, 81, 93, 119,
    122-125, 131, 147, 187, 209, 211-213,
    227n
    a União Soviética e a queda do
        comunismo na, 16
    colapso do comunismo na, 218
    competição econômica do Ocidente
        com a, 75
    copiar da estratégia ocidental e a, 214
    crescimento do PIB da, 177
    dívida de moeda estrangeira da, 177
    economia de mercado ocidental e a,
        113
    economias asiáticas e a, 218
    exemplo econômico da China e a, 160
    glasnost e, 79, 193
    instituições ao estilo soviético na, 131
    perestroika e, 79, 151, 193, 214, 216
    recuperação pós-Segunda Guerra
        Mundial, 59-60
    rol de membros do partido comunista
        na, 174
    tomadas de posse comunistas na, 81-82
    vínculo ideológico e, 219
    ver também países específicos
Exército Nacional Polonês, fábrica
    Electrobanat (Elba), 141, 142

Faculdade do Stasi, 40
falangistas, 123
fascismo, 59
Ferguson, Adam, 35
Fortuna, Lorin, França, 143
Franco, Francisco, 194
Frasyniuk, Władysław, 191
Frederico II (o Grande), rei da Prússia, 62, 86
Frente da Democracia Nacional, 113
Frente de Salvação Nacional, 155
Frente Democrática Romena, 143
Führer, Christian, 100, 109

Gazeta Wyborcza, 203, 258n
Geremek, Bronisław, 37, 157, 162-164, 186, 196-199, 227n
Gestapo, 98, 241n
Gheorghiu-Dej, Gheorghe, 20, 124, 248n
Gierek, Edward, 64, 177-119, 187, 218
glasnost, 79, 193
globalização 63, 68
    sociedade incivil e, 13
Goethe, Johann Wolfgang von, 85
Goma, Paul, 126-127
Gombrowicz, Witold, 162
Gomułka, Władysław, 56, 159, 170-172, 174, 177, 187, 222, 236n, 257n
Gorbachev, Mikhail, 35, 78, 104-105, 109, 132, 148, 193-194, 207-209, 210, 211, 213
    atentado conduzido pelo KGB e, 215, 216, 219
    e repúdio da Doutrina Brejnev, 11, 14-17
    sociedade incivil e, 35, 72,
Göring, Hermann, 97
Governo Provisório da Unidade Nacional, 159
Grã-Bretanha, 60, 75
Grande Depressão, 61, 67, 89, 217
Grande Novena do Milênio (Polônia), 172-173, 182, 183, 188
Grass, Günter, 108
Grósz, Károly, 51, 71, 231n
Guarda de Ferro, romena, 123, 133
Guerra Civil Espanhola, 131

Guerra Fria, política de contenção na, 209
Gușă, Ștefan, 140, 142, 149, 252n

Hager, Kurt, 79
Hankiss, Elemér, 228n, 229n
Haraszti, Miklós, 231n
Havel, Václav, 51, 52, 68, 150
Hegel, G. W. F., 35
Hitler, Adolf, 80, 83-85, 95, 98, 110, 111, 133, 159-60, 182
Holocausto, 166
Honecker, Erich, 79, 85, 91-95, 97-98, 105-107, 115, 154, 217, 239n, 240-243n
"Hope and Hopelessness" (Kotakowski), 258n
Horn, Gyula, 102-103, 242-243n
Hoxha, Enver, 125
Hummitzsch, Manfred, 106
Hungria, 11-14, 38-39, 47, 49-50, 65, 70-71, 78, 79, 101-105, 114, 123
    China e, 125-126
    desmilitarização da fronteira austríaca com a, 11
    dívida monetária da, 115
    economia da, 65
    emigração da Alemanha oriental para a, 122
    lei do passaporte de 1988, 148
    negociações em conferência na, 12
    oposição na, 12-13
    refugiados romenos na, 148
    regime de Rákosi na, 47
    Revolução de 1956 na, *ver* Revolução Húngara de 1956
Husák, Gustáv, 58, 70, 222, 234n

Iêmen, 93
Igreja Calvinista (Reformada), 41, 135, 222
Igreja Católica, 172
    na Polônia, 41, 62, 169, 175, 222
Igreja Evangélica (Luterana), 41, 109, 241n
Igreja Luterana (Evangélica), 41, 109, 241n
Igreja Ortodoxa, romena, 135, 141
Igreja Reformada (Calvinista), 41, 135, 222
Iliescu, Ion, 248n

Iluminismo escocês, 35
império otomano, 70, 122
Instituto da História do Partido, romeno, 130
Instituto Literário, 255n
Intellectuals on the Road to Class Power (Konrád e Szelényi), 221, 229n, 264n
Irã, 134
Itália, 60, 63
Iugoslávia, 32, 63

Jan II Kazimierz, rei da Polônia, 172, 256n
Jankowski, Henryk, 185, 258n
Japão, 60, 64, 75, 126, 217
Jaruzelski, Wojciech, 107, 164-165, 187, 189, 192-195, 197-198, 200, 202, 217, 225n
João Paulo I, papa, 181
João Paulo II, papa, 174, 182
   em visita papal à Polônia, 182
   experiência e tomada de posse de, 173-174
Jogos Olímpicos de 1980, 184
Jowitt, Kenneth, 132, 251n

Kádár, János, 48-51, 56, 70, 71, 114, 115, 222
Kania, Stanisław, 187, 189, 242n
Karski, Jan, 255n
Kennan, George, 81
KGB, 14, 15, 49, 57, 98, 151, 175, 189, 210, 215, 225n, 233n
   golpe de agosto e o, 214-215
Khrushchev, Nikita, 50, 89, 114, 125, 132, 133, 256n
   Revolução húngara de 1956 e, 49
   Stalin condenado em discurso secreto de, 47, 125, 170, 222, 232n
Kim Il Sung, 126
Kiszczak, Czesław, 165, 195, 197-198, 202-203, 261n
Kołakowski, Leszek, 11, 162, 174, 179-180, 257n
Konrád, György, 37, 72, 221, 227n
Kopstein, Jeffrey, 75, 89, 235n-241n, 246n
KOR (Comitê de Defesa do Trabalhador) (Komitet Obrony Robotników), 161-162, 174, 179, 181, 184, 186, 254n-256n, 258n
Kovály, Heda Margolius, 54, 232n
Kramer, Mark, 11, 72, 225n, 231n
Krenz, Egon, 110, 112, 243n
Kristallnacht, noite dos cristãos, 110n
Krytyka, 17, 162
Kryuchkov, Vladimir, 15, 215
Kultura, 180, 256n, 258n
Kuroń, Jacek, 42, 161, 181, 186, 195, 198, 229n, 258-259n
Kwaśniewski, Aleksander, 198, 200-201

Leipzig, Alemanha, 78, 83, 90, 103-110, 154
   Feira de Comércio Aberta ao Mundo de, 99-100
   manifestações de oração pela paz em, 100, 222
Lenin, V. I., 99
Letônia, 208, 211, 215-216
Lévesque, Jacques, 209, 261n-262n
Libération, 155
Liebknecht, Karl, 99
Lipski (membro do KOR), 181, 255n, 258n
Lis, Bogdan, 191
Lituânia, 208-216, 261n-262n
   independência declarada pela, 212-214
Luca, Vasile (László Luka), 125, 248n
Lukyanenko, Levko, 213, 262n
Lutero, Martinho, 99

Macmillan, Harold, 148
Magirius, Friedrich, 104
Maier, Charles, 227n-228n, 237n
"mal polonês", 63, 67-68, 217-218
Malia, Martin, 188, 256n, 259n
Manea, Norman, 129, 249n-250n
Manifestações da Praça Tiananmen, 15, 68, 99, 110, 202
Mao Zedong, 69, 126, 233n
Marx, Karl, 99, 163, 180
massacre de Katyń, 171, 255n
Masur, Kurt, 107, 109
Mazowiecki, Tadeusz, 15, 162, 165, 186, 198-199, 203

Mendelssohn, Felix, 99
México, 33, 65
Michnik, Adam, 51-52, 174, 180, 186, 194, 195, 198, 203, 211, 212, 218, 231n, 237n, 255n, 257n
Mielke, Erich, 97, 103, 105, 106, 108, 112
Mihai, rei dos romenos, 128-129
Mikolajczyk, Stanisław, 159
Milea, Vasile, 145, 149-150
Miłosz, Czesław, 129, 162, 249n, 258n
Minc, Hilary, 222
Ministério da Defesa romeno, 153
Miodowicz, Alfred, 195-197
Mittag, Günter, 95
Mitterrand, François, 197
Mlynář, Zdeněk, 53-58, 69, 232n
Modrow, Hans, 106
Modzelewski, Karol, 42
Moldávia, 122, 248n, 252n
Molotov, Vyacheslav, 255n
Morgenthau, Henry, Jr., 81-82
Movimento de Defesa dos Cidadãos e dos Direitos Humanos, 162
Movimento para a Polônia Jovem, 162
Muiznieks, Nils Raymond, 261n
Muro de Berlim, 11, 85, 111
  nacionalismo, 263n
  na Alemanha Oriental, 62
  na Polônia, 62
  na Romênia, 62, 130-131
  queda do, 78, 121-122, 196, 207, 237n
  sociedade incivil e, 62-63

Nações Unidas, 128
Nagy, Imre, 47-48, 172, 222
Naimark, Norman, 82
Napoleão I, imperador da França, 99, 207
Nato, 264n
Németh, Miklós, 102, 243n
New Evolutionism, A (Michnik), 180
NKVD (polícia secreta soviética), 48, 159, 167
Nossa Senhora de Czestochowa (Senhora Negra), 172-173
Nossa Senhora Negra (Nossa Senhora de Czestochowa), 172
nova classe, A (Djilas), 42-43

Novo Fórum, 37-38, 78, 112, 155
Novo Sistema Econômico, 88
Nowa Huta (Fábrica Nova), 180
NOWa, 162
Nowakowski, Marek, 191

O homem de ferro (filme), 188
Omon (polícia soviética de motins), 212
Operação Danúbio, 57
Oposição, 12, 13, 22, 34, 39, 108
  como termo, 12
  na Alemanha de Leste, 62
  na Hungria, 49
  na Polônia, 33
  na Romênia, 143
  na Tchecoslováquia, 98
Orwell, George, 42
"Outubro polonês", 172

Pacepa, Ion Mihai, 128-129, 153
Pacto de Varsóvia, 15, 48, 57, 129
  na intervenção húngara, 48
  na intervenção tchecoslovaca, 57-58, 127
Pacto Hitler-Stalin (1939), 166, 171, 208, 215
Pareto, Vilfredo, 45
Partido Camponês Polaco, polonês, 200, 203
Partido Comunista Chinês, 77, 113
Partido Comunista da Alemanha de Leste (KPD), 82-83, 85
Partido Comunista da Tchecoslováquia, 52
  Programa de Ação do, 55
Partido Comunista esloveno, 55-56, 232
Partido Comunista húngaro, 50
Partido Comunista polonês, 14, 62, 171-172, 196, 255n
  rol de membros do, 179
Partido Comunista romeno, 14, 123-124, 133-135
  ausência de frente reformadora no, 131
  hierarquias do, 129
  mito da origem nacional e o, 130
  monopólio do, 132
  rol de membros do, 130
Partido Comunista soviético, 58

Partido de Unidade Nacional, Alemanha
 Oriental (SED), 159
Partido dos Trabalhadores Unidos, polonês,
 161, 168, 234n
 rol de membros do, 170
 ver também Partido Comunista polonês
Partido Nacional dos Camponeses,
 romeno, 132, 133
Partido Social-Democrata polonês, 200,
 203
Partido Social-Democrata, Alemanha
 Ocidental, 132, 133
 expropriação comunista do, 83
Pauker, Ana (Hannah Rabinsohn), 125,
 248n
Paulo VI, papa, 181-182
Pax, 169, 181
perestroika, 79, 151, 193, 214, 216
Pfaff, Steven, 78, 237n, 242n, 243n
politburo, Alemanha Oriental, 84, 89, 97,
 102, 110-111, 246n
politburo, polonês, 164, 194-197, 222
politburo, romeno, 125
politburo, soviético, 50, 167, 171, 193,
 225n
política de contenção, 209
Polityka, 172, 197
Polônia, 11-13, 33, 35-37, 38, 42, 49, 51,
 62, 65, 70, 87, 93, 103, 131, 141,
 159-172, 176-180, 184, 188, 192-193,
 202, 211, 220, 225n
 a União Soviética e a queda do
  comunismo na, 16
 agricultura na, 159, 160
 classe agrária independente da, 160
 classe trabalhadora da, 160-161
 Comecon e, 178
 concorrência econômica do Ocidente
  com a, 60
 conferências de negociações na, 159
 constituição da, 37
 copiar da estratégia ocidental e a, 64
 crise de petróleo e, 63, 93, 178
 debate televisivo Wałęsa-Miodowicz na,
  196
 "desestalinização" na, 170, 181
 dívida externa da, 203
 dívida monetária da, 17, 64
 economia da, 178, 179
 economia de mercado ocidental e a, 60
 eleições de 1989 na, 15, 39, 52, 68
 elite comunista da, 170
 era pós-Segunda Guerra Mundial na,
  203, 218
 estratégia "como se" e, 163, 164, 179,
  194
 exército da, 161
 governo comunista na, 35, 164
 governo não comunista na, 79
 governo orientado pela oposição da,
  159
 "Grande Novena" na, 172-173,
  182-183, 188
 greve de Poznan de 1956 na, 160, 161
 greves de 1976 na, 87
 greves de 1988 na, 164
 greves e repressão na, 172, 174
 guerra civil na, 168
 Igreja Católica na, 169, 172, 175, 222
 industrialização da, 160, 161
 instituições ao estilo soviético na, 34,
  175
 intelligentsia da, 161, 170, 172, 173,
  175, 180
 invasão alemã da, 166-167
 invasão soviética da, 166-170
 judeus da, 166, 255n
 junta militar na, 167
 massacre Katyń na, 171, 255n
 Ministério da Segurança Pública da,
  169, 170
 movimento de união comercial na, 88
 nacionalismo na, 62
 oposição na, 33-34
 partido comunista da, *ver* partido
  comunista, polonês
 perdas da Segunda Guerra Mundial da,
  166-167
 perestroika e, 79, 151, 193, 214, 216
 PIB da, 177
 recuperação pós-Segunda Guerra
  Mundial na, 203
 regime romeno censurado pela, 141
 samizdat (autopublicação) na, 76, 184

ver também Solidariedade
visita papal de João Paulo II à, 173-174
Pomian, Krzysztof, 257n
Power of the Powerless, the (O poder dos impotentes), 51
Po Prostu (Falando com simplicidade), 170
Porumboiu, Corneliu, 31
Primavera de Praga, 17, 53, 55-57, 89, 127, 175, 230n
    autonomia eslovaca e, 56
    oposição à, 57
    pedido da intervenção soviética na, 57
    propósito da, 55
    rescaldo da, 233n
    sanção severa do Pacto de Varsóvia na, 57-58, 127, 141
    "socialismo com um rosto humano" na, 125
Primeira Guerra Mundial, 56, 83, 99, 110, 123
Primeiro Congresso do Solidariedade (1981), 190
Prisão Doftana, 125
protestantismo, 87
Przeworski, Adam, 226
Putsch da cervejaria (1923), 110

Radio Free Europe, 148, 153, 170, 179, 182, 186, 229n
Rákosi, Mátyás, 47, 124
Rakowski, Mieczysław, 172, 197, 198, 201, 202, 256n
Rathenau, Walther, 94
Reinhold, Otto, 114
Reino Unido, *ver* Grã-Bretanha
República da Rússia, 12, 214-216
República Popular da China, 113, 130, 161, 216
    economia de mercado de política estatal da, 113
    manifestações na Praça Tiananmen, 105
    Revolução Cultural da, 77
    Romênia e a, 126
    ruptura soviética com a, 125-126
República Weimar, 75, 82
Repúblicas do Báltico, 12, 208-210
    a questão ambiental e as, 210-211
    a União Soviética e as, 208
    comitês de salvação nacional nas, 211
    nacionalismo e as, 211
    Pacto Hitler-Stalin e as, 208
    ver também países específicos
Res Publica, 162
Revolta de Varsóvia (1944), 167
Revolução Cultural (1966-1976), 69, 126
Revolução Francesa (1789), 12
Revolução Húngara de 1956, 49
    "desestalinização" e a, 47
    Estados Unidos e, 17, 60, 64, 75, 80, 81
    ideologia stalinista restaurada na, 56
    intervenção soviética na, 164
    rescaldo da, 49
    sanções severas do Pacto de Varsóvia na, 11-12
Roberts, Henry, 132
Robotnik (O trabalhador), 162
Romênia, 13, 31, 32, 38, 42, 62, 65, 77, 79, 87, 97, 115, 119-120, 121, 122, 134, 135, 137, 138, 141, 145, 148, 160, 227
    agricultura na, 133
    bandeira da, 139
    censura polonesa da, 148
    China e, 131
    classe intelectual da, 130
    classe trabalhadora da, 138
    colapso do regime comunista na, 149
    Comecon e, 133
    como Grande Romênia,
    comunismo da, 133
    crise do petróleo e, 134
    dissidentes na, 126-127
    dívida externa da, 119
    dívida monetária da, 120
    economia planejada da, 131
    elite comunista da, 134-135
    encanto do Ocidente pela, 218
    filme sobre a revolução de 1989 na, 31
    fiscalização na, 253n
    franco-atiradores apoiados pelo regime e, 121
    Frente de Salvação Nacional e, 155
    Frente Democrática Nacional da, 124
    Frente Democrática Romena na, 143
    greve na fábrica Electrobanat, 141-142

Igreja Reformada (Calvinista) e, 135
imprensa e, 124, 156
incidente na Copa do Mundo e, 138
indústria pesada na, 146, 147
leninismo e, 131, 133
"milagre de dezembro" na, 121
militares da, 145-146
Ministério do Interior da, 122, 128, 151
movimento fascista na, 123
na Primeira Guerra Mundial, 122-123
na Segunda Guerra Mundial, 123, 132
nacionalismo na, 26, 132
novo governo da, 155
oposição na, 77, 99
partido comunista da, *ver* partido comunista, romeno
população da, 120, 130
protestos de Timişoara na, 142
regime de Ceauşescu na, 147
regime Dej da, 150
revolta Braşov na, 146
suicídio de Milea e, 149
taxa de mortalidade materna da, 119
terremoto de 1977 na, 134
tomada de poder comunista na, 125-126
União Europeia e, 263-264n
vida na, 151
Romênia Maior, 123, 124
Roosevelt, Franklin D., 81, 159, 255n
Rukh (Movimento de Independência Ucraniano), 212, 214
Rússia, imperial, 70, 122

Sájo András, 39
samizdat (autopublicação), 34
na Polônia, 162, 184, 193
na Romênia, 126
SB (polícia secreta polonesa), 175, 190, 198
Schabowski, Günter, 110-111, 196
Schell, Jonathan, 163, 180
Schiller, Friedrich, 85
Schürer, Gerhard, 93, 94
Securitate (polícia secreta romena), 13, 40, 122, 127, 132, 135, 136, 138, 140, 149, 150-154

manifestações de Timişoara e, 121-122, 140
poder perceptível do, 152, 153
SED (Partido Socialista Unificado, Alemanha Oriental), 83
Segunda Guerra Mundial, 53, 56-58, 60, 62, 66, 75, 123, 166, 168, 207, 209, 212, 219
bombardeamento de Dresden na, 80
começo da, 56
derrota nazista na, 80-81
perdas polonesas na, 166-167
Romênia na, 123-124
"segunda sociedade", 41-42
Sejm (parlamento polonês), 171, 200-201, 203
Semanário Universal (*Tygodnik Powszechny*), 180
Senado, polonês, 200-202
Seton-Watson, Hugh, 247n
Shelest, Petro, 57
Siani-Davies, Peter, 154
Sindicatos Livres da Costa, 184
sistema comunista, *ver* sociedade incivil
Slowacki, Juliusz, 255n
"socialismo com um rosto humano", 57, 78, 163, 174, 215
sociedade civil:
como expressão, 12
estratégia "como se" e, 163
ideia de, 43, 226n
ver também sociedade incivil
sociedade incivil:
apropriação indébita como forma de vida na, 44-45
colapso da, 12-13
como termo, 34-36, 41
competição do Ocidente com, 219
crise financeira dos EUA e, 17
deficiências econômicas da, 59-60
economia controlada da, 88, 89
economia de mercado ocidental e, 71
elites comunistas e a, 41-46
estratégia emprestada do Ocidente, 63-66
falta de resiliência na, 44-45
globalização e, 12-13
Gorbachev e, 11-15

governo de partido único na, 44
imprensa ocidental e, 214
incompetência burocrática da, 44
movimento dos direitos e, 215
na era pós-1989, 263n-264n
nacionalismo e, 62
paradoxos da, 43-44
promoção da democracia e, 34
tema da revolução traída e, 42
totalitarismo e, 36
ver também sociedade civil
vigilância onipresente na, 42
vínculo ideológico da, 70-71
Sociedade para a Amizade Germano--Soviética, 87
"segunda sociedade" e, 41-42
Solidariedade, 14-15, 35, 37-38, 45, 52, 58, 68, 93, 107, 119, 141, 161-165, 185, 187-203, 208, 211, 222
  congresso fundador do, 191
  Conselho de Coordenação Nacional do, 192
  greve de Gdańsk de 1970 e, 194
  greves de 1980 e, 188
  greves de 1988 e, 194-195
  líderes do, 192-193
  metas da, 189
  oposição ao, 164
  relegalização do, 191-192
  rol de membros do, 181
Soviete Supremo, letão, 208
Soviete Supremo, lituânio, 208
Soviete Supremo, ucraniano, 213
Stalin, Joseph, 47, 50, 53, 55, 61, 80, 81, 83-85, 88, 95, 124, 125, 133, 160, 161, 167, 169, 170, 179, 181-182, 213
  discurso secreto de Khrushchev denunciando, 47, 125, 170, 222
  morte de, 88
  ocupação alemã e, 85
Stănculescu, Victor, 149
Stasi (polícia política da Alemanha Oriental), 13, 75, 77, 241n
  arquivos de vigilância do, 75
  complexo de Berlim do, 75
  manifestações pela paz em Leipzig e o, 78, 80, 82-83

pessoal do, 75, 82
rede de informantes do, 75
Stasiuk, Andrzej, 183
Stoph, Willi, 97
Stryjkowski, Julian, 182
Suslov, Mikhail, 193
Svoboda, Ludvík, 56
Światło, Józef, 169-170
Szelényi, Iván, 221

Taiwan, 64, 69
Televisão de Belgrado, 122
Teocist, patriarca, 135
teoria da modernização, 34, 221
Tismăneanu, Vladimir, 127, 131, 153, 225n
Tito (Josip Broz), 50, 63, 81
Tocqueville, Alexis de, 35
Tökés, László, 121-122, 135-136, 138, 139, 141-142
Torańska, Teresa, 222
totalitarismo (ideia), 124, 166-167
  sociedade incivil e, 35
"trabalho orgânico", 163
Transilvânia, 42, 123-124, 135, 149
Trotski, Leon, 42
Truman, Harry S., 81
Trybuna Ludu, 195
Turowicz, Jerzy, 180-181
Tygodnik Powszechny (Universal Weekly), 180

Ucrânia, 12, 57, 209-210, 212-216
  movimento de independência na, 212
  soberania declarada pela, 214
Ulbricht, Walter, 56, 73, 84, 88-93, 98, 100, 125, 218, 240n
União dos Escritores, romena, 155-156
União Europeia, 16
União Soviética, 14, 50, 58, 60-63, 67, 79-80, 82, 86, 88, 91, 93, 100, 122, 131, 134, 167, 184, 187, 192-193, 210-214, 219
  bloqueio de Berlim e, 82
  colapso da Alemanha oriental e, 79
  colapso da, 13
  Comissão Suslov da, 193

crises do petróleo e, 60
    desastre de Chernobyl na, 210-211
    economia da Alemanha Oriental e, 92-93
    glasnost e, 79, 193-194
    golpe de agosto na, 214, 215
    imprensa ocidental e, 214
    intervenção tchecoslovaca e, 52
    intervenção húngara e, 48
    levante da Alemanha Oriental de 1953, 84
    massacre de Katyń e, 171, 255n
    nazistas derrotados pela, 82-83
    ocupação alemã e, 85
    perestroika e, 79, 151, 193, 214, 216
    Plano quinquenal, 85, 76
    queda do comunismo na Europa de Leste e, 16
    repúblicas bálticas e, 209-210
    retirada do Afeganistão pela, 15-16
    rompimento da China com, 125
    soberania da República da Rússia e, 210
    ver também Doutrina Brejnev
    Vigésimo Congresso do Partido da, 170
Universidade de Leipzig, 99
Universidade Volante, 33, 161, 181, 186
Urban, Jan, 228n

Vaticano, 181, 187
Verdery, Katherine, 11, 235n
Vietnã, 218
Voz da América, 209

"Volvo-grad", 97
von Hayek, Friedrich, 42
Vyshinsky, Andrei, 124

Wagner, Richard, 99
Wajda, Andrzej, 188
Walentynowicz, Anna, 184-185
Wałęsa, Lech, 141, 150, 163, 176, 184-185, 187-189, 191, 195-199, 201, 203
    debate televisivo com Miodowicz, 196-197
    greve de 1980 e, 194
    Prêmio Nobel atribuído a, 198
    tomada de posse de, 125
Wallachia, 122, 254n
Wat, Aleksander, 62
Weitz, Eric, 18
Weizsäcker, Richard von, 109
Więź (Ligação), 162
Wojtyła, Karol Józef, *ver* João Paulo II, papa, 160, 173, 181
Wolf, Christa, 77
Wyszyński, Stefan, cardeal, 169, 171-174, 182-183, 186

Yazov, Dmitri, 211
Yeltsin, Boris, 150, 209, 214, 215, 256n

Zapis, 162
Zomo (Divisões Motorizadas da Milícia dos Cidadãos), 175, 176, 192, 198

Conheça mais sobre nossos livros e autores no site
www.objetiva.com.br
Disque-Objetiva: (21) 2233-1388

GRÁFICA E EDITORA

Rua Aguiar Moreira 386 | Bonsucesso | cep 21041-070
tel.: (21) 3868-5802 | Rio de Janeiro | RJ
markgrapheditor@gmail.com